（危政令別表第 5）●

第 2 類の危険物			第 3 類の危険物		第 4 類の危険物	第 5 類の危険物	第 6 類の危険物
金属粉もしくは ネシウム又はこれ いずれかを含有す の	引火性固体	その他の第 2 類の危険物	禁水性物品	その他の第 3 類の危険物			
	○	○		○		○	○
	○	○		○		○	○
	○	○		○	○	○	○
	○	○		○	○	○	○
	○				○		
	○				○		
	○	○			○		○
○	○		○		○		
○			○				
	○	○		○		○	○
	○	○		○		○	○
	○	○		○		○	○
	○	○		○	○	○	○
	○	○		○	○	○	○
	○				○		
	○				○		
	○	○			○		○
○	○		○		○		
○			○				
	○	○		○		○	○
○	○	○	○	○	○	○	○
○	○	○	○	○	○	○	○

こ、当該各項に掲げる第 1 種から第 5 種までの消火設備がそれぞれ適応するものであることを示す。
いう。

ラクラク わかる!

3類 消防設備士 集中ゼミ

改訂2版

オーム社 編

読者の皆さまへ

大型商業施設の中を歩いてみましょう。消火器は必ず目にします。「消火栓」と書かれた文字も見ることができます。屋内で天井を見上げれば感知器やスプリンクラーヘッドもあります。では、ガス系の消火設備はどこにあるのでしょう。なかなかガス系消火設備を目にする機会はありません。しかし、自動車を機械式の駐車場に入れる際、駐車設備用の操作盤の横に赤い箱があることに気づくことでしょう。それがガス系消火設備の操作箱です。一般的に目にする機会はその程度です。

しかし、ガス（気体）が火を消すという実に不思議な消火設備は、消火後の水損・汚損などの影響が非常に少ないという特性に加え、高浸透性、高絶縁性などの優れた特性をもち、電算機室、通信機械室、駐車場、美術品収蔵庫などの防火対象物に必要不可欠な消火設備として幅広く使用されています。

また、例えば鉄道や通信施設には、普段は目にすることはありませんが、ガス系消火設備が設置されていて、万が一、火災が発生した場合でも、確実に火災をとらえて消火します。市民生活に直結しており、少しでも早い復旧が望まれるこうした施設には、ガス系消火設備は欠かすことができません。

インフラの整備を支えてきたガス系消火設備の工事や点検などに携わろうとしている読者の方々には、そうした重要な使命をぜひ感じ取っていただきたいと思っています。そして、本書を活用して3類消防設備士の免状を取得され、読者の皆様が一日も早く日本全国で活躍されることを期待しています。

2023年9月

オーム社

本書の特徴

本書は、これまでの参考書とは全く違う発想のもとに編集された受験参考書でありながら、一方では現場で役立つ実務（豆知識など）も要所に配した独創的な構成を特徴としています。以下、その特徴を列記します。

(1) 原則、見開き２ページとして、偶数ページ（左側）に解説、奇数ページ（右側）にはよく出る問題を配置し、左ページで学習した内容をどれだけ理解しているかを、右ページの演習問題で確認できるよう工夫した。

(2) 解説は簡潔明瞭を心がけ、わかりやすい単文形式とし、重要な箇所には「**ゴシック色文字**」を使用し注意を喚起した。また、解説文の随所に、**重要！**というキーワードを挿入し、重点学習部分を明確にした。

(3) 実技試験対策を重視し、実技のページ配分を大きくするとともに、写真やイラストは構造を視覚的に把握できるように配慮した。

(4) 各章（レッスン）の最終ページに、まとめとして「これは覚えておこう！」や「覚え方のテクニック」欄を設け、重要なポイントを効率よく理解し、記憶できるよう配慮した。

(5) 各節の右肩に鉛筆マーク、よく出る問題にも顔マークを付けて重要度（難易度）のランク付けをした。

- 鉛筆３本（笑顔）：よく出題されるので必ず学ぼう（易しいので必ず得点したい）
- 鉛筆２本（普通の顔）：比較的出題されやすいので取り組もう（標準的レベル）
- 鉛筆１本（困り顔）：あまり出題されないができれば取り組もう（難しいが取り組んでおきたい）

(6) 「解答のテクニック！」を設け、受験者が間違いやすい事例や試験問題の捉え方などを筆者の体験に基づいて解説した。

(7) 「マメ知識」を設け、３類消防設備士に付随する情報提供や誤作動などへの対応を実務者の視点で解説し、さらに「学習法のヒント！」を設け、著者の体験談などを交え学習継続へのモチベーション維持を図った。

(8) ３学期には２回の模擬試験を配した。試験範囲は、甲種３類を想定しているが、筆記試験、鑑別試験分野において豊富な出題数を提供しているので、乙種３類受験者にとっても、受験対策として大いに活用できる内容になっている。

受験ガイダンス

❶ 消防設備士資格の種類

消防設備士資格には、甲種と乙種があり、表1のように甲種は第1類から第5類まで、乙種は第1類から第7類まであります。甲種は表1の区分に応じて工事と整備（点検を含む）を独占的に行える資格、乙種は整備のみを独占的に行うことができる資格です。

●表1●

分類	甲種	乙種	独占的に工事及び点検・整備ができる消防設備の区分
1類	☆	☆	屋内消火栓設備、屋外消火栓設備、スプリンクラー設備、水噴霧消火設備等
2類	☆	☆	泡消火設備
3類	☆	☆	不活性ガス消火設備、ハロゲン化物消火設備、粉末消火設備
4類	☆	☆	自動火災報知設備、消防機関へ通報する火災報知設備、ガス漏れ火災警報設備
5類	☆	☆	金属製避難はしご、救助袋、緩降機
6類	—	☆	消火器
7類	—	☆	漏電火災警報器

注）表1以外に「甲種特類消防設備士」という資格があります。この資格は特殊な消防用設備等の工事、点検、整備のための資格であり、以降、この資格についての記述は割愛します。

❷ 受験資格

1. 乙種消防設備士試験

受験資格は必要なく、年齢、性別、学歴などの制限はなく誰でも受験できます。

2. 甲種消防設備士試験

受験資格が必要で、国家資格又は学歴、経験を必要とします。

（1）国家資格等による受験資格

① 甲種消防設備士（試験の一部免除あり）

② 乙種消防設備士であって、免状の交付後2年以上消防設備等の点検・整備の経験を有するもの。

③ 技術士（試験の一部免除あり）

④ 電気工事士（試験の一部免除あり）

⑤ 電気主任技術者（試験の一部免除あり）

⑥ 消防設備工事の補助者として5年以上の経験者

⑦ 専門学校卒業程度検定試験合格者

⑧ 管工事施工管理技士

⑨ 工業高校の教員等

⑩ 無線従事者（アマチュア無線技士を除く）

⑪ 建築士

⑫ 配管技能士

⑬ ガス主任技術者

⑭ 給水装置工事主任技術者

⑮ 消防設備等に関する消防行政の事務について3年以上の実務経験を有する者

⑯ 消防法施行規則の一部を改正する省令の施行前（昭和41年4月21日以前）において、消防用設備等の工事について3年以上の実務経験を有する者

⑰ 昭和41年10月1日前の東京都火災予防条例による消防設備士

（2）学歴による受験資格

① 大学、短期大学、高等専門学校（5年制）、又は高等学校において機械、電気、工業化学、土木又は建築に関する学科を修めて卒業した者

② 旧制大学、旧制専門学校、又は旧制中学校において、機械、電気、工業化学、土木、又は建築に関する学科を修めて卒業した者

③ 大学、短期大学、高等専門学校（5年制）、専修学校又は各種学校において、機械、電気、工業化学、土木、又は建築に関する授業科目を15単位以上修得した者。

④ 防衛大学校、防衛医科大学校、水産大学校、海上保安大学校、気象大学校において、機械、電気、工業化学、土木又は建築に関する授業科目を15単位以上修得した者。

⑤ 外国に存在する学校で、日本における大学、短期大学、高等専門学校又は、高等学校に相当するもので、指定した学科と同内容の学科又は課程を修めて卒業した者。

⑥ 職業能力開発大学校、職業能力開発短期大学校、職業訓練大学校又は職業訓練短期大学校もしくは雇用対策法の改正前の職業訓練法による中央職業訓練所において、機械、電気、工業化学、土木又は建築に関する授業科目を15単位以上修得した者。

⑦ 理学、工学、農学又は薬学のいずれかに相当する専攻分野の名称を付記された修士又は博士の学位を有する者。

❸ 試験の内容

甲種、乙種ともに筆記試験と実技試験があり、表2のような試験科目と出題数で構成されています。**実技試験は装置等の操作が出題されるのではなく、筆記試験の一種**と考えてよいでしょう。試験形態は、筆記試験が四肢択一式、実技試験は鑑別等と製図があ

り、鑑別等は写真やイラストなどを見て簡単な記述式で解答します。製図は甲種受験者のみが解答するもので、「**未完成図面の完成**」、「**欠陥探しと手直し**」などがあります。筆記試験問題と実技試験問題の両方が同時に配布され、与えられた時間内に解答しなければなりません。どちらを先に解答してもかまいませんが、**筆記試験が合格基準点に達していなければ実技試験は採点されません**。なお、試験問題用紙をもち帰ることはできません。

試験時間は、**甲種は3時間15分、乙種は1時間45分**です。

(1) 試験科目

●表2●

試験科目（3類消防設備士）			出題数	
			甲種	乙種
筆記	消防関係法令	共通部分	8	6
		3類に関する部分	7	4
	基礎的知識	機械に関する部分	6	3
		電気に関する部分	4	2
	構造・機能及び工事・整備の方法	機械に関する部分	10	8
		電気に関する部分	6	4
		規格に関する部分	4	3
	合　計		45	30
実技	鑑別等		5	5
	製図		2	—

(2) 合格基準

① **筆記試験は科目ごとの出題数の40％以上、全体では出題数の60％以上**、かつ、実技試験では60％以上の得点を獲得すれば合格となります。

② 試験の一部免除者は、免除を受けている部分を除いて、60％以上の得点を獲得することが必要です。

(3) 試験の一部免除

消防設備士、電気工事士、電気主任技術者、技術士等の有資格者は、申請により試験科目の一部が免除されますが、免除される問題数に応じて試験時間も短縮されます。

① 消防設備士

取得している資格の種類によって、これから受験する資格の免除科目が決まります。表3に所有資格ごとの免除科目をまとめてみました。

② 電気工事士

「基礎的知識」及び「構造・機能及び工事・整備の方法」のうち、「電気に関する部分」が免除となります。

表3

所有資格	これから受験する消防設備士の資格											
	甲1	甲2	甲3	甲4	甲5	乙1	乙2	乙3	乙4	乙5	乙6	乙7
甲1		●	●	○	○		●	●	○	○	○	○
甲2	●		●	○	○	●		●	○	○	○	○
甲3	●	●		○	○	●	●		○	○	○	○
甲4	○	○	○		○	○	○	○		○	○	●
甲5	○	○	○	○		○	○	○	○		●	○
乙1		—	—	—	—		●	●	○	○	○	○
乙2	—		—	—	—	●		●	○	○	○	○
乙3	—	—		—	—	●	●		○	○	○	○
乙4	—	—	—		—	○	○	○		○	○	●
乙5	—	—	—	—		○	○	○	○		●	○
乙6	—	—	—	—	—	○	○	○	○	●		○
乙7	—	—	—	—	—	○	○	○	●	○	○	

注1）●印：消防関係法令の共通部分と基礎的知識が免除されます。
　　○印：消防関係法令の共通部分のみ免除されます。
注2）乙種消防設備士の資格で甲種消防設備士試験科目の免除を受けることはできません。

③　電気主任技術者

「基礎的知識」及び「構造・機能及び工事・整備」のうち、「電気に関する部分」が免除となります。

④　技術士

技術士の部門ごとに指定区分の類に応じて、「基礎的知識」及び「構造・機能及び工事・整備」が免除となります（表4）。

表4

技術士の部門	指定区分の類
機械部門	第1、2、3、5、6類
電気・電子部門	第4、7類
化学部門	第2、3類
衛生工学部門	第1類

(4) 試験手数料（非課税）

甲種：5700円　　乙種：3800円〔2023年9月現在〕

合格への心構え

●われわれは、決まりごとに守られている

「行政手続における特定の個人を識別するための番号の利用等に関する法律」、これが「共通番号（マイナンバー）制度」を導入するための法律の正式名称です。また、「幼児用補助装置（幼児を乗車させる際座席ベルトに代わる機能を果たさせるため座席に固定して用いる補助装置であって…（略）」、これは道路交通法に規定された“チャイルドシート”のことです。もう一つ、消防法第１条は次のように規定しています。

> 第一条　この法律は、火災を予防し、警戒し及び鎮圧し、国民の生命、身体及び財産を火災から保護するとともに、火災又は地震等の災害による被害を軽減するほか、災害等による傷病者の搬送を適切に行い、もつて安寧秩序を保持し、社会公共の福祉の増進に資することを目的とする。

○○法と名の付いた法律を始め、あらゆる“決めごと”は私たちを縛り付けているかのように思われがちですが、筆者は「法律は、私たちのことを思って国が決めてくれたこと」と受け取るようにしています。

●3類消防設備士に向かって

これから学ぶ３類消防設備士になるためのたくさんのことがらも、それらを皆が守らないと「消防用設備」として用をなさなくなってしまいます。そして、たくさんの決めごとに基づいて消火設備を設計し、施工し保守点検などを着実に進めていくことによって、いざというときに消防用設備としてその役目を最大限に果たすことになります。また、不活性ガス消火設備等のいわゆるガス系消火設備は、火災の後の復旧が急がれる重要インフラ等の施設にも多く設置されていま

す。そうした一連の大切な消防用設備の一翼を担うということを心の片隅におきながら3類消防設備士になるための学習を進めていただきたいと祈念しております。

さらに、3類消防設備士の免状を手にしたあかつきには、重要な消防用設備にかかわるという自負をもって数々の業務に取り組んでいただきたいと考えます。

●平易な表現はあなたのためにならない

本書はわかりやすい記述にしてありますが、あまり平易な表現にしてしまうと本来求められる消防設備士としての知識や技量を逸脱する恐れがあるため、法令上必要とされる用語等はそのまま記載しています。難解な用語や表現等については、慣れることも必要です。なぜなら、試験問題は法令に記載のとおりの表現で出題されるからです。難解な用語や表現等に慣れておくことも合格への近道と考えています。

●最近の出題方式の傾向

「正しい（誤っている）ものは次のうちどれか」という素直な出題方式がほとんどですが、最近はややひねって「正しい（誤っている）組合せはどれか」や「正しい（誤っている）組合せはいくつあるか」という出題方式が増える傾向にあります。

この出題方式の場合、4つの選択肢について「○○×○」のようにはっきり判断しなければならず、「○△×○」というように2番目の選択肢の正誤があやふやでは、（運がよい場合以外）正解が得られません。つまり、選択肢が4つあって、すべてについて自信（確信）をもって正誤の判断をつけないと、総合的に「正解」にはならないということです。

本書は、最新の出題傾向も盛り込んだ内容構成になっています。繰り返し学習することで、自信（確信）をもって正誤の判断がつけられるように努めてください。

目　次

1学期　筆記試験対策

レッスン1　消防関係法令（共通）

レッスン2　消防関係法令（3類）

レッスン3　基礎的知識（機械）

レッスン 6　構造・機能及び工事・整備（電気）

レッスン 7　構造・機能及び工事・整備（規格）

2学期　実技試験対策

レッスン1　鑑別等

レッスン2　製　図

3学期　模擬試験

筆記試験対策

筆記試験は、「消防関係法令」「機械又は電気に関する基礎的知識」「消防用設備等の構造、機能及び工事又は整備の方法」の３分野で構成されています。本書は、実際の試験問題と同様の構成になっています。

レッスン１とレッスン２には「消防関係法令」を配置し、レッスン１は消防設備士１類から７類までの「共通」部分を、レッスン２は「３類」関係に特化して体系的に解説しました。

レッスン３の「基礎的知識（機械）」では、水理や応力などの知識について解説しました。レッスン４の「基礎的知識（電気）」では、幅広く電気の基礎的知識を習得できるような構成としました。

レッスン５では「構造・機能及び工事・整備」のうち「機械」に関する部分を取り上げます。不活性ガス消火設備、ハロゲン化物消火設備、粉末消火設備それぞれについて、消火剤の種別、設備の構成や貯蔵容器等機械的な内容を学習します。

レッスン６では「構造・機能及び工事・整備」のうち「電気」に関する部分を取り上げています。不活性ガス消火設備等の音響警報装置や非常電源等電気的な内容を学びます。

レッスン７では「構造・機能及び工事・整備」のうち「規格」に関する部分を取り上げています。不活性ガス消火設備等に使用される機器のうち特に重要なものについては、「消防庁長官が定める基準に適合するものであること」とされています。その基準について学習します。

本書では各法令を次のとおり略して記載しています。

1　法 … 消防法
2　政令 … 消防法施行令
3　省令 … 消防施行規則
4　危政令 … 危険物の規制に関する政令
5　条例 … 火災予防条例
6　規格省令 … 各種消防用設備等に係る技術上の規格を定める省令

また、これら法令のほか、点検基準や点検要領に記載の名称や用語を使用するようにしています。

レッスン 1 消防関係法令（共通）

法令の共通部分とは、消防設備士 1 類〜 7 類までの共通の試験範囲をいいます。その範囲は、消防法、同施行令及び施行規則が大部分ですが、危険物関係の法令からも一部出題されることがあります。

共通部分の出題は、消防設備士が基礎知識として知っておかなければならない事項に重点が置かれています。

よく出題される項目として、例えば、「関係用語」「特定防火対象物」「措置命令」「消防同意」「着工届」「設置届」「定期点検」「型式承認」「型式適合検定」「消防設備士の義務」「免状の書換え・再交付申請」「共同防火管理」「遡及（そきゅう）適用の要件」などがあるので項目ごとに整理し、記憶しておく必要があります。

共通部分の出題は、消防設備士が基礎知識として知っておかなければならない事項が重点的に出題されます。

● 1 - 1「**消防関係用語**」では、特定防火対象物に該当するものはどれかという問題や無窓階の意味を問うものなどがよく出題されています。

● 1 - 2「**消防の組織と措置命令**」では、命令を発する者、立入検査をする者、そして事前予告、証票提示の必要性などがよく問われます。また、消防団員に関連した問題も出題されるので、正確に整理しておく必要があります。

● 1 - 5「**設置届**」では、消防設備を設置したとき届出義務のある防火対象物と届出者や期限、そして「**着工届**」では、工事に着手するときの届出者と期限などがよく出題されているので混同しないように整理しておく必要があります。

● 1 - 6「**共同防火管理**」では、共同防火管理協議会を設置する必要のある防火対象物を理解し、記憶しておくことが重要です。

● 1 - 9「**防火対象物の分割に関する特例**」では、1 棟の建築物が複数の防火対象物と見なされる場合と見なされない場合の違いを把握しておく必要があります。

● 1 - 10「**遡及（そきゅう）適用**」もよく出題されます。遡及適用とは、法令が改正された場合、改正前にさかのぼって消防設備の更新・改修などの義務が課せられるという意味です。不特定多数の人が出入りする特定防火対象物などにはその義務があり、厳しい規制が課せられています。遡及が適用される場合と適用されない場合があるので、両者を明確に区別しておくことが重要です。

- 1-11「**消防設備及び防火対象物の点検制度**」では、消防設備等の「定期点検」とその報告について整理しておく必要があります。消防設備士や消防設備点検資格者の点検を必要とする防火対象物とは何か、また、点検の期間は、点検の種類にはどのようなものがあるかなどが問われます。
  「定期点検」に似て非なるものに「**防火対象物点検制度**」があります。この両者を混同しないように注意しなければなりません。前者が、消防設備というハード領域の点検であるのに対して、後者は防火管理という観点からの点検、つまり、防火管理が適切に行われているかどうかというソフト領域の点検であることを理解しておく必要があります。防火対象物点検義務のある施設にはどのようなものがあるかをよく整理し、記憶しておくことも重要です。
- 1-12「**検定制度**」では、「**型式承認**」と「**型式適合検定**」の意味や、誰が承認し検定を行うのかなどが出題されます。
- 1-13「**消防設備士制度**」では、消防設備士の義務に免状の携帯義務、定期講習の受講義務、工事の着工届などがあることを整理しておくことが重要です。毎回、必ずといってよいほど出題されている必須事項です。また、「**免状の書換え・再交付申請**」では、選択問題で間違った事例として、「現住所を変更したら書換え申請をしなければならない」という設問がよくありますが、このような設問に引っかからないよう注意が必要です。書換え申請を必要とするのは、「本籍の変更があったときや本名が変わったとき」です。

消防法の体系は図のとおりです。

まず基本法である消防法があって、法律を執行するための必要な事項等は、政令や省令に定めてあります。

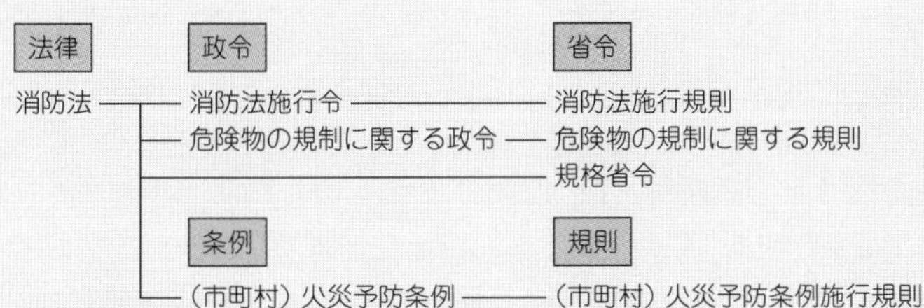

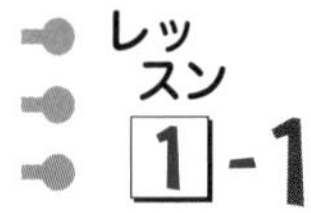

レッスン 1-1 消防関係用語

重要度

消防関係では普段聞きなれない用語がたくさん出てきます。まずは、消防法の内容や消防組織のしくみを理解する前に、用語の意味を知っておきましょう。

重要な用語を表1にまとめました。**重要！**

●表1 重要用語一覧●

消防関係用語	用語の意味
防火対象物	山林又は舟車（しゅうしゃ）、船きょもしくはふ頭に繋留された船舶、建築物その他の工作物もしくはこれらに属する物
消防対象物	**消火活動の対象となるすべて**の建築物又は工作物、及びこれらの建築物と無関係なもの（例えば、敷地内の植栽）などを含む幅広いもの
関係者	防火対象物又は消防対象物の**所有者**、**管理者**、**占有者**
関係のある場所	防火対象物又は消防対象物のある場所
立入検査	消防職員等が関係のある場所に立ち入り、検査すること
消防吏員（しょうぼうりいん）	消防職員のうち**階級をもつ職員**で、消火、救急、救助、査察などの業務を行う地方公務員
予防査察	**消防吏員**が防火対象物に立ち入り、防火管理や消防設備などに不備がないか点検を行うこと
管理権原者	所有者や賃借事業主など**管理上の権利と責任をもつ者**で、「権限者」とは区別される（注）
舟車（しゅうしゃ）	船舶安全法の適用を受けない舟（はしけなど）や車輌
無窓階	窓のない階という意味ではなく、**消火活動上又は避難上有効な開口部を有していない階**をいう
非常進入口表示	火災の際、**公設消防隊の進入場所を示す表示**で、一辺が20 cmの逆三角形で赤色反射塗料を塗布した標識
避難階	直接地上へ出られる階（通常は**1階部分**）
直通階段	部屋などを迂回せず直接避難階や地上へ出られる階段
避難階段	**耐火構造**になっている直通階段
特別避難階段	階段の踊り場に**付室**や**バルコニー**を設置した避難階段

注）**管理権原者**とは、消防法上の用語で、「防火対象物の正当な管理権を有する者」をいい、**権限者**とは、一般には「指揮監督する者」という意味で使われます。

よく出る問題

問 1　［難易度 😊😐😣］

消防関係用語の説明として、正しいものは次のうちどれか。

(1)　直通階段とは、部屋などを迂回し、避難階や地上に出られる階段をいう。
(2)　防火対象物と消防対象物は、どちらも同じ意味である。
(3)　管理権原者とは、防火対象物の管理に関して、命令権をもつ権限者を意味する。
(4)　非常進入口表示とは、火災の際、公設消防隊の進入場所を示す表示である。

(1) 直通階段は、部屋などを迂回せず直接避難階や地上へ出られる階段です。
(2) 消防法の規制の対象となるのが防火対象物で、消防の対象となるのが消防対象物です。防火対象物と消防対象物とは異なるものです。
(3) 管理権原者は、所有者などのように防火対象物の管理上の権利と責任をもつ者を指し、命令や指導・監督を行う権限者とは異なります。
(4) 正しい。

問 2　［難易度 😊😐😣］

消防関係用語の説明として、誤っているものは次のうちどれか。

(1)　無窓階とは、窓がまったくない階をいう。
(2)　関係者とは、防火対象物の所有者、管理者、占有者をいう。
(3)　立入検査とは、消防職員等が防火対象物に立ち入り、検査することをいう。
(4)　予防査察とは、消防吏員が防火対象物に立ち入り、防火管理や消防設備の管理に不備がないかどうかを点検し指導することをいう。

(1) 無窓階とは、窓のない階という意味ではなく、消火活動上又は避難上有効な開口部（窓など）を有していない階をいいます。
(2)(3)(4) 正しい。
図1の基準に満たない場合、無窓階の扱いになります。

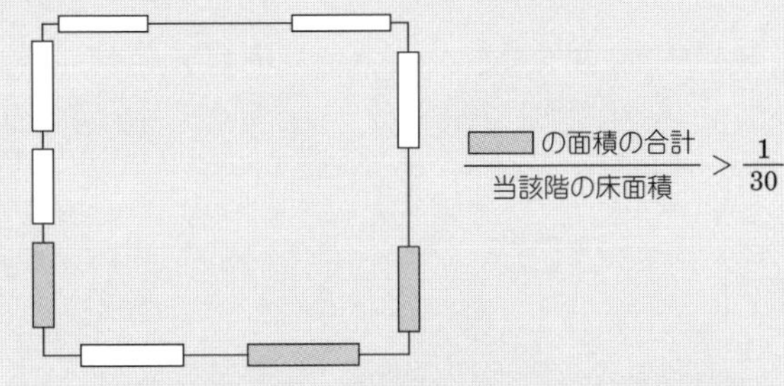

▭の面積の合計
当該階の床面積
> 1/30
▭：直径 50 cm 以上の円が内接することができる開口部

● 図1　無窓階以外の階（11階以上の階の場合）●

解答　問1－(4)　　問2－(1)

消防の組織と措置命令

重要度 ✐✐✐

(1) 消防の組織

わが国の消防行政は、地域別に市町村が中心となって責任を負う制度であり、それぞれの市町村には消防機関として、消防本部、その下部組織として消防署が設置されています。人口規模が一定以上に達しない市町村では消防機関の代わりに消防団を必ず設置することになっています。また、消防本部を置かない市町村では、市町村長が消防長に代わって命令権者になります。

●表1　消防機関の長と構成員●

消防機関	消防機関の長	構成員
消防本部	消防長	消防吏員、職員
消防署	消防署長	消防吏員、職員
消防団	消防団長	消防団員

(2) 屋外における火災予防上の措置命令

消防長（消防本部を置かない市町村の市町村長）、消防署長、消防吏員は、火災予防上、火遊びや喫煙などの中止、危険物や消火活動上支障のある物件の除去などを命じることができます。ただし、消防団長や消防団員にはこれらの権限はありません。重要!

(3) 防火対象物の関係者への命令、立入検査

消防機関は、防火対象物の関係者に対して、火災予防上の指導を行うとともに、消防設備等の維持管理が適切であるかどうかを判断するために、消防設備点検結果報告書などの資料提出の命令や報告の要求、立入検査を行うことができます。

●表2　立入検査等（その1）●

関係項目	命令者及び立入検査者
資料提出の命令、報告の要求など	消防長（消防本部を置かない市町村長）、消防署長 重要!
予防査察と物品の除去、整理などの命令	消防吏員 重要!
立入検査と質問	消防職員又は消防本部を置かない市町村の消防事務に従事する職員及び**常勤の消防団員** 重要!

●表3　立入検査等（その2）●

立入検査	内　容
立入時間	制限なし 重要!
事前予告	不要 重要!
証票の提示	関係者（**従業員を含む**）の請求があったときに提示 重要!
守秘義務	知り得た関係者の秘密をみだりに漏らしてはならない

マメ知識 ➡➡➡「火災」の定義

総務省消防庁が定めた「火災報告取扱要領」によれば、用語の定義は次のとおりとされています。
『火災とは、人の意図に反して発生し若しくは拡大し、又は放火により発生して消火の必要がある燃焼現象であって、これを消火するために消火施設又はこれと同程度の効果のあるものの利用を必要とするもの、又は人の意図に反して発生し若しくは拡大した爆発現象』

よく出る問題

問 1 [難易度 ☺ 😐 ☹]

火災予防上の措置命令と命令権者の関係について、誤っているものはどれか。

(1)　関係者に対する資料の提出命令 ―― 消防署長
(2)　立入検査及び質問 ―― 消防職員
(3)　予防査察及び物品の除去命令 ―― 消防吏員
(4)　火遊びの中止命令 ―― 消防団員

(1)(2)(3) 正しい。火災予防上の命令権をもっているのは、消防長、消防本部を置かない市町村長、消防署長、消防吏員であり、消防団長や消防団員には命令権がありません。したがって、(4) は誤りで、火遊びや喫煙を注意することはできても、止めるよう命令することはできません。

問 2 [難易度 ☺ 😐 ☹]

立入検査に関して、以下の記述のうち、正しいものはどれか。

(1)　立入検査ができる時間は、午前9時から午後5時までの時間内とされている。
(2)　消防本部を置かない市町村長は、消防長や消防署長に代わって、常勤の消防団員に対して立入検査を命じることができる。
(3)　証票は関係者からの請求がなくとも提示しなければならない。
(4)　立入検査を行う消防職員は事前予告をしなければならない。

(1) 誤り。立入時間の規定はありません。
(2) 正しい。消防本部を置かない市町村長は、消防長や消防署長に代わって、常勤の消防団員に対して立入検査を命じることができます。ただし、非常勤の消防団員は立入検査権がないので命じることができません。
(3) 誤り。証票は関係者（従業員を含む）からの請求があったとき提示すればよいことになっています。
(4) 誤り。立入検査は事前予告なしに行うことができます。

解答 問1－(4)　　問2－(2)

防火対象物１（消防法施行令別表第１）

重要度

(1)「消防法施行令別表第１」に掲げる防火対象物

●表１ 消防法施行令別表第１●

項		防火対象物の例
(1)	イ	劇場、映画館、演芸場、観覧場
	ロ	公会堂、集会場
(2)	イ	キャバレー、カフェー、ナイトクラブ
	ロ	遊技場、ダンスホール
	ハ	風俗営業店舗
	ニ	カラオケボックス
(3)	イ	待合、料理店
	ロ	飲食店
(4)		百貨店、マーケット、物品販売店舗、展示場
(5)	イ	旅館、ホテル、宿泊所
	ロ	寄宿舎、下宿、共同住宅
(6)	イ	病院、診療所、助産所
	ロ	特別養護老人ホームなど介護を要する高齢者施設 救護施設、乳児院、障害児入所施設、障害者支援施設
	ハ	介護を要しない高齢者施設、更生施設、助産施設、身体障害者福祉センター
	ニ	幼稚園、特別支援学校
(7)		小学校、中学校、高等学校、大学、各種学校
(8)		図書館、博物館、美術館
(9)	イ	蒸気浴場、熱気浴場
	ロ	イ以外の公衆浴場
(10)		車両の停車場、船舶や航空機の発着場
(11)		神社、寺院、教会
(12)	イ	工場、作業場
	ロ	映画スタジオ、テレビスタジオ
(13)	イ	自動車車庫、駐車場
	ロ	飛行機の格納庫
(14)		倉庫
(15)		前各項に該当しない事業場
(16)	イ	複合用途防火対象物のうち、その一部が特定用途に供されているもの
	ロ	イ以外の複合用途防火対象物
(16の2)		地下街
(16の3)		準地下街
(17)		重要文化財

注１：本表は、学習用に簡略化してあります。
注２：色アミ　部分は「特定防火対象物」です。**重要！**
注３：(6) 項は身体的又は知的弱者のための施設です。とくに (6) 項ロは介護を要する人のための施設、(6) 項ハは介護を要しない人のための施設と覚えておきましょう。**重要！**
注４：(9) 項イの蒸気浴場、熱気浴場とは「サウナ」のことです。
注５：(15) 項の代表事例として事務所ビルがあります。
注６：(16) 項には雑居ビルが含まれます。

(2) 防火対象物と消防対象物の違い

防火対象物と消防対象物の法令上の定義はほとんど同じですが、対象範囲が異なります。

防火対象物には一戸建ての住宅などは含まれません。一方、**消防対象物**とは、消火活動の対象となるすべての建築物又は工作物、及びこれらの建築物と直接的に関係のないもの、例えば敷地内の植栽などが含まれます。消防対象物の中で消防法の規制対象となっているものが**防火対象物**です。

よく出る問題

問 1 ［難易度 😊😐😞］

特定防火対象物に該当しないものは、次のうちどれか。

(1)　蒸気浴場
(2)　百貨店
(3)　地下街
(4)　神社

一般的に不特定多数の人が出入りする防火対象物が、特定防火対象物と定義されています（表１参照）。

(1) から (3) までは、特定防火対象物です。

(4) の神社は、特定防火対象物ではありません。

問 2 ［難易度 😊😐😞］

次の組合せのうち、すべてが特定防火対象物であるものはどれか。

(1)　劇場、病院、テレフォンクラブ
(2)　ホテル、幼稚園、共同住宅
(3)　映画館、カラオケボックス、博物館
(4)　養護老人ホーム、ナイトクラブ、中学校

解説

(1) は、すべてが特定防火対象物です（テレフォンクラブや出会い系喫茶店等は令別表第１の (2) 項八（風俗営業店舗）に該当し、特定防火対象物です）。

(2) のうち、共同住宅は特定防火対象物ではありません。

(3) のうち、博物館は特定防火対象物ではありません。

(4) のうち、中学校は特定防火対象物ではありません。

解答 問１－(4)　　問２－(1)

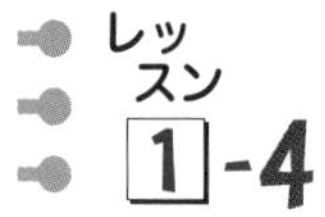

防火対象物 2（特定防火対象物等）

重要度

防火対象物のなかでも**不特定多数の人々**が利用する施設や知的弱者、身体的弱者などを収容する施設は**特定防火対象物**と位置付けられ、厳しい防火管理が求められています。それに対して、学校や事務所など特定防火対象物以外の防火対象物もあります。以降、本書では、それらの防火対象物を「**非特定防火対象物**」として区別します。特定防火対象物の中でも特に注意しなければならないものとして、「**介護を要する人たちを収容する特定防火対象物**」、「**複合用途防火対象物**」、「**特定1階段等防火対象物**」があります。重要！

(1) 介護を要する人たちを収容する特定防火対象物〈(6) 項ロ〉

この特定防火対象物は、令別表第1で（6）項ロに分類され、介護を要するためいちだんと厳しい規制が設けられています。例えば、ほかの特定防火対象物であれば、収容員数が30人以上で防火管理者を必要としますが、(6) 項ロに限り、10名以上で防火管理者の選任義務があります。近年、特別養護老人ホームなどの火災で、逃げ遅れによる犠牲者が連続して発生したことが教訓となっています。

これに対して、(6) 項ハは、老人デイサービスセンターや更生施設など介護を要しない人たちの施設であるため、通常の特定防火対象物と同じ扱いとなっています。**(6) 項ロは介護を要する人たちの施設、(6) 項ハは介護を要しない人たちの施設**と覚えておきましょう。

(2) 複合用途防火対象物

同じ建物の中に**複数の用途を含んでいる防火対象物**を複合用途防火対象物といいます。つまり、用途の違う複数のテナントが同居しているビル（雑居ビルなど）がそれに該当しますが、これには2種類があり、一つは事務所と図書館の同居など特定以外の用途に限られている場合で、令別表第1の（16）項ロに分類されます。しかし、その中に特定用途、例えば、事務所ビルの中にレストランが一つでも入っていればそのビル全体が特定防火対象物と見なされ、令別表第1では（16）項イに分類されます。この場合、用途（特定用途及び非特定用途）毎に一つの防火対象物として、消防設備の設置基準が適用されます。

(3) 特定1階段等防火対象物

防火対象物には**2方向避難**の原則があります。すなわち、避難階又は地上に直接通じる避難階段を2か所以上設置しなければなりません。しかし、特定防火対象物なのに避難階段が1か所しかない建築物もあり、そのような施設にはいちだんと厳しい規制がかけられています。これを**特定1階段等防火対象物**といいます。非特定防火対象物は避難階段が一つしかなくてもこれに該当しません。また、特定防火対象物であっても、外階段の場合は一つでもよいことになっています。

よく出る問題

問 1　［難易度 😊😐😖］

複合用途防火対象物に関する説明として、次のうち正しいものはどれか。

(1)　複数の事務所がテナントとして入っている事務所ビルは、特定防火対象物である。
(2)　診療所が入っている高齢者福祉施設は特定防火対象物である。
(3)　事務所ビルに入っているレストランが一つだけでは特定防火対象物に該当しない。
(4)　風俗営業店が入っている小規模の雑居ビルは特定防火対象物に該当しない。

解説

設問は、複合用途防火対象物の説明ですが、特定用途の施設（令別表第1（レッスン1-3の表1）の色アミ□部分）が入っている場合と、入っていない場合があります。前者は、(16) 項イに分類され、ビル全体が特定防火対象物と見なされます。後者も複合用途防火対象物ですが、(16) 項ロに分類され、特定防火対象物とは見なされません。

(1) 事務所は特定用途の施設に該当しないので特定防火対象物ではありません。それに対して、特定用途の施設が一つでも入っていればビル全体が特定防火対象物と見なされます。
(2) 正しい。
(3) (4) 誤り。

問 2　［難易度 😊😐😖］

特定1階段等防火対象物に関する説明として、次のうち誤っているものはどれか。

(1)　内階段が一つしかない集会場は、特定1階段等防火対象物である。
(2)　内階段が二つある病院は、特定1階段等防火対象物に該当しない。
(3)　内階段が一つしかない図書館は、特定1階段等防火対象物に該当しない。
(4)　内階段がなく、外階段が一つだけの映画館は、特定1階段等防火対象物である。

解説

特定1階段等防火対象物とは、内階段が一つしかない特定防火対象物をいいます。外階段の場合は、一つだけでも避難上の安全性が高いので、特定防火対象物であってもそれには該当しません。また、非特定防火対象物は、内階段が一つしかなくても該当しません。

(1) (2) (3) 正しい。
(4) 誤り。

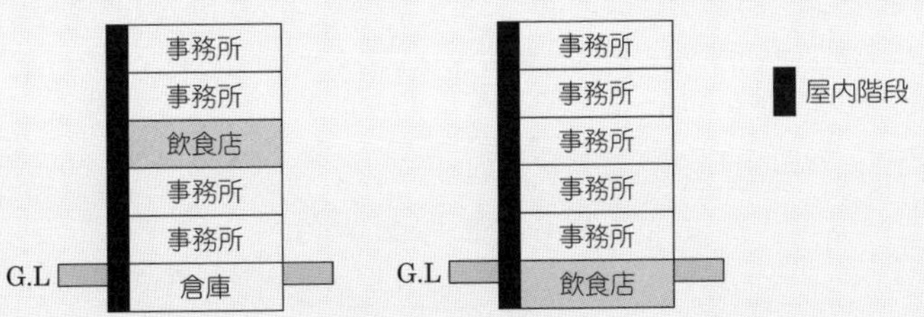

● 図1　特定1階段等防火対象物の例（(16) 項イ）●

解答　問1－(2)　　問2－(4)

レッスン 1-5 消防同意と着工届、設置届

重要度

(1) 消防同意

建築物の工事に着手しようとする者は、建築主事、特定行政庁又は指定検査機関（以下、「建築主事等」という）に対して建築確認申請をします。建築主事などが審査して適法と認めれば、消防長、消防署長又は消防本部を置かない場合は市町村長（以下、「消防長等」という）へ同意を求めます。消防長等は審査の結果、消防法上適法と認めれば7日以内（一般住宅は3日以内）に建築主事等へ同意を与えます。これを**消防同意**といいます。違法と判定されれば不同意となります。この同意、不同意は建築主事を介して建築主へ通知されます。

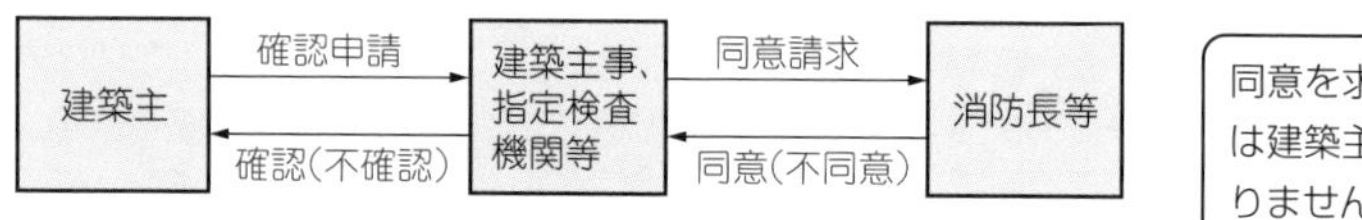

● 図1 消防同意 ●

(2) 着工届、設置届 重要！

① 着工届

消防用設備等の設置や改修工事を行う場合、**工事に着手しようとする日の10日前まで**に、**甲種消防設備士**が着工届の提出を行います。

② 設置届

延べ面積300 m² 以上の特定防火対象物及び非特定防火対象物で消防長又は消防署長が指定するものの**関係者**は、消防用設備等を設置後、**工事が完了した日から4日以内**に設置届を提出しなければなりません。以下の防火対象物は、延べ面積に関係なく必ず設置届を要します。

a）特定1階段等防火対象物、b）要介護施設《(6) 項イ（1）～(3)、(6) 項ロ》、c）カラオケボックス等《(2) 項ニ》、d）ホテル等《(5) 項イ》、e）(6) 項ハ、f）(16) 項イ、(16の2) 項、(16の3) 項

注）上記e）は、利用者を入居又は宿泊させる場合に限ります。また、f）はb）～e）がある場合に限ります。

● 表1 着工届と設置届 ●

	着工届	設置届
届出者	**甲種消防設備士**	**関係者**
期限	工事の**10日前まで**	工事完了後**4日以内**
届出先	消防長、消防署長など	消防長、消防署長など

よく出る問題

問 1 [難易度 😊😐😞]

消防同意に関する説明として、次のうち誤っているのはどれか。

(1)　消防同意とは、建築確認時、消防長等が消防法上の審査を行い、適法であれば同意を与えることをいう。

(2)　建築主は、建築主事へ確認申請を行う。

(3)　建築主は、消防長等へ消防同意の申請を行う。

(4)　消防本部を置かない市町村では、市町村長が消防同意を行う。

消防同意の手続きに関する問題です。消防同意を求める者は、建築主ではなく建築主事です。間違えやすいので注意が必要です。

問 2 [難易度 😊😐😞]

消防用設備等の工事の着工届に関して、次のうち、消防法上正しいものはどれか。

(1)　甲種消防設備士は、工事着手の 10 日前までに消防長等へ届け出る。

(2)　関係者は、工事開始後 10 日以内に消防長等へ届け出る。

(3)　関係者は、工事着手の 10 日前までに消防長等へ届け出る。

(4)　消防本部を置かない市町村では、甲種消防設備士が工事着手の 2 週間前までに市町村長へ届け出る。

着工届は、甲種消防設備士が工事着手の 10 日前までに消防長等へ届け出ます。

問 3 [難易度 😊😐😞]

消防用設備等の設置届に関して、次のうち、消防法上正しいものはどれか。

(1)　延べ面積 300 m² 以上の映画館の関係者は、工事完了後 4 日以内に届け出を要す。

(2)　延べ面積 500 m² 以上の図書館の関係者は、工事完了後 4 日以内に届け出を要す。

(3)　延べ面積 300 m² 以上の特定 1 階段等防火対象物の関係者は、工事完了後 4 日以内に届け出を要す。

(4)　設置届は、甲種消防設備士が工事完了後 4 日以内に届け出を要す。

延べ面積 300 m² 以上の防火対象物の関係者は、工事完了後 4 日以内に消防長等へ届け出て検査を受けなければなりません。特定 1 階段等防火対象物の関係者は延べ面積に関係なく、必ず届け出る必要があります。

また、(2) には「消防長又は消防署長が指定したもの」という条件が付されていないので、設置届の対象外となります。

解答　問 1 − (3)　　問 2 − (1)　　問 3 − (1)

レッスン 1-6　防火管理及び共同防火管理

重要度

(1) 防火管理者

防火管理者の資格は講習会などで取得することができ、甲種と乙種があります。甲種防火管理者は防火対象物の規模に関係なく無制限に選任できますが、乙種防火管理者の選任は収容人員、延べ面積に制限があります。準地下街、アーケード、山林などには防火管理者は必要としません。

①　防火管理者の選任を必要とする防火対象物 重要！

a)　令別表第１（6）項ロに該当する要介護施設等：**収容人数 10 人以上**

b)　令別表第１（6）項ロ以外の特定防火対象物：**収容人数 30 人以上**

c)　非特定防火対象物：**収容人数 50 人以上**

②　防火管理者の業務

a)　消防計画の作成

b)　消防計画に基づく消火、通報、避難訓練の実施

c)　消防用設備等の点検・整備

d)　火気の使用、取扱いに関する監督

e)　その他、防火管理上必要な業務

(2) 共同防火管理

管理について権原が分かれている、つまり管理権原者が複数存在する防火対象物では、防火管理の統一性を図るため、**共同防火管理協議会**を設置しなければなりません。これを**共同防火管理**といいます。例えば、消火訓練や通報、避難訓練、あるいは消防設備の定期点検などは統一的に実施しないと意味をなしません。

共同防火管理協議会の設置と**統括防火管理者**の選任義務がある防火対象物は以下のとおりです。重要！

①　高さ 31 m を超える高層建築物

②　地上３階建て以上、収容人員 10 人以上の令別表第１（6）項ロに該当する要介護施設等

③　地上３階建て以上、収容人員 30 人以上の特定用途を含む複合用途防火対象物

④　地上５階建て以上、収容人員 50 人以上の特定用途を含まない複合用途防火対象物

⑤　地下街

⑥　準地下街

よく出る問題

問 1　［難易度 😊😐😟］

防火管理者の選任義務のない防火対象物はどれか。

(1)　収容人員 30 人以上のレストラン

(2)　収容人員 15 人の特別養護老人ホーム（令別表第1（6）項ロ）

(3)　準地下街

(4)　収容人員 53 人の工場

解説　防火管理者の選任義務の問題です。特定防火対象物は 30 人以上、非特定防火対象物は 50 人以上で選任義務が発生するという原則をまず覚えましょう。

次は例外です。特別養護老人ホームなどの要介護施設（6）項ロは最も規制が厳しく、収容人員が 10 人以上で選任義務が発生します。

準地下街は、特定防火対象物の一つですが、防火管理者を必要としない点に注意する必要があります。

問 2　［難易度 😊😐😟］

共同防火管理の必要がない防火対象物は、次のうちどれか。

(1)　地下街

(2)　準地下街

(3)　高さ 33 m の高層建築物

(4)　地上 3 階建て収容人員 20 人で、1 階部分がコンビニエンスストアの事務所ビル

解説　管理権原者が複数存在する防火対象物では、共同防火管理協議会を設置しなければなりません。その義務がある防火対象物は、①高さ 31 m を超える高層建築物、②地下街、③準地下街、④特定用途を含む複合用途防火対象物（3 階以上で収容人員 30 人以上）⑤特定用途を含まない複合用途防火対象物（5 階以上で収容人員 50 人以上）、⑥（6）項ロの要介護施設（3 階以上で収容人員 10 人以上）の 6 施設です。

（4）は特定用途を含む複合用途防火対象物ですが、収容人員が 20 人なので共同防火管理は必要としません。

解答　問 1 －（3）　　問 2 －（4）

レッスン 1-7 防炎規制（内装制限）と危険物の規制

重要度

(1) 防炎規制（内装制限）

以下に掲げる防火対象物では、カーテンやカーペット、舞台のどん帳など火災発生時に延焼しやすい物品は、不燃性、難燃性の素材で加工しなければならないなど、一定の防炎性能が要求されます。これを**防炎規制（内装制限）**といいます。**重要！**

① 防炎規制（内装制限）の義務がある防火対象物

a） 特定防火対象物（地下街、準地下街を含む）

b） 高さ 31 m を超える高層建築物

c） 工事中の建築物など

d） テレビスタジオ、映画スタジオ

② 防炎対象物品

a） カーテン　b） 布製のブラインド　c） 暗幕、どん帳　d） じゅうたんなど

e） 舞台で使用する大道具用の合板　f） 工事用シート

(2) 危険物施設

消防法で定められた危険物には 6 種類があり、火災や爆発の危険性が高いという共通の性質があります。品名ごとに指定数量が定められ、指定数量以上の危険物は、製造所や貯蔵所、取扱所などでなければ取り扱うことができません。

指定数量（法令で品名ごとに定められている数量）は少ないほど危険性が高いということを意味しています。

① 製造所等の設置と変更

製造所等の設置や変更を行うときは、あらかじめ**市町村長の許可**を受ける必要があります。

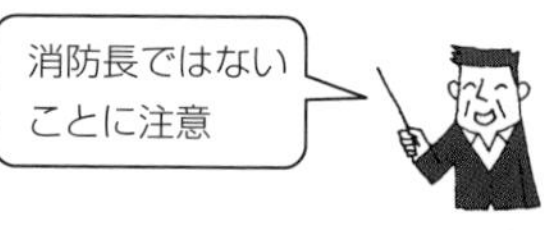

② 危険物施設の保安管理体制

危険物施設は、**危険物保安監督者**を選任し、危険物施設の保安の監督をさせなければなりません。保安監督者は 6 か月以上の実務経験を有する甲種危険物取扱者又は乙種危険物取扱者の中から選任されます。

③ 危険物施設の警報設備

指定数量の 10 倍以上の危険物を貯蔵し、取り扱う危険物施設は、以下の**警報設備**のいずれかが必要です。**重要！**

a） 自動火災報知設備　b） 拡声装置　c） 非常ベル装置

d） 消防機関に報知できる電話　e） 警鐘

よく出る問題

問 1 ［難易度 😊😐😠］

防炎規制の対象とならない防火対象物は、次のうちどれか。

(1)　高さ 31 m を超える高層建築物
(2)　工事中の建築物など
(3)　テレビスタジオ
(4)　重要文化財

防炎規制とは、火災発生時に延焼しやすいカーテンなどを防炎仕様、すなわち不燃性、難燃性の素材で加工することをいいます。その規制の対象となる防火対象物は (1) (2) (3) のほかに特定防火対象物があります。重要文化財にはその義務がありません。

問 2 ［難易度 😊😐😠］

防炎仕様にしなければならない物品に該当しないものは次のうちどれか。

(1)　舞台で使用する大道具用木製の角材
(2)　工事用シート
(3)　じゅうたんなど
(4)　暗幕、どん帳

(1) 木製の角材は防炎仕様の必要はありません。必要があるのは大道具用の合板です。防炎仕様が必要な物品には、(2) (3) (4) のほかに、布製ブラインドがあります。

問 3 ［難易度 😊😐😠］

危険物施設に対する消防法の規制に関して、正しいものは次のうちどれか。

(1)　指定数量以上の危険物を製造所や貯蔵所、取扱所等以外で取り扱った。
(2)　危険物施設を設置するにあたって、管轄する市長の許可を受ける前に工事に着手した。
(3)　危険物施設の変更申請書を所轄の消防長へ提出した。
(4)　ガソリンスタンドで、乙種 4 類危険物取扱者の資格をもつ実務経験 2 年の従業員を危険物保安監督者として選任した。

(1) 指定数量以上の危険物は製造所などで取り扱わなければなりません。
(2) 危険物施設は許可を受ける前は工事に着手できません。
(3) 提出先は消防長ではなく市町村長です。
(4) 選任要件は、甲種又は乙種危険物取扱者で経験年数が 6 か月以上なので正しい。

解答 問 1 －(4)　　問 2 －(1)　　問 3 －(4)

レッスン 1-8

消防用設備等の種類

消防用設備等には、(1) 消防の用に供する設備、(2) 消防用水、(3) 消火活動上必要な施設の三つがあり、その具体的な種類は次のとおりです。

●表1　消防用設備等の種類●

消防用設備等の種類		
消防の用に供する設備	消火設備	消火器及び簡易消火用具（水バケツ、水槽、乾燥砂など）
		屋内消火栓設備
		スプリンクラー設備
		水噴霧消火設備
		泡消火設備
		不活性ガス消火設備
		ハロゲン化物消火設備
		粉末消火設備
		屋外消火栓設備
		動力消防ポンプ設備
	警報設備	自動火災報知設備
		ガス漏れ火災警報設備
		漏電火災警報器
		消防機関へ通報する火災報知設備
		非常警報器具（警鐘、携帯用拡声器など）
		非常警報設備（非常ベル、放送設備など）
	避難設備	避難はしご、救助袋、緩降機など
		誘導灯、誘導標識
消防用水		防火水槽など
消火活動上必要な施設		排煙設備
		連結散水設備
		連結送水管
		非常コンセント設備
		無線通信補助設備

注1）色アミ部分は3類消防設備士の独占業務範囲を示します。重要！
注2）消火活動上必要な施設とは、公設消防隊が使用する設備です。
注3）波線〜部分は、消防設備士でなくても工事・整備が行える設備です。

よく出る問題

問 1 ［難易度 😊😐😞］

消防の用に供する設備の中で、消火設備に該当するものは、次のうちどれか。

(1) 乾燥砂
(2) 防火水槽
(3) 連結送水管
(4) 排煙設備

(1) 乾燥砂は「簡易消火用具」に分類される消火設備の一種です。
(2) 防火水槽は消防用水、(3)(4) は消火活動上必要な施設にそれぞれ分類され、消火設備ではありません。

問 2 ［難易度 😊😐😞］

消防の用に供する設備の中で、消防設備士でなくとも工事・整備が行えるものは、次のうちどれか。

(1) 屋内消火栓設備
(2) 消火器
(3) 動力消防ポンプ設備
(4) 水噴霧消火設備

動力消防ポンプ設備は、消防設備士でなくとも工事・整備を行うことができます。

問 3 ［難易度 😊😐😞］

消火活動上必要な施設に該当しないものは、次のうちどれか。

(1) 放送設備
(2) 非常コンセント設備
(3) 排煙設備
(4) 連結散水設備、連結送水管

消火活動上必要な施設は、火災の際、公設消防隊が使用する設備です。

(1) は警報設備です。該当するものは (2)(3)(4) に加えて、無線通信補助設備があります。これは無線の電波が届かない場所に設置されます。

(4) は消防車のホースを連結する部分で、連結散水設備は館内の地階散水設備へ、連結送水管は消火栓系統やスプリンクラー系統へそれぞれつながっています。

解答 問 1 −(1)　問 2 −(3)　問 3 −(1)

防火対象物の分割に関する特例

重要度

消防用設備は、「**棟単位**」で設置するのが原則です。しかし、以下のようなケースでは、棟単位の原則から除かれます。重要!

(1) 開口部のない耐火構造の壁や床で仕切られている場合

外観上は1棟でも、内部を開口部（ドアなど）のない耐火壁で仕切られていれば、消防法では防火対象物が2棟あると見なされ、消防設備の設置要件が変わってきます。例えば、図1のような事例が該当します。

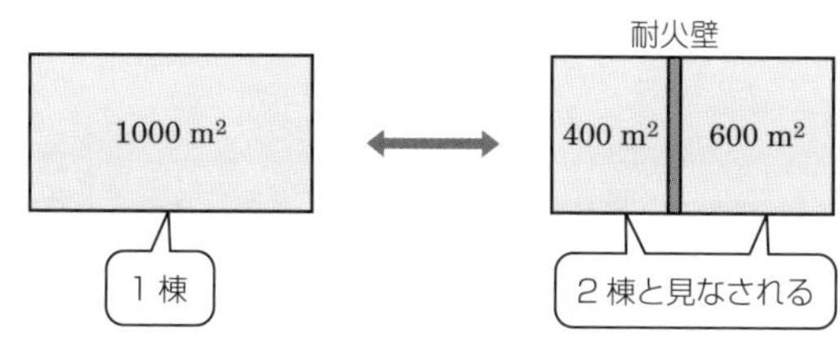

● 図1　防火対象物の分割 ●

(2) 複合用途防火対象物の設置単位

複合用途防火対象物は複数の用途が混在している防火対象物なので、外観は1棟でも、用途別に別の防火対象物と見なされ、それぞれの用途に適合する消防設備を設置しなければなりません。図2の場合、1～3階までは特定用途、4～6階は非特定用途ですから、それぞれの**床面積の合計を算出**して適合する消防設備を設置しなければなりません。重要!

6F	事務所
5F	事務所
4F	事務所
3F	レストラン
2F	レストラン
1F	マーケット

● 図2　設置単位 ●

ただし、以下の消防設備は用途別に分割すると防災上支障があるので、共通の消防設備として1棟単位で設置します。重要!

スプリンクラー設備、自動火災報知設備、
ガス漏れ火災警報設備、漏電火災警報器、
非常警報設備、避難器具、誘導灯

(3) 地下街

地下街は、用途が分かれていても、**地下街全体が一つの防火対象物**と見なされ、消防設備の基準が適用されます。

(4) 渡り廊下で二つの防火対象物を接続する場合

原則として**1棟の防火対象物**と見なされます。

よく出る問題

問 1 ［難易度 😊😐😣］

本来一つの防火対象物が、二つの防火対象物と見なされるのはどれか。

(1)　開口部のない耐火構造の壁で分割して２区画とした。

(2)　開口部のある耐火構造の壁で分割して２区画とし、開口部には防火戸を設けた。

(3)　開口部のある耐火構造の壁で分割して２区画とし、開口部には防火戸を設け、施錠した上でドレンチャー設備を設置した。

(4)　共同住宅の一角に耐火構造で区画された店舗を設け、その出入口を共同住宅の玄関内に設置した。

本来一つの防火対象物が、二つの防火対象物として見なされるためには、壁又は床を開口部のない耐火構造としなければなりません。開口部を設けると、たとえ特定防火設備（放火戸、防火シャッターなど）を設置しても、二つの防火対象物とは見なされません。施錠やドレンチャー設備を設けても同様です。(4) の場合も、店舗の出入口と玄関が共用なので完全に区画されている状態ではなく、別の防火対象物とは見なされません。

注）ドレンチャー設備とは、防火設備の一種で、開口部に延焼防止のために設けます。

問 2 ［難易度 😊😐😣］

複合用途防火対象物に設ける消防設備を、共通の消防設備として１棟単位で設置しなければならないものに該当しないのはどれか。

(1)　スプリンクラー設備　　(2)　自動火災報知設備

(3)　大型消火器　　(4)　誘導灯

消防用設備等は、原則棟単位に設置しますが、ア～エの場合には例外もあります。

ア）開口部のない耐火構造の床又は壁で区画されている。イ）複合用途防火対象物。ウ）地下街。エ）渡り廊下などで防火対象物を接続した場合。

本問の複合用途防火対象物は、用途別に違う防火対象物と見なされ、それぞれに適応した消防設備を設置しなければなりません。しかし、消防設備の中には用途毎に分割すると統一的な消火活動や避難活動がとれなくなるおそれがあるので、以下①～⑦の消防設備は１棟単位で設置します。

①スプリンクラー設備、②自動火災報知設備、③ガス漏れ火災警報設備

④漏電火災警報器、⑤非常警報設備、⑥避難器具、⑦誘導灯

(3) 消火器は用途別に設置します。

解答 問１－(1)　　問２－(3)

レッスン 1-10

既存不遡及の原則と例外（遡及）規定

重要度 ///

遡及（そきゅう）とは、消防用設備等の技術上の基準等が変わった場合、さかのぼって既存の防火対象物に適用するという意味です。しかし、法令が変わるごとに消防設備の改修を義務付けると、設置者に大きな経済的負担がかかります。

そこで、法令が変わっても既存の消防設備を設置している防火対象物には適用しない、これを「**既存不遡及の原則**」といいます。しかし、例外もあります。これが**例外（遡及）規定**です。まず、不遡及の原則が適用されるのは「非特定防火対象物」であり、遡及されるのは「特定防火対象物」であることを頭に入れておきましょう。**重要！**

しかし、非特定防火対象物であっても、以下の事項に該当する場合は遡及の適用を受けます。**重要！**

① 消防用設備等が改正前の法令に**違反**していた場合。

② 関係者が自発的に改修した結果、改正後の法令に**適合するにいたった**場合。

③ 法令の改正後大規模改修を行った結果、以下に該当する場合。

a） 床面積の合計が **1000 m² 以上**又は従前の延べ面積の **2 分の 1 以上**の増改築。

b） 主要構造物である壁について**過半の大規模修繕**を行ったとき。

b）は壁に限る。屋根や床は該当しません

④ 表の消防用設備等は、常に現行の法令に適合させる義務があります。

●表 1●

消火設備	消火器、簡易消火用具、全域放出方式の二酸化炭素を放射する不活性ガス消火設備
警報設備	漏電火災警報器、非常警報器具、非常警報設備、自動火災報知設備（(1)～(4)項、(5)項イ、(6)項、(9)項イ、(16)項イ、(16 の 2)～(17)項に掲げる防火対象物に設けるものに限る）、ガス漏れ火災警報設備（(1)～(4)項、(5)項イ、(6)項、(9)項イ、(16)項イ、(16 の 2)項及び(16 の 3)項に掲げる防火対象物並びに温泉採取設備設置対象物に限る）
避難設備	避難器具、誘導灯、誘導標識

マメ知識 ➡➡➡ 地下街、準地下街、地下階、どう違うのか？

準地下街の概念がわからないという声をよく聞きますが、ここで地下街も含めて、それらの意味を整理しておきましょう。

地下街とは、道路、駅前広場、都市公園などの公共用地の地下に店舗・地下道があるものをいいます。東京駅八重洲口の地下にある八重洲地下街などが該当します。それに対して、店舗部分がビルの地階、それに面する道路部分だけが公共用地という場合があり、これを**準地下街**といいます。また、**地下階**とは、店舗・道路ともに民有地の場合をいいます。ビルの地下全体が飲食店街というケースや、いわゆるデパ地下などがこれに該当します。

「すべてが公共用地で構成されていれば地下街」、「民有地と公共用地が合体していれば準地下街」、「民有地だけなら地下階」と考えたほうがわかりやすいでしょう。

よく出る問題

問 1　[難易度]

消防用設備等の基準が改正になっても、従前の消防設備をそのまま使用できる防火対象物は、次のうちどれか。

(1)　中学校
(2)　マーケット
(3)　カラオケボックス
(4)　幼稚園

解説　設問は「既存不遡及の原則」に関するものです。特定防火対象物は「遡及される」、非特定防火対象物は「遡及されない」と覚えておきましょう。

問 2　[難易度]

消防用設備等の基準が改正された後、改正後の基準に適応させなければならない防火対象物は、次のうちどれか。

(1)　改正後、延べ面積 2000 m² の図書館で閲覧室を 800 m² 改修した。
(2)　改正後、小学校で主要構造部である屋根部分の大規模修繕を行った。
(3)　改正後、延べ面積 1500 m² の寺院で 600 m² の増改築を行った。
(4)　改正前から消防法の法令に違反していた事務所ビル。

解説　非特定防火対象物であっても、以下の事項に該当する場合は遡及の適用を受けます。

①　改正前の法令に違反していた場合
②　自発的に改修した結果、改正後の法令に適合するにいたった場合
③　法令の改正後、大規模改修を行った場合

a) 1000 m² 以上の改修　b）延べ面積の 2 分の 1 以上の改修　c）主要構造部である「壁」の大規模改修

(2) は「壁」ではなく「屋根」の大規模修繕ですので遡及対象とはなりません。

問 3　[難易度]

非特定防火対象物で、改正後の法令が適用されない消防設備は、次のうちどれか。

(1)　自動火災報知設備
(2)　屋内消火栓設備
(3)　非常警報設備
(4)　誘導灯、誘導標識

解説　屋内消火栓設備は、遡及の対象から除外されています。

解答　問 1 －(1)　　問 2 －(4)　　問 3 －(2)

レッスン 1-11 消防設備及び防火対象物の点検制度

重要度 ///

(1) 消防用設備等の定期点検

消防用設備等は消防法（法第 17 条の 3 の 3）で定期的に点検し、消防長又は消防署長へ報告することが義務付けられています。点検には、「**機器点検**」と「**総合点検**」があり、前者は外観検査を含む簡易な機能点検で 6 か月以内ごとに 1 回、後者は消防用設備の全部もしくは一部を作動させ、総合的な機能を確認するもので、1 年以内ごとに 1 回実施します。消防用設備等は消防設備士でなければ点検できないものではなく、点検だけなら「消防設備点検資格者」も点検することができます。さらに、延べ面積 1000 m^2 未満の防火対象物は、特定 1 階段等防火対象物を除き、資格を有しない防火対象物の関係者も点検することができます。**重要!**

● 表 1　資格者に点検させなければならない防火対象物 ●

対象となる防火対象物		機器点検	総合点検	消防長等への報告
特定防火対象物	**1000 m^2 以上**	**6 か月ごと**	**1 年ごと**	**1 年ごと**
非特定防火対象物	**1000 m^2 以上**	**6 か月ごと**	**1 年ごと**	**3 年ごと**
特定 1 階段等防火対象物	**すべて**	**6 か月ごと**	**1 年ごと**	**1 年ごと**

注）非特定防火対象物は「消防長が指定するもの」という条件がつく。
表 1 のほか、全域放出方式の二酸化炭素を放射する不活性ガス消火設備が設置された防火対象物は、資格者に点検させなければならない。

(2) 防火対象物点検

防火対象物点検は消防用設備等の点検と間違いやすいので注意が必要です。本来、この項目は、レッスン 1‐6 の「**防火管理**」の範疇（ちゅう）ですが、あえてここに記載しました。消防用設備等の定期点検は、設備の機能を点検するもので、いわゆるハード部分の点検です。それに対して、防火対象物点検は、「建物内の防火管理が適切に実施されているかどうか」を点検するもので、ソフト部分の点検です。例えば、避難階段に物品が山積みされているようでは適切な防火管理とはいえません。

点検が必要な防火対象物は、「**特定 1 階段等防火対象物**」及び「**収容人員 300 人以上の特定防火対象物**」です。点検できる資格者は、「**防火対象物点検資格者**」で、**1 年に 1 回点検**して消防長等へ報告します。**重要!**

よく出る問題

問 1 ［難易度 😊😐😠］

消防用設備等の定期点検に関して、法令に違反していないのは、次のうちどれか。

(1)　延べ面積 300 m² の飲食店（特定1階段等防火対象物）の定期点検を、店主が実施した。

(2)　非特定防火対象物の定期点検を3年に1回実施している。

(3)　非特定防火対象物の定期点検結果を3年に1回、消防長等へ報告している。

(4)　延べ面積 1200 m² の幼稚園において、防火管理者である園長が自動火災報知設備の点検を行った（特定1階段等防火対象物には該当しない）。

(1) 特定1階段等防火対象物は、面積に関係なく、消防設備士等に点検させなければなりません。(2) (3) 報告は3年に1回、定期点検は、総合点検で1年ごと、機器点検で6か月ごとに必要です。(4) 延べ面積 1000 m² 超なので、消防設備士等に点検させなければなりません。

問 2 ［難易度 ］

消防用設備の定期点検に関する説明として、誤っているのは次のうちどれか。

(1)　特定防火対象物は、定められた周期内に総合点検と機器点検を実施しなければならない。

(2)　非特定防火対象物の定期点検結果報告は、求められたときだけ報告すればよい。

(3)　特定1階段等防火対象物は、必ず消防設備士等の有資格者に点検させなければならない。

(4)　総合点検では、消防用設備の全部もしくは一部を作動させて総合的な機能を確認する。

消防用設備の定期点検のしくみを正しく理解しておこう。点検結果の報告は、特定防火対象物又は特定1階段等防火対象物は1年ごと、非特定防火対象物は3年ごとです。

問 3 ［難易度 ］

防火対象物点検に関する説明として、正しいものは次のうちどれか。

(1)　防火対象物点検は、消防設備が正常に機能するかどうかを点検するものである。

(2)　防火対象物点検は、防火管理が適切に行われているかどうかを点検するものである。

(3)　防火対象物点検は、消防設備士が実施しなければならない。

(4)　防火対象物点検を実施しなければならない施設は、収容人員が 300 人以上の特定1階段等防火対象物と特定防火対象物である。

防火対象物点検は防火管理の適否を点検するもので消防設備の定期点検ではありません。特定1階段等防火対象物は収容人員に関係なく、特定防火対象物は収容人員 300 人以上で点検義務があります。点検の有資格者は、消防設備士ではなく「防火対象物点検資格者」です。

解答 問1－(3)　問2－(2)　問3－(2)

レッスン 1-12 検定制度

消防用設備等は、火災のとき、国が定めた技術上の基準にそってその機能を十分に発揮するものでなければなりません。それらが要求される水準にあるかどうかを審査するのが検定制度です。検定制度には「**型式承認**」と「**型式適合検定**」の２段階があり、型式適合検定に合格した消防用設備等には検定マークが付されます。この検定合格マークがついていない物の販売や使用は禁止されています。

(1) 型式承認

消防用設備等を商品化、販売しようとするときは、まず型式承認の審査を受け承認されなければなりません。型式にかかわる形状などが総務省令で定める検定対象機械器具等に係る技術上の規格に適合しているかどうかについて、**総務大臣**によりその承認が行われます。重要！

(2) 型式適合検定

型式適合検定は、型式承認を受けた検定対象機械器具等の型式に係る形状等と同一であるかどうかについて検査するものです。型式適合検定は、**日本消防検定協会**又は総務大臣の登録を受けた検査機関が行います。重要！

● 表１　検定の対象となる機械器具等の種類 ●

1	消火器
2	消火器用消火薬剤（二酸化炭素を除く）
3	泡消火薬剤（水溶性液体用泡消火薬剤を除く）
4	火災報知設備の感知器（火災によって生ずる熱、煙又は炎を利用して自動的に火災の発生を感知するものに限る）又は発信機
5	火災報知設備又はガス漏れ火災警報設備（総務省令で定めるものを除く）に使用する中継器
6	火災報知設備又はガス漏れ火災警報設備（総務省令で定めるものを除く）に使用する受信機
7	住宅用防災警報器
8	閉鎖型スプリンクラーヘッド
9	スプリンクラー設備、水噴霧消火設備又は泡消火設備に使用する流水検知装置
10	スプリンクラー設備、水噴霧消火設備又は泡消火設備に使用する一斉開放弁（配管との接続部の内径が 300 mm を超えるものを除く）
11	金属製避難はしご
12	緩降機（かんこうき）

● 図１　型式適合検定に合格した旨の表示例（消火器）●

● 図２　型式適合検定に合格した旨の表示例（閉鎖型スプリンクラーヘッド）●

よく出る問題

問 1 [難易度 😊😐😠]

消防用設備等の商品化と販売に際し、規格に適合しているかどうかの承認を行う者として、正しいものは次のうちどれか。

(1)　都道府県知事
(2)　市町村長
(3)　総務大臣
(4)　日本消防検定協会

解説　型式承認は、総務省令で定める検定対象機械器具等に係る技術上の規格に適合しているかどうかについて、総務大臣によりその承認が行われます。

問 2 [難易度 😊😐😠]

消防用機械器具等の検定制度について、次のうち正しいものはどれか。

(1)　型式承認は、日本消防検定協会又は登録検定機関が行う。
(2)　型式適合検定に合格した旨の表示が付されているものでなければ、販売し、又は販売の目的で陳列してはならず、また工事用などに使用してはならない。
(3)　型式適合検定は、日本消防検定協会の試験結果に基づいて、総務大臣が行う。
(4)　型式適合検定とは、検定対象機械器具等の型式に係る形状等が総務省令で定める検定対象機械器具等に係る技術上の規格に適合している旨の承認をいう。

解説　型式承認は、総務大臣によりその承認が行われます。型式適合検定は、日本消防検定協会又は登録検査機関が行い、検定合格マークのない物の販売や使用はできません。

問 3 [難易度 😊😐😠]

検定の対象となる機械器具等にあてはまらないものは次のうちどれか。

(1)　選択弁
(2)　閉鎖型スプリンクラーヘッド
(3)　住宅用防災警報器
(4)　二酸化炭素を除く消火器用消火薬剤

解説　選択弁は、消防庁長官が定める基準に適合するものであることとされており、現在は、一般財団法人日本消防設備安全センターが認定を行っています。

解答　問1－(3)　　問2－(2)　　問3－(1)

レッスン 1-13 消防設備士制度

重要度 ///

(1) 消防設備士

消防設備士とは、レッスン1-8「消防用設備等の種類」で説明した「消防の用に供する設備」の工事や整備を行う資格です。消防設備士には**甲種**と**乙種**の2種類があり、甲種は**工事**と**整備**（点検を含む）、乙種は**整備**のみの業務を独占的に行うことができます。

(2) 消防設備士の義務 重要！

① **誠実義務**：消防設備士は誠実に業務を行わなければなりません。

② **免状の携帯義務**：消防設備士は作業中に免状を携帯しなければなりません。

③ **受講義務**：消防設備士は資格取得後、一定の期間ごとに講習の受講義務があります。免状の交付を受けた日から最初の4月1日を起点として**2年以内**に受講し、それ以降は**5年ごと**に受講しなければなりません。それを怠ると**免状の返納命令**の対象になります。

④ **免状の書換え申請**：本籍変更など、記載事項に変更があった場合には、都道府県知事（免状を交付した知事だけでなく**勤務地**、**居住地**の知事でもよい）へ書換え申請をしなければなりません。**現住所**は免状に記載されていないので変更申請は不要です。

⑤ **免状紛失後の措置**：免状を紛失した場合には、**免状を交付**、**又は書換えをした知事**あてに再交付の申請をすることができます。また、再交付を受けた後、紛失した免状を発見したときは、発見した日から**10日以内**に免状の再交付をした都道府県知事に提出しなければなりません。

(3) 消防設備士の業務範囲

不活性ガス消火設備を例にあげると、消火剤貯蔵容器の設置工事、噴射ヘッド又はホース接続口の設置工事や音響警報装置の設置工事など、もしくは機能調整などの整備が甲種消防設備士の業務範囲です。乙種消防設備士の業務範囲は**点検**のほか、**設備の補修**や**機能調整**、**部品の交換**や**消火薬剤の詰替え**です。

また、消防設備士の業務範囲は取得した免許区分の工事・整備だけです。

(4) 資格がなくともできる仕事

消防設備士の資格がなくともできる仕事の範囲は、3類関係では不活性ガス消火設備等の**電源の部分**です。 重要！

よく出る問題

問 1 ［難易度 😊😐☹］

消防設備士免状に関する説明として、誤っているものは次のうちどれか。

(1)　消防設備士は誠実に業務を行わなければならない。

(2)　消防設備士は作業中、免状を携帯しなければならない。

(3)　現住所の変更があったら都道府県知事へ免状の書換え申請をしなければならない。

(4)　免状の返納命令に違反した者は罰金又は拘留に処せられることがある。

解説

(3) 誤り。

免状には現住所の記載事項がないので、現住所変更は書換え申請の必要がありません。

問 2 ［難易度 😊😐☹］

消防設備士免状に関する説明として、正しいものは次のうちどれか。

(1)　免状を紛失したら、居住地の都道府県知事へ再交付の申請をしなければならない。

(2)　紛失した免状を発見した場合、発見した日から10日以内に再交付をした都道府県知事へ届けなければならない。

(3)　免状の交付を受けた都道府県以外で消防設備士としての業務を行ってはならない。

(4)　免状の交付を受けた日から1年以内に、以降は5年以内に講習を受講しなければならない。

解説

(1) 誤り。免状の再交付申請先は、居住地の都道府県知事ではなく、免状を交付した都道府県知事です。

(2) 正しい。紛失した免状を発見した場合の届出先は、免状を再交付した都道府県知事です。

(3) 誤り。消防設備士の免状は全国どこでも通用します。

(4) 誤り。初回の講習は免状取得後、最初の4月1日から2年以内です。

問 3 ［難易度 😊😐☹］

消防設備士免状の交付を受けていない者であっても工事又は整備ができる消防設備等の部分について、誤っているものは次のうちどれか。

(1)　粉末消火設備の配管の部分

(2)　屋内消火栓設備の水源の部分

(3)　スプリンクラー設備の配管の部分

(4)　ハロゲン化物消火設備の電源の部分

解説

(1) の粉末消火設備の配管の接続工事は消防設備士でなければ行えません。

解答　問1－(3)　問2－(2)　問3－(1)

これは覚えておこう！

レッスン１の重要事項のまとめ

① **消防対象物と防火対象物**：前者は消防の対象、後者は消防法の規制対象。

② **関係者**：防火対象物の所有者、管理者、占有者。

③ **無窓階**：消火活動上又は避難上有効な開口部を有していない階をいう。

④ **火災予防上の命令権者**：消防長、消防署長、消防吏員。

⑤ **立入検査者**：消防署職員（事前予告不要、証票は請求があったとき提示）。
消防署を置かない市町村では**常勤の消防団員**が**代行**できる。

⑥ **特定防火対象物**：不特定多数の人や知的弱者、身体的弱者が利用する施設等。

⑦ **消防同意**：同意を求める者は建築主事等、同意を与える者は消防長等。

⑧ **着工届**：甲種消防設備士が工事着手の 10 日前までに。

⑨ **設置届**：関係者が設置後 4 日以内に。

⑩ **防火管理者**：特定防火対象物は収容人数 30 人以上、非特定防火対象物は収容人数 50 人以上、要介護施設（6）項ロは 10 人以上でそれぞれ選任義務発生。

⑪ **共同防火管理**：共同防火管理協議会の設置義務がある防火対象物は、高さ 31 m を超える高層建築物、3 階建て以上で 10 人以上の要介護施設等、3 階建て以上で 30 人以上の特定用途を含む複合用途防火対象物、5 階建て以上で 50 人以上の複合用途防火対象物、地下街、準地下街。

⑫ **防炎規制を受ける防火対象物**：特定防火対象物、31 m を超える高層建築物、工事中の建築物、テレビスタジオ、映画スタジオ。
防炎対象物品は、カーテン、布製ブラインド、暗幕、どん帳、じゅうたんなど。

⑬ **危険物施設の警報設備**：指定数量の 10 倍以上で警報設備の設置義務。

⑭ **防火対象物の分割に関する特例**：開口部のない耐火壁等で仕切れば別の防火対象物。複合用途は用途別に別の防火対象物。地下街は全体が一つの防火対象物。渡り廊下で二つの防火対象物を接続する場合は一つの防火対象物。

⑮ **不遡及の要件**：特定防火対象物でないこと。法令に違反していないこと。
法令改正後の大規模改修が 1000 m^2 未満、延べ面積の 2 分の 1 未満。

⑯ **点検制度**：機器点検（6 か月ごと）、総合点検（1 年ごと）、1000 m^2 以上で消防設備士、消防設備点検資格者が点検。無資格者の点検は 1000 m^2 未満。

⑰ **検定制度**：検定制度は「型式承認」と「型式適合検定」からなる。検定対象品は「消火器」「住宅用防災警報器」「閉鎖型スプリンクラーヘッド」「金属製避難はしご」「緩降機」など。

⑱ **消防設備士の義務**：免状携帯義務、受講義務、免状の書換え、紛失届など。

⑲ **免状の申請**：書換申請は都道府県知事、再交付申請は交付した都道府県知事。

レッスン 2 消防関係法令（3類）

レッスン 1 では消防関係法令の共通部分、すなわち消防設備士の第 1 類から第 7 類までの共通の試験範囲を学習しました。レッスン 2 では消防関係法令のうち第 3 類に関係する部分を学習します。消防関係法令の範囲と試験の出題傾向を下のような図にまとめてみました。

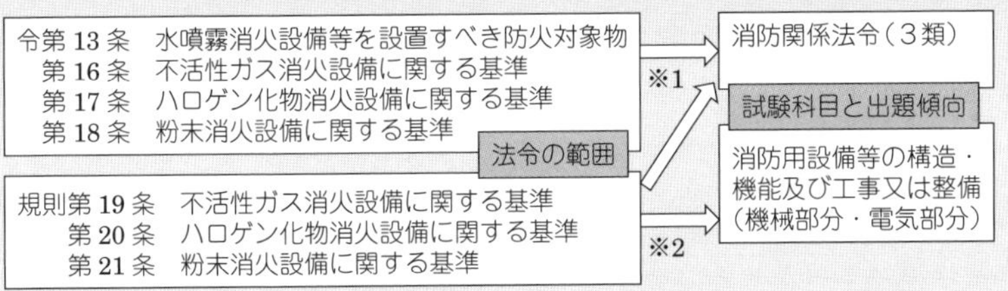

※1　各消火設備の設置に関する基準等（各消火設備はどのようなところに設置しなければならないか）

※2　各消火設備を構成する機器に関する技術的な基準等（各消火設備を構成する機器はどのようなものでなければならないか）

● 2 - 1「**不活性ガス消火設備等の設置対象**」は毎回出題されています。

設置対象は

① 防火対象物等の用途

② 階層と床面積

③ 適用する消火設備の種類

これらの組合せで成り立っているといえます。これら 3 つの要素ごとに覚えておくことが効率的です。

● 2 - 2「**不活性ガス消火設備等の設置基準**」は、異なる放出方式を定義し、それらがどのようなものであるかを大枠として規定しています。

● 2 - 3「**危険物施設の消火設備**」も**毎回出題**されていますが、危険物施設にはどのようなものがあって、それぞれにどのような消火設備等が適しているかを覚えてください。危険物の種類によって適する消火設備と適さない消火設備があることを整理して覚えることが必要です。

不活性ガス消火設備等の設置対象

重要度

表1の左欄に掲げる「防火対象物又はその部分」には、水噴霧消火設備、泡消火設備、不活性ガス消火設備、ハロゲン化物消火設備又は粉末消火設備のうち、それぞれ右欄に掲げるもののいずれかを設置するものとされています（令第13条）。**重要！**

● 表1　防火対象物又はその部分に適応する消火設備 ●

<table>
<tr><th colspan="2">防火対象物又はその部分</th><th>消火設備</th></tr>
<tr><td colspan="2">別表第1（13）項ロに掲げる防火対象物
→飛行機又は回転翼航空機の格納庫</td><td>泡消火設備又は粉末消火設備</td></tr>
<tr><td colspan="2">別表第1に掲げる防火対象物の屋上部分で、回転翼航空機又は垂直離着陸航空機の発着の用に供されるもの</td><td>泡消火設備又は粉末消火設備</td></tr>
<tr><td colspan="2">別表第1に掲げる防火対象物の道路（車両の交通の用に供されるものであって総務省令で定めるものに限る。以下同じ）の用に供される部分で、床面積が以下のもの
①　屋上部分にあっては600 m² 以上
②　それ以外の部分にあっては400 m² 以上</td><td>水噴霧消火設備、泡消火設備、不活性ガス消火設備又は粉末消火設備</td></tr>
<tr><td colspan="2">別表第1に掲げる防火対象物の自動車の修理又は整備の用に供される部分で、床面積が以下のもの
①　地階又は2階以上の階にあっては200 m² 以上
②　1階にあっては500 m² 以上</td><td>泡消火設備、不活性ガス消火設備、ハロゲン化物消火設備又は粉末消火設備</td></tr>
<tr><td colspan="2">別表第1に掲げる防火対象物の駐車の用に供される部分で、次に掲げるもの
1　当該部分の存する階（屋上部分を含み、駐車するすべての車両が同時に屋外に出ることができる構造の階を除く）における当該部分の床面積が以下のもの
①　地階又は2階以上の階にあっては200 m² 以上
②　1階にあっては500 m² 以上
③　屋上部分にあっては300 m² 以上
2　昇降機等の機械装置により車両を駐車させる構造のもので、車両の収容台数が10以上のもの</td><td>水噴霧消火設備、泡消火設備、不活性ガス消火設備、ハロゲン化物消火設備又は粉末消火設備</td></tr>
<tr><td colspan="2">別表第1に掲げる防火対象物の発電機、変圧器その他これらに類する電気設備が設置されている部分で、床面積が200 m² 以上のもの</td><td>不活性ガス消火設備、ハロゲン化物消火設備又は粉末消火設備</td></tr>
<tr><td colspan="2">別表第1に掲げる防火対象物の鍛造場、ボイラー室、乾燥室その他多量の火気を使用する部分で、床面積が200 m² 以上のもの</td><td>不活性ガス消火設備、ハロゲン化物消火設備又は粉末消火設備</td></tr>
<tr><td colspan="2">別表第1に掲げる防火対象物の通信機器室で、床面積が500 m² 以上のもの</td><td>不活性ガス消火設備、ハロゲン化物消火設備又は粉末消火設備</td></tr>
<tr><td rowspan="2">別表第1に掲げる建築物その他の工作物で、指定可燃物を危険物の規制に関する政令（危政令）別表第4で定める数量の1000倍以上貯蔵し、又は取り扱うもの</td><td>危政令別表第4に掲げる綿花類、木毛及びかんなくず、ぼろ及び紙くず（動植物油がしみ込んでいる布又は紙及びこれらの製品を除く）、糸類、わら類、再生資源燃料又は合成樹脂類（不燃性又は難燃性でないゴム製品、ゴム半製品、原料ゴム及びゴムくずに限る）に係るもの</td><td>水噴霧消火設備、泡消火設備又は全域放出方式の不活性ガス消火設備</td></tr>
<tr><td>危政令別表第4に掲げるぼろ及び紙くず（動植物油がしみ込んでいる布又は紙及びこれらの製品に限る）又は石炭・木炭類に係るもの</td><td>水噴霧消火設備又は泡消火設備</td></tr>
</table>

● 表１　防火対象物又はその部分に適応する消火設備（つづき）●

防火対象物又はその部分		消火設備
別表第１に掲げる建築物その他の工作物で、指定可燃物を危政令別表第４で定める数量の1000倍以上貯蔵し、又は取り扱うもの	危政令別表第４に掲げる可燃性固体類、可燃性液体類又は合成樹脂類（不燃性又は難燃性でないゴム製品、ゴム半製品、原料ゴム及びゴムくずを除く）に係るもの	水噴霧消火設備、泡消火設備、**不活性ガス消火設備**、**ハロゲン化物消火設備**又は**粉末消火設備**
	危政令別表第４に掲げる木材加工品及び木くずに係るもの	水噴霧消火設備、泡消火設備、**全域放出方式の不活性ガス消火設備**又は**全域放出方式のハロゲン化物消火設備**

よく出る問題

問 1 ［難易度 😊😐😞］

駐車の用に供される部分に粉末消火設備を設置しなければならないとする場合、法令上階層と床面積の組合せで正しいものは次のうちどれか。ただし、屋上部分を含み駐車するすべての車両が同時に屋外に出ることができる構造の階を除く。

	階層	床面積
(1)	屋上部分	500 m² 以上
(2)	2階	300 m² 以上
(3)	1階	300 m² 以上
(4)	地階	200 m² 以上

解説　地階又は2階以上の階にあっては200 m² 以上、1階にあっては500 m² 以上、屋上部分にあっては300 m² 以上とされています。

問 2 ［難易度 😊😐😞］

消防法施行令別表第１に掲げる防火対象物の屋上部分で、回転翼航空機の発着の用に供されるものに設置できる消火設備として、正しいものは次のうちどれか。

(1)　粉末消火設備
(2)　二酸化炭素を放射する不活性ガス消火設備
(3)　ハロン1301を放射するハロゲン化物消火設備
(4)　窒素を放射する不活性ガス消火設備

解説　防火対象物の屋上部分で、回転翼航空機の発着の用に供されるものに設置できる消火設備は、泡消火設備又は粉末消火設備です。

解答　問１－(4)　　問２－(1)

レッスン 2-2

不活性ガス消火設備等の設置基準

重要度

不活性ガス消火設備、ハロゲン化物消火設備又は粉末消火設備の放出方式には、それぞれ

●全域放出方式　●局所放出方式　●移動式

の三つがあります。

(1) 全域放出方式 重要!

全域放出方式の不活性ガス消火設備等の噴射ヘッドは、**不燃材料**で造った**壁**、**柱**、**床**又は**天井**（天井のない場合にあっては、はり又は屋根）により**区画され**、かつ、開口部に自動閉鎖装置が設けられている部分に、当該部分の容積及び当該部分にある防護対象物の性質に応じ、標準放射量で当該防護対象物の**火災を有効に消火**することができるように、必要な個数を適当な位置に設けることとされています。ただし、当該部分から外部に漏れる量以上の量の不活性ガス消火剤等を有効に追加して放出することができる設備であるときは、当該開口部の自動閉鎖装置を設けないことができます（窒素、IG - 55又はIG - 541を放射する不活性ガス消火設備及びHFC - 23、HFC - 227ea又はFK - 5 - 1 - 12を放射するハロゲン化物消火設備を除く）。

(2) 局所放出方式 重要!

局所放出方式の不活性ガス消火設備等の噴射ヘッドは、**防護対象物の形状**、**構造**、**性質**、**数量**又は**取扱いの方法**に応じ、防護対象物に不活性ガス消火剤等を直接放射することによって標準放射量で当該防護対象物の火災を有効に消火することができるように、必要な個数を適当な位置に設けることとされています。

また、**全域放出方式**又は**局所放出方式**には、**非常電源**を**附置**することとされています。

(3) 移動式 重要!

移動式消火設備のホース接続口は、すべての防護対象物について、当該防護対象物の各部分からホース接続口までの**水平距離**が表1のようになるよう規定されています。消火器の「**歩行距離**」ではないことに注意が必要です。

●表1　移動式消火設備のホース接続口までの水平距離●

不活性ガス消火設備（二酸化炭素に限る）	ハロゲン化物消火設備（ハロン 2402、ハロン 1211、ハロン 1301 の 3 種類）	粉末消火設備
15 m 以下	20 m 以下	15 m 以下

(4) 全域放出方式、局所放出方式、移動式共通

それぞれの消火剤容器に貯蔵する各消火剤の量は、防護対象物の火災を有効に消火することができる量以上の量となるようにすること。また、消火剤容器や加圧用ガス容器は、**点検に便利**で、**火災の際の延焼のおそれ及び衝撃による損傷のおそれ**が少なく、かつ、**温度の変化**が少ない**箇所**に設けることとされています。

よく出る問題

問 1 ［難易度 😊😐😫］

二酸化炭素を放射する不活性ガス消火設備に関する記述として、誤っているものは次のうちどれか。

(1) 移動式の二酸化炭素消火設備には、必ずしも予備電源を附置しなくてもよい。
(2) 全域放出方式の二酸化炭素消火設備の噴射ヘッドは、防護区画部分の容積及び防護対象物の性質に応じ、標準放射量で当該防護対象物の火災を有効に消火できるように、必要な個数を適当な位置に設ける。
(3) 局所放出方式の不活性ガス消火設備等の噴射ヘッドは、防護対象物に不活性ガス消火剤等を直接放射することによって標準放射量で当該防護対象物の火災を有効に消火することができるように、必要な個数を適当な位置に設ける。
(4) 移動式の二酸化炭素消火設備のホース接続口は、すべての防護対象物について、当該防護対象物の各部分から１のホースの接続口までの歩行距離が 15 m 以下となるように設ける。

移動式の二酸化炭素消火設備のホース接続口は、すべての防護対象物について、当該防護対象物の各部分から１のホースの接続口までの**水平距離**が **15 m 以下**となるように設けます。

問 2 ［難易度 😊😐😫］

不活性ガス消火設備等について、誤っているものは次のうちどれか。

(1) 消火剤容器は、点検に便利な箇所に設ける。
(2) 消火剤容器は、火災の際の延焼のおそれが少ない箇所に設ける。
(3) 加圧用ガス容器は、放射による損傷のおそれが少ない箇所に設ける。
(4) 加圧用ガス容器は、温度の変化が少ない箇所に設ける。

消火剤容器や加圧用ガス容器等は、衝撃による損傷のおそれが少ない箇所に設けます。

解答 問１－(4)　　問２－(3)

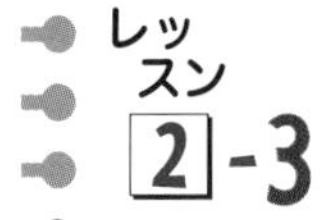

レッスン 2-3 危険物施設の消火設備

(1) 危険物等に適応する消火設備

危険物等に適応する消火設備は表紙裏（表見返し）の表のとおりです。3 類消防設備士が扱える範囲は表紙裏（表見返し）の表のうち**第 3 種の消火設備**に該当します。**重要!**

(2) 危険物施設の種類

危険物施設においては、それ自体が発火又は引火する性質をもつものや、発火又は引火を促進する性質をもつものなど、消防法に定める危険性状を有する危険物を貯蔵又は取り扱っており、いったん火災となったときには著しい速度で**燃焼拡大**又は**爆発現象**を伴う場合もあります。この点は、一般の防火対象物等とは著しく異なるものです。

このような特異性を有する危険物の製造所、貯蔵所又は取扱所にあっては、その規模及び貯蔵又は取り扱う危険物の品名及び最大数量に応じ、危険物の規制に関する政令（危政令）第 20 条～第 22 条において定められた消火設備、警報設備又は避難設備を設置しなければなりません。

指定数量以上の危険物を貯蔵し、又は取り扱う施設は、製造所、貯蔵所及び取扱所の三つに分類され、これらはさらに図 1 のように区分されています。

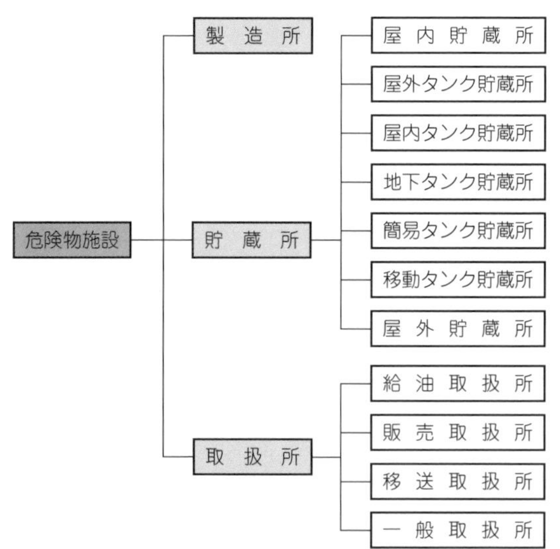

●図 1　危険物施設の区分●

よく出る問題

問 1　［難易度 😊 😐 😞］

危険物施設における消火設備として、二酸化炭素を放射する不活性ガス消火設備が適応する危険物は、次のうちどれか。

（1）　第１類の危険物
（2）　第４類の危険物
（3）　第５類の危険物
（4）　第６類の危険物

解説　表紙裏（表見返し）の表（危政令別表第5）に、危険物に対する適応する消火設備が示されています。二酸化炭素を放射する不活性ガス消火設備が適応するものは、電気設備、第２類の危険物の引火性固体、第４類の危険物です。

問 2　［難易度 😊 😐 😞］

危険物製造所等に設置する消火設備の区分に関する記述のうち、誤っているものは次のうちどれか。

（1）　水噴霧消火設備は、第３種消火設備に該当する。
（2）　ハロゲン化物消火設備は、第３種消火設備に該当する。
（3）　スプリンクラー設備は、第２種消火設備に該当する。
（4）　泡消火設備は、第２種消火設備に該当する。

解説　（4）の泡消火設備は第３種消火設備に該当します。

問 3　［難易度 😊 😐 😞］

危険物製造所等で、建築物その他の工作物に適用する第３種の消火設備は、次のうちどれか。

（1）　粉末消火設備のうち、りん酸塩類等を使用するもの
（2）　粉末消火設備のうち、炭酸水素塩類等を使用するもの
（3）　ハロゲン化物消火設備
（4）　不活性ガス消火設備

解説　危険物製造所などで、建築物その他の工作物に適用する第３種の消火設備は、りん酸塩類などを使用する粉末消火設備です。

解答　問１－(2)　　問２－(4)　　問３－(1)

これは覚えておこう！

レッスン２の重要事項のまとめ

① **不活性ガス消火設備等の設置対象**：下表の防火対象物又はその部分にはいずれも、不活性ガス消火設備、ハロゲン化物消火設備又は粉末消火設備が適応する。

防火対象物又はその部分
自動車の修理又は整備の用に供される部分で、床面積が以下のもの ① **地階又は2階以上** …… **200 m² 以上** ② **1階**………………………… **500 m² 以上**
駐車の用に供される部分で 1 当該部分の存する階（屋上部分を含み、駐車するすべての車両が同時に屋外に出ることができる構造の階を除く）における当該部分の床面積が以下のもの ① **地階又は2階以上** …… **200 m² 以上** ② **1階**………………………… **500 m² 以上** ③ **屋上部分**…………………… **300 m² 以上** 2 昇降機等の機械装置により車両を駐車させる構造のもので、**車両の収容台数が10以上**のもの
発電機、変圧器その他これらに類する電気設備が設置されている部分で、床面積が**200 m² 以上**のもの
鍛造場、ボイラー室、乾燥室その他多量の火気を使用する部分で、床面積が**200 m² 以上**のもの
通信機器室で、床面積が**500 m² 以上**のもの

② **移動式消火設備のホース接続口までの水平距離**：

不活性ガス消火設備（二酸化炭素に限る）	ハロゲン化物消火設備（ハロン2402、ハロン1211、ハロン1301の3種類）	粉末消火設備
15 m 以下	20 m 以下	15 m 以下

③ **危険物施設の消火設備**：危険物等に適応する消火設備のうち、不活性ガス消火設備、ハロゲン化物消火設備及び粉末消火設備は「**第3種の消火設備**」に該当する。

レッスン 3 基礎的知識（機械）

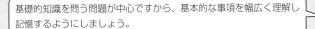

機械に関する基礎的知識は、甲種で6問、乙種では3問、出題されます。

基礎的知識を問う問題が中心ですから、基本的な事項を幅広く理解し記憶するようにしましょう。

● 3-1「**水理1（流体の性質）**」では、単位を正確に記憶しておくことが重要です。密度と比重量の違いなど、試験では間違いやすい単位がよく出題されます。

● 3-2「**水理2（流体に関する諸法則①）**」では、絶対圧力とゲージ圧力の違い、圧力と水頭の関係など水理の基本を学びます。

● 3-3「**水理3（流体に関する諸法則②）**」の中で、「連続の原理」などは計算問題としても出題されることがあります。ベルヌーイの定理は流体力学では重要な定理ですが、計算問題よりも式の意味を問う形で出題されます。

● 3-4「**荷重と応力、ひずみ**」では、とくに応力の意味を理解することが大切です。計算問題として出題されることもあります。

● 3-5「**応力とひずみの関係**」では、「応力-ひずみ線図」に関する内容が繰り返し出題されています。これを理解しておくことは受験者の常識ともいえるほどです。その他、フックの法則、ポアソン比、許容応力と安全率、材料の疲れ、クリープなど出題頻度の高い項目が多く、本節は、機械分野の中心でもあります。

● 3-6「**力とモーメント**」では、まずベクトルの意味、次にベクトルの合成の方法を理解することが重要です。

「はりにかかる曲げモーメントの図形」では、一点に集中する集中荷重、全長に均等にかかる等分布荷重が「曲げモーメント図」という形で出題されるので、それぞれの図形の特徴を覚えておく必要があります。

レッスン 3-1

水理 1（流体の性質）

重要度

水理学とは、水の物理的挙動を研究対象とする学問です。水の物理的性質について理解しておくことが重要です。以下、水の物理的性質の基本事項について解説します。

(1) 流体の物理的性質

① 流体とは液体及び気体のことをいい、固体と異なり自由に変形します。

② 液体は温度や圧力により若干の体積変化が生じますが、通常の状態では無視できる範囲です。すなわち、水は圧縮できない流体（非圧縮性流体）です。

③ 液体には粘性（粘り気）や表面張力（表面積を小さくしようとする性質）があり、流体の流れやエネルギー損失などに影響を及ぼします。

④ 流体のうち水はその状態における性状を表す場合に、静水力学及び動水力学に区分されます。

⑤ 気体は圧力と温度により大きく体積が変わります。3 類消防設備士の対象となる消火剤もその多くは気体です。

(2) 流体の密度と比重 重要！

① **密度**：液体の単位体積あたりの質量：ρ〔**kg/m³**〕

② **比重量**：液体の単位体積あたりの重量：γ〔**N/m³**〕

注）N：ニュートン（力の単位）

③ 密度と比重量の関係：$\gamma = \rho g$（$g = 9.8\mathrm{m/s^2}$）

④ **比体積**：液体の単位質量あたりの体積：v〔**m³/kg**〕

⑤ 比体積と密度の関係：$v = 1/\rho$ で表され、**比体積は密度の逆数**です。

⑥ 水の密度：1 気圧で 4℃のとき密度は最大となり、$\rho = 1000\ \mathrm{kg/m^3}$ です。

覚え方のテクニック

密度と比重量の違いに注意

(3) 比　重

比重は、**4℃の水と同体積の物質の密度**を比較した値をいい、**単位はありません**。

$$比重 = \frac{物質の質量}{同体積の 4℃の水の質量} = \frac{物質の密度}{4℃の水の密度}$$

(4) 液体の粘性

流体が流れるとき、流体自体の摩擦による抵抗力（接線応力：せん断応力）が働きます。この性質を粘性といい、その大きさを粘度といいます。粘度は流体の粘りの度合いであり、粘性率、粘性係数ともいいます。

動粘度 v とは、粘性係数 μ を水の密度 ρ で除したもの（$v = \mu/\rho$）をいいます。

マメ知識 ➡➡➡ 質量と重量の違い

質量は物質の絶対的な量であり、例えば、地球外の天体でも同じ値を示します。これに対して重量は引力が作用する力です。地球上であれば、ほぼ「質量＝重量」ですが、引力が地球の 1/6 の月面上では、質量は変わらないのに重量は地球上の 1/6 になります。

よく出る問題

問 1 ［難易度 😊😐😞］

流体の密度と比重量及び比体積の定義について、以下の記述のうち正しいものはどれか。

(1)　密度とは、液体の単位体積あたりの重量をいい、単位は〔kg/m³〕で表す。

(2)　比重量とは、液体の単位体積あたりの質量をいい、単位は〔N/m³〕で表す。

※　N：ニュートン

(3)　密度 ρ と比重量 γ の関係は、$\rho = \gamma g$（$g = 9.8$ m/s²）で表すことができる。

(4)　比体積とは、液体の単位質量あたりの体積をいい、単位は〔m³/kg〕で表す。

(1) 誤り。重量ではなく質量です。

(2) 誤り。質量ではなく重量です。

密度は質量（単位〔kg〕）、比重量は重量（単位〔N〕）と覚えておこう。

(3) 誤り。$\rho = \gamma g$ ではなく、$\gamma = \rho g$ です。

(4) 正しい。

問 2 ［難易度 😊😐😞］

水の性質に関する説明として、以下の記述のうち誤っているものはどれか。

(1)　水の密度は 1 気圧で 4℃のとき密度は最大となり、1000 kg/m³ である。

(2)　物体の比重は、4℃の水の密度と同体積の物質の密度を比較した値をいう。

(3)　物体の比重は、(物体の質量) / (同体積の 4℃の水の質量) で表すことができ、単位をもっている。

(4)　水の性質として非圧縮性がある。

(1) (2) 正しい。

(3) 誤り。比重には単位がありません。しかし、比重量には単位があるので混同しないようにしましょう。

(4) 正しい。水は圧縮できない物質です。

問 3 ［難易度 😊😐😞］

流体の粘性に関する説明として、以下の記述のうち誤っているものはどれか。

(1)　液体には、粘性や表面張力（表面積を小さくしようとする性質）があり、流体のエネルギー損失などに影響を及ぼす。

(2)　流体が流れるとき、流体自体の摩擦による抵抗力を粘性という。

(3)　粘度は流体の粘性の大きさを表す指標であり、粘性率、粘性係数ともいう。

(4)　動粘度 v とは、粘性係数 μ に水の密度 ρ を乗じたもの（$v = \mu \times \rho$）をいう。

(1) (2) (3) 正しい。

(4) 誤り。動粘度 v は、粘性係数 μ を水の密度 ρ で除したもの（$v = \mu / \rho$）です。

解答　問 1 − (4)　　問 2 − (3)　　問 3 − (4)

レッスン 3-2

水理2（流体に関する諸法則①）

重要度

(1) ボイル・シャルルの法則

$\boldsymbol{PV=RT}$ で表される式で、理想気体における圧力 P、体積 V、絶対温度 T の関係を表したものです（R は気体定数で常に一定）。

上式から、$R=(P_1\times V_1)/T_1=(P_2\times V_2)/T_2=$ 一定

注）P_1、V_1、T_1 は変化前、P_2、V_2、T_2 は変化後の状態を表す。

絶対温度（単位：K（ケルビン））とは、地上で存在する最低温度（273℃）を基準とし、絶対0度で表します。摂氏温度（t〔℃〕）を絶対温度で表すと、$(t+273)$〔K〕です。

(2) 圧　力

静止している水中の任意の一点における圧力はすべての方向に等しく、密閉容器内に存在する水の一部に加えた圧力は、ほかのすべての部分に等しく伝わります。上面を大気に開放した容器（図1）において、水深が h〔m〕のとき、水中の底面に働く全圧力 P を式で表すと

$\boldsymbol{P=\gamma\times h}$ **＋大気圧**

γ：水の単位体積あたりの重量（比重量）

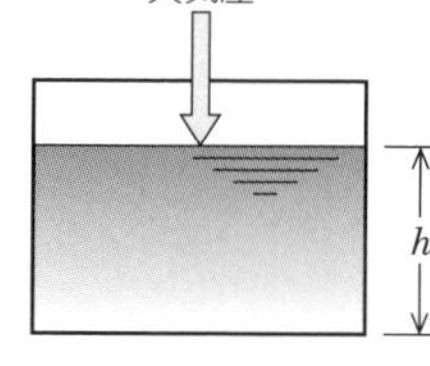

● 図1 ●

覚え方のテクニック　絶対圧力とゲージ圧力の違いに注意

なお、圧力には、**絶対圧力**と**ゲージ圧力**があり、絶対圧力 P_0 とは、完全真空を基準とした圧力であり、ゲージ圧力 P_g とは標準大気圧を基準とした圧力で、圧力計に現れる圧力です。両者の関係は、$\boldsymbol{P_0=P_g}$ **＋大気圧**（≒0.1 MPa）で表すことができます。

注）0.1 MPa＝10万 Pa（パスカル）

(3) 圧力と水頭

圧力の大きさは、水の高さで表すことができ、水柱の場合には水頭（ヘッド）といいます。圧力 P と水頭 h の関係は、$\boldsymbol{h=P/\gamma}$（γ は比重量）で表されます。

(4) 圧力と水銀柱

水銀を満たしたガラス管を水銀容器に立てるとガラス管内の上部に真空の空間ができてつり合います（静止する）。

これを**トリチェリの実験**といい、標準大気圧（1 atm）を、水銀柱の高さで表すと **760 mm** となります。水銀の代わりに水を入れると、その高さは **10.33 m** となります。

1気圧（atm）＝760 mmHg（Hg：水銀柱）

＝10.33 mAq（Aq＝アクア：水頭）

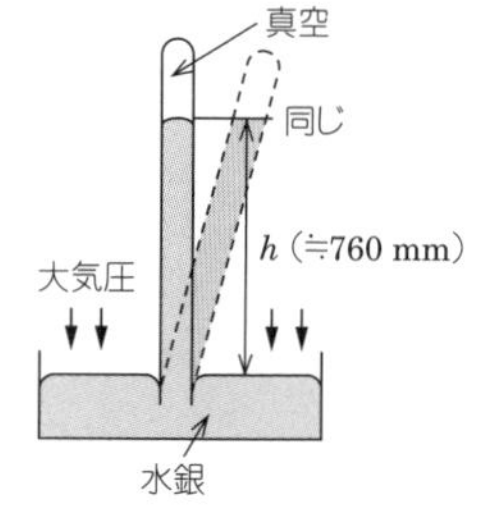

● 図2　トリチェリの実験 ●

よく出る問題

問 1　［難易度 😊😐😞］

絶対圧力とゲージ圧力に関する説明として、以下の記述のうち適当でないものはどれか。

(1)　絶対圧力は完全真空を基準とした圧力である。
(2)　ゲージ圧力は標準大気圧を基準とした圧力である。
(3)　絶対圧力からゲージ圧力を差し引くと大気圧になる。
(4)　圧力計に現れる圧力は絶対圧力を示している。

(1)(2)(3) 正しい。
(4) 誤り。圧力計に現れる圧力はゲージ圧力です。

問 2　［難易度 😊😐😞］

水頭に関する説明として、以下の記述のうち誤っているものはどれか。

(1)　圧力を水の高さ（水柱）で表すことを水頭という。
(2)　標準大気圧を水頭で表すと、10.33 m となる。
(3)　標準大気圧を水銀柱で表すと、76 mm となる。
(4)　圧力 P と水頭 h の関係は、$h = P/\gamma$（γ は比重量）で表すことができる。

(1)(2)(4) 正しい。
(3) 誤り。76 mm ではなく、760 mm です。

問 3　［難易度 😊😐😞］

理想気体において、変化前の体積、圧力、温度がそれぞれ 10 m³、0.2 MPa、20℃、変化後の体積と圧力が 8 m³、0.3 MPa であったとき、変化後の温度〔℃〕に最も近いものは、次のうちどれか。

(1)　60℃
(2)　80℃
(3)　100℃
(4)　120℃

ボイル・シャルルの法則により

$$\frac{0.2 \times 10}{20 + 273} = \frac{0.3 \times 8}{T}$$

が成立するので

$$(0.2 \times 10) \times T = 293 \times (0.3 \times 8)$$
$$2T = 703.2$$
$$T \fallingdotseq 352$$

これは絶対温度ですから、摂氏温度＝352－273＝79℃となります。

解答　問1－(4)　　問2－(3)　　問3－(2)

レッスン 3-3 水理3（流体に関する諸法則②）

重要度

(1) パスカルの原理（図1）

密閉された容器内で、液体の一部に圧力を加えると、同じ強さの圧力で液体の各部に伝わります。

シリンダA、シリンダBの断面積をそれぞれ A〔m²〕、B〔m²〕、加わるピストンの力を F_A〔N〕、F_B〔N〕とすると、$A \times F_B = B \times F_A$ が成立します。

これをパスカルの原理といいます。**重要！**

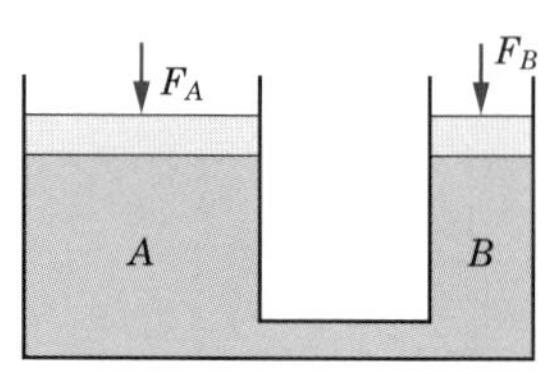

● 図1　パスカルの原理 ●

(2) アルキメデスの原理（図2）

液中の物体は、その排除した液体の重量だけ、上向きの力を受けて軽くなる。この力を浮力といい、浮力の大きさは、物体が排除した液体の重さに等しいという原理です。

V：物体が排除した水の体積、ρ：水の密度〔kg/m³〕、g：重力の加速度とするとき、浮力の大きさは、$F = V \times \rho \times g$〔N〕で表すことができます。

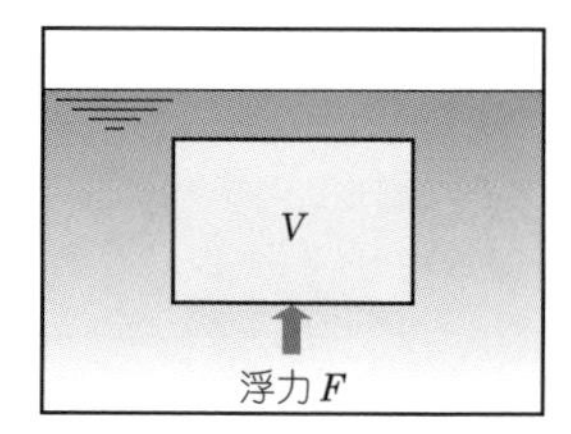

● 図2　アルキメデスの原理 ●

(3) 連続の式（図3）重要！

流管の断面積が小さいところ（A_2）では流速 v_2 が速く、断面積の大きいところ（A_1）では逆に流速が遅い。しかし、流れる流量はどちらも同じです（図3）。これを連続の式として、次式で表すことができます。

$$流量\ Q = 流速 \times 断面積 = v_1 \times A_1 = v_2 \times A_2$$

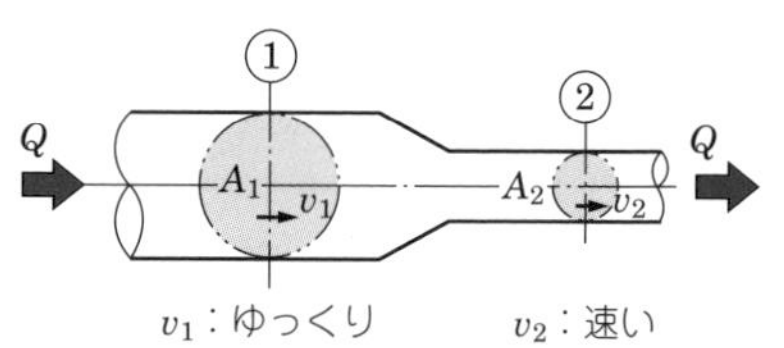

● 図3　連続の式 ●

(4) ベルヌーイの定理（図4）

流体のもつエネルギーの総和は、流体のどの部分においても同じ（一定）という定理です。総和を水頭で表すと

$$\frac{V_1^2}{2g} + \frac{P_1}{\gamma} + Z_1 = \frac{V_2^2}{2g} + \frac{P_2}{\gamma} + Z_2 = 一定$$

V_1、V_2：流速　P_1、P_2：圧力

Z_1、Z_2：高さ

試験では式の意味が問われます。**重要！**

$V_1^2/2g$、$V_2^2/2g$ は速度水頭、P_1/γ、P_2/γ は圧力水頭、Z_1、Z_2 は位置水頭をそれぞれ表します。

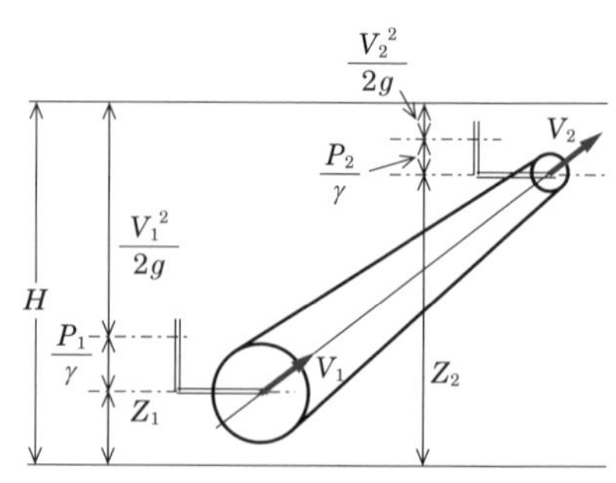

● 図4　ベルヌーイの定理 ●

よく出る問題

問 1　[難易度]

レッスン3-3の図1において、$A = 5\ \text{m}^2$、$B = 2\ \text{m}^2$、$F_A = 10\ \text{N}$とするとき、F_Bの値は、次のうちどれか。ただし、シリンダAとシリンダBの力はつり合っているものとする。

（1）　2 N
（2）　4 N
（3）　6 N
（4）　8 N

パスカルの原理から、$A \times F_B = B \times F_A$に数値を代入すると

$5 \times F_B = 2 \times 10$

したがって

$F_B = 20 \div 5 = 4\ \text{N}$

問 2　[難易度]

レッスン3-3の図3において、$A_1 = 2\ \text{m}^2$、$v_1 = 3\ \text{m/}$秒、$A_2 = 0.5\ \text{m}^2$とするとき、流速v_2の値は次のうちどれか。

（1）　6 m/秒
（2）　8 m/秒
（3）　10 m/秒
（4）　12 m/秒

連続の式から、$A_1 \times v_1 = A_2 \times v_2$に数値を代入すると、$2 \times 3 = 0.5 \times v_2$より

$v_2 = 6 \div 0.5 = 12\ \text{m/}$秒

問 3　[難易度]

ベルヌーイの式「$\dfrac{V^2}{2g} + \dfrac{P}{\gamma} + Z =$一定」において、各項の式を説明する組合せとして、正しいものは次のうちどれか。

	$\dfrac{V^2}{2g}$	$\dfrac{P}{\gamma}$	Z
（1）	速度水頭	圧力水頭	位置水頭
（2）	圧力水頭	速度水頭	位置水頭
（3）	位置水頭	圧力水頭	速度水頭
（4）	速度水頭	位置水頭	圧力水頭

（1）正しい。この種の問題では計算問題というより、以上のように式の意味を問う設問が多いので、しっかり覚えておこう。

解答　問1－（2）　問2－（4）　問3－（1）

レッスン 3-4 荷重と応力、ひずみ

重要度

(1) 荷重の種類

荷重とは物体に働く力をいい、働く方向によって五つの種類があります。

① **引張荷重**　：材料を引き伸ばすように働く力

② **圧縮荷重**　：材料を押し縮めるように働く力

③ **せん断荷重**：材料を切断するように働く力

④ **曲げ荷重**　：材料を曲げるように働く力

⑤ **ねじり荷重**：材料をねじるように働く力

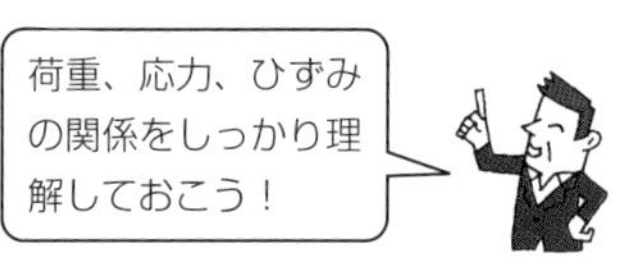

荷重、応力、ひずみの関係をしっかり理解しておこう！

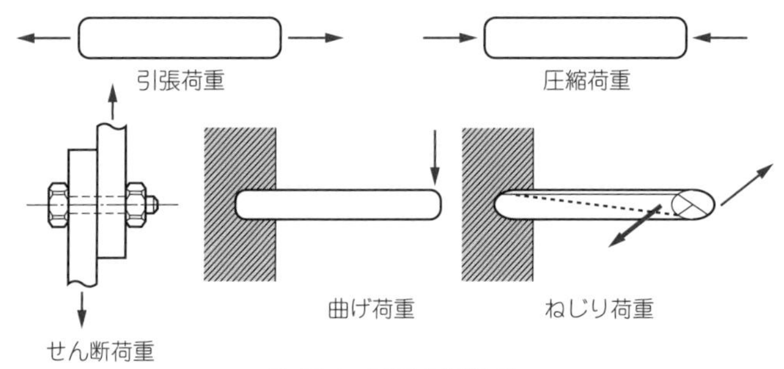

● **図1　荷重の種類** ●

(2) 応　力

物体に荷重が加わると、その荷重に抵抗して物体に**応力**が生じます。応力とは物体内に生じる**単位面積あたりの荷重**であり、荷重が作用面に対して垂直方向であれば**垂直応力**、作用面に対して並行であれば**せん断応力**と呼びます。

垂直応力　　σ = 荷重（W）/ 断面積（A）

せん断応力　τ = 荷重（W）/ せん断応力面の面積（A）

(3) ひずみ

物体に荷重が働くと、その内部に応力が生じ、外形的に変形が生じます。この変形量の元の長さに対する割合を、**ひずみ**又は**ひずみ度**といいます。

① **縦ひずみ**：長さ l の棒に荷重を加えて長さが l_0 になったとすると、変形量 λ の値は $\lambda = l_0 - l$ です。この場合のひずみ ε_1 は

$$\varepsilon_1 = \frac{l_0 - l}{l} = \frac{\lambda}{l}$$

② **横ひずみ**：直径の縮小比 ε_2 は

$$\varepsilon_2 = \frac{d - d_0}{d}$$

縦ひずみと横ひずみは同時に起こる！

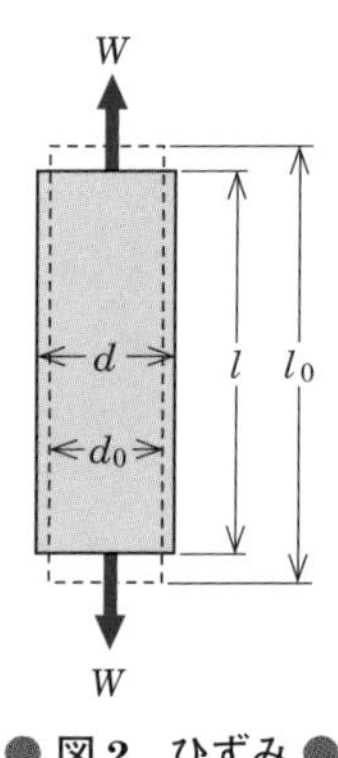

● **図2　ひずみ** ●

よく出る問題

問 1　［難易度 😊😐😣］

荷重の説明に関して以下の記述のうち、正しくないものはどれか。

(1)　引張荷重とは、材料を引き伸ばすように働く力である。
(2)　せん断荷重とは、材料をねじ切るように働く力である。
(3)　曲げ荷重とは、材料を曲げるように働く力である。
(4)　圧縮荷重とは、材料を押し縮めるように働く力である。

解説

(1)（3）（4）正しい。
(2) 誤り。せん断荷重は材料を切断するように働く力です。

問 2　［難易度 😊😐😣］

直径 10 mm の鋼棒 4 本で、重さ 5000 N の空調機を天井から吊り下げているとき、鋼棒 1 本あたりにかかる応力として最も近いものは、次のうちどれか。

(1)　16 N/mm²
(2)　50 N/mm²
(3)　135 N/mm²
(4)　270 N/mm²

解説

鋼棒 1 本あたりにかかる荷重は、5000÷4＝1250 N。この荷重を断面積で除すと応力となります。断面積＝$\frac{\pi D^2}{4}$ですから（D は直径）、(3.14×100)÷4＝78.5 mm² と計算されます。したがって、応力＝1250÷78.5≒16 N/mm²。

問 3　［難易度 😊😐😣］

丸棒を引っ張った結果、50 cm のものが 52 cm になった。この場合のひずみの値として、次のうち正しいものはどれか。

(1)　0.02
(2)　0.04
(3)　0.96
(4)　1.04

ひずみ $\varepsilon_1 = \frac{変形量\,\lambda}{元の長さ\,l} = \frac{2}{50} = 0.04$

解答　問 1 －(2)　　問 2 －(1)　　問 3 －(2)

レッスン 3-5
応力とひずみの関係

重要度

(1) 鋼材の応力とひずみの関係 重要!

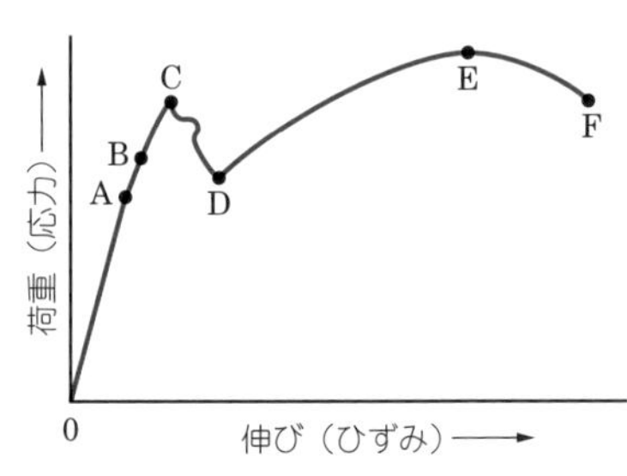

● 図1 応力とひずみ ●

鋼材に荷重を加えると、応力とひずみが現れ、その関係は図1で表すことができます。

① 点Aまでの伸びを**比例限度**といいます。比例限度とは、応力とひずみが比例（直線）関係にある限界という意味です。

② 点Bは荷重を取り除けば元の長さに戻る限界点で、これを**弾性限度**といいます。

③ 点C‐点D間は、荷重を増やさなくともひずみだけが増加する**降伏点**となります。

④ さらに荷重を加えると、ひずみは曲線的に増加し、点Eで荷重は最大となり、これを**最大強さ**（**引張強さ**）といいます。そして点Fで**破断**します。

(2) 応力とひずみにかかわる諸法則 重要!

① **フックの法則**：比例限度内では、応力とひずみは比例関係にあり、これをフックの法則といい、直線で表すことができます。

σ（応力）$=E$（弾性係数）$\times\varepsilon$（ひずみ）

ここで、Eは比例定数で**ヤング率**ともいいます。

② **ポアソン比**：横ひずみと縦ひずみの比をポアソン比といい、弾性限度内では一定の値を示します。

$$\text{ポアソン比}=\frac{\text{横ひずみ}}{\text{縦ひずみ}}=\frac{\varepsilon_2}{\varepsilon_1}$$ （ポアソン比の逆数をポアソン数といいます）

(3) 許容応力と安全率 重要!

応力が材料の弾性限度を超えると、永久ひずみを起こして寸法に狂いが生じてしまうので、通常は応力が比例限度以内になるように設計します。この応力の最大値を**許容応力**といい、材料の最大強さがこの許容応力の何倍であるかを示す値を**安全率**といいます。

安全率＝最大強さ÷許容応力

(4) 材料の疲れ、クリープ現象など

① **材料の疲れ**：弾性限度以内の荷重であっても、振動などの繰返し荷重が長時間加わると材料に疲れが生じ破壊します。このような破壊を**疲れ破壊**といいます。

② **脆性破壊**（ぜいせい）：材料に切欠き部（鋭利な部分）があると、そこに応力が集中して破壊することがあります。これを脆性破壊といいます。

③ **クリープ現象**：高温環境下で時間経過とともにひずみが徐々に増加し、永久ひずみが生じる現象（クリープ現象）をいいます。

よく出る問題

問 1　[難易度 😊😐😣]

荷重と伸び（ひずみ）の関係図（レッスン3-5の図1）に関する説明として、以下の記述のうち誤っているものはどれか。

(1)　点Aまでは伸びと荷重は比例する。
(2)　点Bは荷重を除くと伸びが元に戻る限度である。
(3)　点Cは破断する値である。
(4)　点Eは荷重の最大値を示している。

解説

(1)(2)(4) 正しい。
(3) 誤り。点Cは破断する値ではなく降伏点です。点Fが破断点です。

問 2　[難易度 😊😐😣]

応力とひずみについての記述で、誤っているものは次のうちどれか。

(1)　比例限度内では、応力とひずみは比例関係にあり、直線で表すことができる。
(2)　比例限度内では、応力σ＝弾性係数E×ひずみεの関係式が成り立ち、これをフックの法則という。
(3)　ポアソン比の逆数をポアソン数という。
(4)　ポアソン比は、比例限度内では一定の値を示す。

解説

(1)(2)(3) 正しい。
(4) 誤り。比例限度内ではなく、弾性限度内で一定の値を示します。

問 3　[難易度 😊😐😣]

許容応力、最大強さ及び安全率に関する説明として、正しいものは次のうちどれか。

(1)　許容応力とは、材料が永久ひずみなどを起こさないよう、許し得る最大の応力をいう。
(2)　許容応力とは、安全率に最大強さを乗じたものである。
(3)　最大強さは、許容応力を安全率で除したものである。
(4)　安全率は、許容応力を最大強さで除したものである。

解説

(1) 正しい。
(2)(3)(4) 誤り。安全率とは、最大強さを許容応力で除した値です。

解答　問1－(3)　　問2－(4)　　問3－(1)

レッスン 3-6 力とモーメント

重要度

(1) ベクトルと合力

① **ベクトル**：ベクトルとは、大きさと方向性をもつ力という意味です。力には大きさと方向性、つまりベクトルがあり、これを矢印で表します。

② **合力**：合力とは二つのベクトル（f_1、f_2）を合成した力（ベクトル F）です。図1に示すように、二つのベクトルで平行四辺形を作図し、対角線を引くとそれが合力です（合力の作図方法）。

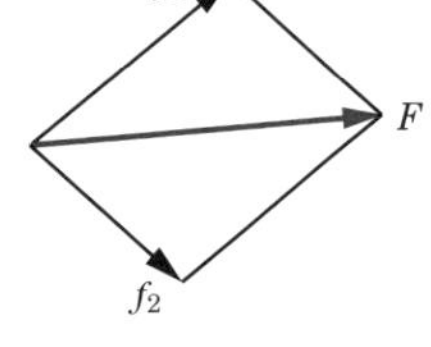

● 図1　合力の作図 ●

(2) モーメントと力のつり合い

① **モーメント**：モーメントとは、物体を回転させようとする力のことで**トルク**ともいいます。

② **力のつり合い**：図2のように、片持ちばりの先端に力が作用し、静止している状態をつり合いといいます。このとき、支点にかかるモーメント M は、$M = l \times F$ で表すことができます。重要！

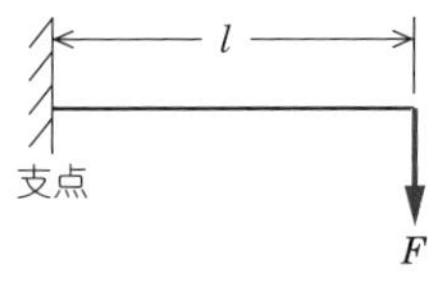

● 図2　はりのモーメント ●

(3) はりにかかる曲げモーメントの図形 重要！

はりの種類には、両端支持ばり（単純ばり）、固定ばり、片持ち支持ばりなどがあり、それらに作用する荷重には2種類あります。ある1点に集中する荷重を**集中荷重**、全長に均等にかかる荷重を**等分布荷重**といいます。上記三つのはりにかかる曲げモーメントの図形を、集中荷重、等分布荷重に分けて表すと図3のようになります。

線分が長い部分ほどモーメントが大きいということを表しています。

集中荷重の曲げモーメント図は三角形、等分布荷重の場合は、その三角形を曲線状に変形したものです。重要！

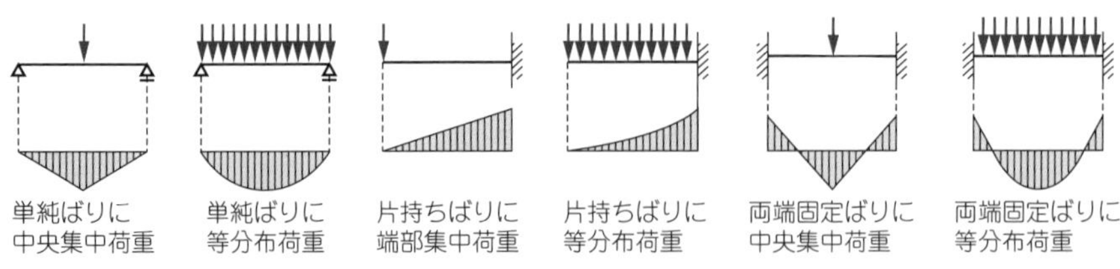

● 図3　はりにかかる曲げモーメント図 ●

よく出る問題

問 1　［難易度 😊😐😠］

以下のベクトル図で、点 O に働く F_1、F_2、F_3 の合力として、次のうち正しいものはどれか。ただし、OABC、OBDE は平行四辺形とする。

（1）$\overrightarrow{OC}$
（2）$\overrightarrow{OB}$
（3）$\overrightarrow{OE}$
（4）$\overrightarrow{OD}$

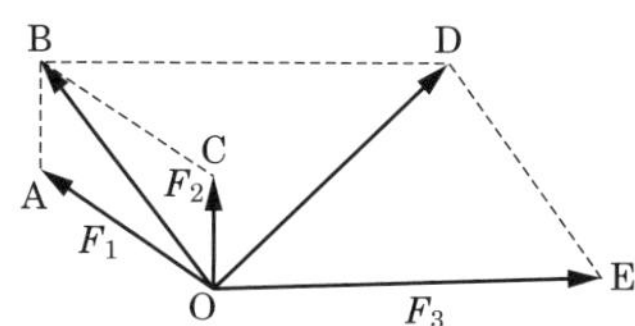

解説　まず、ベクトル OA、OC により平行四辺形 OABC を作図し、対角線 OB を引くと OA、OC の合力になります。次に、ベクトル OB と OE で平行四辺形 OBDE を作図し、対角線 OD を引くと、それが OB、OE の合力、すなわち F_1、F_2、F_3 の合力となります。

問 2　［難易度 😊😐😠］

以下の図のように、ナットにスパナをかけて、ナットを締め付けようとするときのモーメント（トルク）の値として、次のうち正しいものはどれか。ただし、スパナを握る手の位置は、ナットの中心から 30 cm、加える力は 60 N とする。

（1）2 N・m
（2）18 N・m
（3）20 N・m
（4）180 N・m

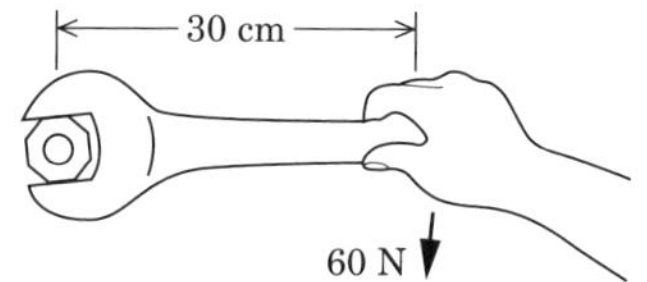

解説　モーメントは、支点（ナットの中心）からの距離と加える力の積で表されます。したがって、モーメント（トルク）＝0.3 m × 60 N＝18 N・m

問 3　［難易度 😊😐😠］

両端固定ばりの中心に上方から集中荷重をかけたときの曲げモーメント図で、正しい図形は次のうちどれか。

（1）図形 A
（2）図形 B
（3）図形 C
（4）図形 D

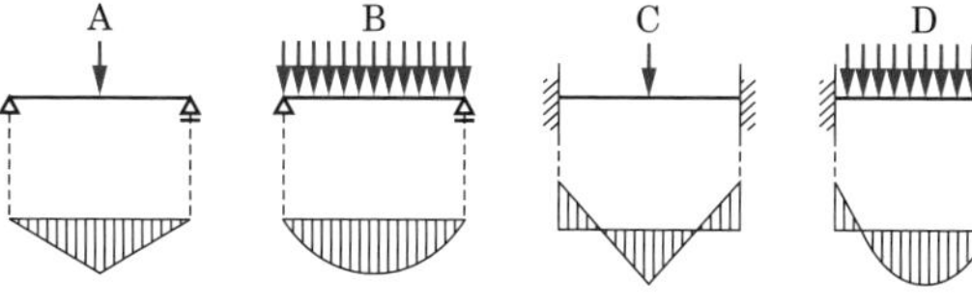

解説　レッスン 3-6 の図 3 を参照。

解答　問 1 －（4）　問 2 －（2）　問 3 －（3）

これは覚えておこう！

レッスン3の重要事項のまとめ

① **単位**

a) **密度** ρ：単位体積あたりの質量〔kg/m^3〕

b) **比重量** γ：単位体積あたりの重量〔N/m^3〕

c) **密度と比重量の関係**：$\gamma = \rho g$（$g = 9.8\ m/s^2$）

d) **比体積** v：単位質量あたりの体積〔m^3/kg〕

e) **比体積と密度の関係**：$v = 1/\rho$

② **水の密度**：1気圧で4℃のとき最大となり、$\rho = 1000\ kg/m^3$

③ **比重**：4℃の水と同体積の物質の密度を比較した値（単位はない）。

④ **液体の粘性**：流体自体の摩擦による抵抗力（せん断応力）を粘性といい、その大きさを粘度（粘性率、粘性係数）という。動粘度 v とは、粘性係数 μ を水の密度 ρ で除したもの（$v = \mu/\rho$）をいう。

⑤ **絶対圧力とゲージ圧力**：絶対圧力 P_0 とは完全真空を基準とした圧力、ゲージ圧力 P_g とは大気圧を基準とした圧力で圧力計に現れる圧力をいう。
両者の関係は、$P_0 = P_g$ + 大気圧（約0.1 MPa）

⑥ **連続の式**：流量 Q = 流速×断面積 $= v_1 \times A_1 = v_2 \times A_2$

⑦ **ベルヌーイの定理**：$V^2/2g$ = 速度水頭、P/γ = 圧力水頭、Z = 位置水頭の意味を表す。

⑧ **応力**：物体内に生じる単位面積あたりの荷重。

⑨ **鋼材の応力とひずみの関係**

a) **比例限度**：応力とひずみが比例（直線）関係にある限界。

b) **弾性限度**：荷重を取り除けば元の長さに戻る限界。

c) **降伏点**：荷重を増さなくともひずみだけが増加する。

d) **最大強さ**：応力-ひずみ線図における最大応力。

⑩ **フックの法則**：比例限度内では、応力とひずみは正比例関係にあり、これをフックの法則という。応力 σ = 弾性係数 E × ひずみ ε

⑪ **ポアソン比**：横ひずみ / 縦ひずみ（弾性限度内では一定の値）

⑫ **許容応力と安全率**：許容応力とは、設計上許し得る応力の最大値で、通常は比例限度内に設定する。安全率とは材料の最大強さが許容応力の何倍であるかを示す尺度。

安全率 = 最大強さ / 許容応力

⑬ **材料の疲れ**：繰返し荷重が長時間加わると材料に疲れが生じ破壊する現象。

⑭ **クリープ現象**：高温環境下でひずみが徐々に増加し、永久ひずみが生じる現象。

⑮ **曲げモーメントの式**：$M = l \times F$（l：支点までの距離、F：先端にかかる力）

⑯ **はりにかかる曲げモーメントの図形**：ある一点に集中する荷重を集中荷重、全長に均等にかかる荷重を等分布荷重という。モーメントの図形は集中荷重で三角形、等分布荷重はその三角形が曲線状に変形したもの。

レッスン 4 基礎的知識（電気）

電気に関する基礎的知識は、甲種で４問、乙種では２問、出題されます。

基礎的知識を問う問題が中心ですから、基本的な事項を軸に幅広く理解し記憶するようにしましょう。

- 4‐1「**オームの法則**」では、オームの法則を水流にたとえて解説しています。
- 4‐2「**静電気、動電気、クーロンの法則**」では、静電気の性質が重要です。
- 4‐3「**物質の電気的性質と電気抵抗**」は導体と半導体の違い、導電率の高い順位、抵抗の公式などが中心で、いずれも出題頻度の高い分野です。
- 4‐4「**電磁気**」では磁力線と磁界、強磁性体と非磁性体、右ねじの法則、フレミング左手の法則などを中心に解説してあります。
- 4‐5「**抵抗と合成抵抗**」、4‐6「**コンデンサと合成静電容量**」では、直列接続と並列接続の合成の考え方が抵抗と静電容量では逆転することに着目します。
- 4‐7「**分流器、倍率器及びホイートストンブリッジ**」では、分流器、倍率器の意味と接続方法、ホイートストンブリッジ回路の平衡条件を理解しておくことが重要です。
- 4‐8「**測定器**」では、各種測定器の紹介と測定方法を解説しています。この分野は実技試験（鑑別等）でも出題される可能性があるので、各測定器の形状を頭に入れておきましょう。
- 4‐9「**電気機器（変圧器、蓄電池）**」では、変圧器の原理に関連する計算問題、蓄電池の種類と関係事項などは頻出ですからよく理解しておきましょう。
- 4‐10「**交流理論（交流回路の基礎知識）**」では、最大値と実効値の関係、電圧と電流の位相のずれを理解しておきましょう。

レッスン 4-1 オームの法則

重要度

オームの法則とは何かを学ぶ前に、水圧と水流の関係について考えてみましょう。水栓（蛇口）をひねると勢いよく水が出てきます。それは水圧がかかっているからです。水は上流から下流へ流れます。それは落差があるからです。また、水道管に弁（バルブ）を設け、絞ると水量を減少することができます。それは水路の抵抗が増えるからです。

電気の流れの考え方は水流の場合とほとんど同じです。

電線に電流が流れるとそこには必ず電圧（電気の圧力）がかかっています。水流のあるところには水圧がかかっているのと同じ原理です。電圧の高いところと低いところがあると電流が流れますが、落差があるところに水流があるのと同じ原理です（落差のことを電気では電位差という）。

また、電気抵抗があると電流が流れにくくなります。これも水道管に弁を設け、絞るのと同じ考え方です。

覚え方のテクニック

水圧：電圧、水流：電流、弁：抵抗
の関係を覚えておこう！

このように、**電流**を流すためには**電圧**が必要であり、その電流は**抵抗**によって制限される、これは水の流れとまったく同じ原理であることを理解しておきましょう。

単位は、電圧＝ボルト〔V〕、電流＝アンペア〔A〕、抵抗＝オーム〔Ω〕で表し、それぞれの間には次のような関係があります。

① **電流は電圧に比例する**（例えば電圧が2倍になると電流も2倍となる）。

② **電流は抵抗に反比例する**（例えば抵抗が2倍になると電流は$\frac{1}{2}$倍となる）。

③ **電圧は抵抗に比例する**（例えば抵抗が2倍になれば抵抗の両端にかかる電圧も2倍となる）。

以上の関係は次の三つの式で表すことができ、これを**オームの法則**といいます。**重要！**

●オームの法則：$V=I\times R$　　$I=\frac{V}{R}$　　$R=\frac{V}{I}$　（I：電流　V：電圧　R：抵抗）

オームの法則だけでなく、3類では電力Pを求める公式も重要です。

●電力Pの公式：$P=V\times I$　　$P=I^2\times R$　　$P=\frac{V^2}{R}$

覚え方のテクニック

オームの法則は、素直に

$V=IR$

と覚えるとよい。

よく出る問題

問 1　［難易度 😊😐😞］

抵抗 R に V ボルトの電圧がかかっているとき、電流 I を表した式は、次のうちどれか。

（1）$I = \dfrac{R}{V}$

（2）$I = R \times V$

（3）$I = \dfrac{R+V}{R \times V}$

（4）$I = \dfrac{V}{R}$

覚え方のテクニックに記載のとおり、$V = IR$ と覚えましょう。これと同じになる式をさがせば、(4) が正しいことがわかります。

問 2　［難易度 😊😐😞］

抵抗 R に流れる電流が I であるとき、電圧 V を表した式は、次のうちどれか。

（1）$V = \dfrac{R}{I}$

（2）$V = R \times I$

（3）$V = \dfrac{I}{R}$

（4）$V = I^2 \times R$

問 1 と同様に、$V = IR$ と同じになる式は (2) です。

問 3　［難易度 😊😐😞］

電流、電圧、抵抗の関係を説明する以下の記述のうち、誤っているものはどれか。

（1）電圧が一定という条件下で、抵抗が $\dfrac{1}{3}$ になると、電流は 3 倍になる。

（2）抵抗が一定という条件下で、電流が 2 倍になると、電圧も 2 倍になる。

（3）電流が一定という条件下で、電圧が 2 倍になると、抵抗は $\dfrac{1}{2}$ になる。

（4）電流が一定という条件下で、抵抗が 2 倍になると、抵抗の両端にかかる電圧も 2 倍になる。

(3) 誤り。電流が一定という条件のもと、電圧が 2 倍になると抵抗も 2 倍になります。(1) (2) (4) 正しい。

解答　問 1 －（4）　問 2 －（2）　問 3 －（3）

1学期 ↓ 筆記試験対策　2学期 ↓ 実技試験対策　3学期 ↓ 模擬試験

レッスン 4-2 静電気、動電気、クーロンの法則

重要度 ★★

電気にはプラスの電気とマイナスの電気があり、このプラス・マイナスは電子の過不足によって生じます。電子自身はマイナスの電気をもっているので、物質の最小単位である原子中の電子が不足すると原子はプラスの電気を帯び、電子が過剰になると原子はマイナスの電気を帯びます。

電気を帯びることを**帯電**といい、プラス又はマイナスに帯電した物質がもつ電気量を**電荷**といいます（単位：クーロン〔C〕）。

(1) 静電気

① 静電気

静電気とは、静かな電気と書きます。なぜ静かであるかというと、プラス又はマイナスに帯電したまま動かない電気だからです。動かない電気は電気を通さない物質（絶縁体）中で発生し蓄積され、これを**静電気**といいます。

電子は少しのエネルギーを加えただけで簡単に移動する性質があります。例えば、絶縁体である布とセルロイド板をこすり合わせると、その摩擦エネルギーによって布の電子がセルロイド板へと移動し、その結果、布はプラスに帯電、セルロイドはマイナスに帯電します。

② 静電誘導

例えば、上記①のプラスに帯電したセルロイド板に、帯電していない絶縁体（紙片など）を近づけると、紙片のセルロイド板に近い側にはマイナスの電荷、反対側にはプラスの電荷が現れます。このように帯電体に近いほうに異種の電荷が現れ、遠いほうに同種の電荷が現れる現象を**静電誘導**といいます。**重要！**

(2) 動電気

静電気に対して動電気があります。動電気とは動く電子という意味で、電子の流れを**電流**といいます。通常、電気と呼ばれているのが動電気で、電気を通す物質（導体）は動電気（電流）の通路です。

(3) クーロンの法則 **重要！**

二つの電荷の間に働く力の大きさは、電荷間の距離の２乗に反比例し、二つの電荷の積に比例します。

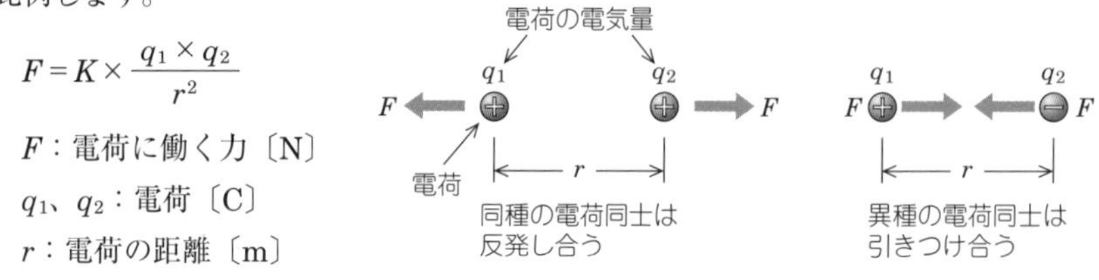

● 図１ 二つの電荷 ●

よく出る問題

問 1　［難易度 😊😐😞］

静電誘導についての説明で、正しいものは次のうちどれか。

(1) 帯電体に近いほうに異種の電荷が現れ、遠いほうに同種の電荷が現れる。

(2) 電気を通さない物質（絶縁体）中で静電気が発生し、電子が蓄積される。

(3) 帯電体に遠いほうに異種の電荷が現れ、近いほうに同種の電荷が現れる。

(4) 電気を通す物質（導体）中で発生し、電子が流れる。

(1) 正しい。静電誘導とは、帯電体に近いほうに異種の電荷が現れ、遠いほうに同種の電荷が現れる現象をいいます。例えば、プラスに帯電したセルロイド板に、帯電していない絶縁体（紙片など）を近づけると、紙片のセルロイド板に近い側にはマイナスの電荷、反対側にはプラスの電荷が現れます。

(2) 誤り。電子ではなく電荷が蓄積されます。

(3) 誤り。遠いほうに同種、近いほうに異種の電荷が現れます。

(4) 誤り。電流の説明です。

問 2　［難易度 😊😐😞］

F〔N：ニュートン〕を電荷間に働く力、q_1 と q_2 を電荷〔C〕、r を電荷間の距離〔m〕とすると、クーロンの法則を表した式は次のうちどれか。

(1) $F = K \times \dfrac{q_1 \times q_2}{r^2}$

(2) $F = K \times \dfrac{q_1 \times r^2}{q_2}$

(3) $F = K \times \dfrac{r^2}{q_1 \times q_2}$

(4) $F = K \times \dfrac{q_2 \times r^2}{q_1}$

(1) 正しい。二つの電荷の間に働く力の大きさは、電荷間の距離の2乗に反比例し、二つの電荷の積に比例します。

解答 問1－(1)　　問2－(1)

レッスン 4-3

物質の電気的性質と電気抵抗

重要度

電気抵抗は電流を制限する性質があります。電気抵抗が小さい物質は電気を通しやすく、これを**導体**といい、大きい物質は電気を通しにくく、これを**絶縁体**といいます。また、導体と絶縁体の中間にある物質を**半導体**といいます。

(1) 導電率と導体、半導体、絶縁体の関係 重要！

電流の流れやすさを表す度合いを**導電率**といいます。

導電率を尺度に導体、半導体、絶縁体を比較してみると以下のようになります。

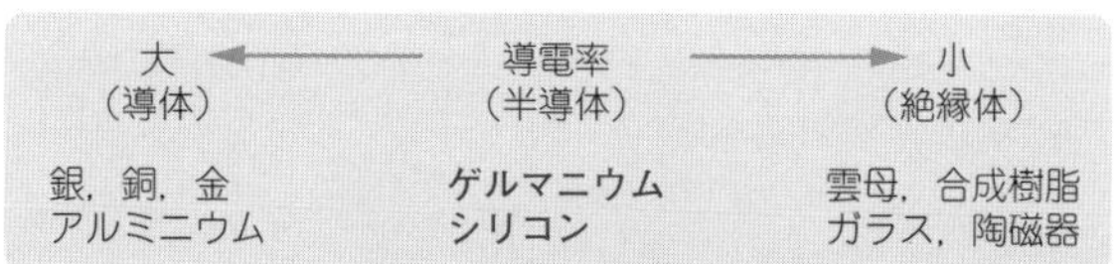

● 図 1　導体等の関係 ●

① 導体

電気を通しやすい物質を導体といいます。代表的な導体を導電率の高い順に並べると、**銀＞銅＞金＞アルミニウム＞ニッケル＞鉄**の順番です。重要！

② 絶縁体

絶縁体とは導電率がきわめて小さく、電気を通しにくい物質です。

③ 半導体

半導体とは、導体と絶縁体の中間にある性質をもつ物質で、環境の変化（温度や光）によって電気抵抗値が変化し、導体や絶縁体へ変化する性質があります。

(2) 抵抗率と抵抗の関係

抵抗とは電流の流れを阻む性質があり、単位はオーム〔Ω〕です。その度合い（比例定数）を**抵抗率**といい、導電率の逆数です（導電率の大きい物質ほど抵抗率は小さい）。

●抵抗の公式：

導体の長さ L〔m〕、導体の断面積 A〔m²〕、抵抗 R〔Ω〕、抵抗率 ρ〔Ω/m〕とすると

$$R = \rho \times \frac{L}{A} = \rho \times \frac{4L}{\pi D^2} \quad \left(D\text{：導体の直径〔m〕とすると } A = \frac{\pi D^2}{4} \right)$$

上式より

① 抵抗は、抵抗率と導体の長さに比例する。

② 抵抗は、導体の断面積に反比例し、直径の 2 乗に反比例する。重要！

例） 断面積が 2 倍になれば抵抗は $\frac{1}{2}$、直径が 2 倍になれば抵抗は $\frac{1}{4}$ となる。

よく出る問題

問 1　［難易度 😊😐😣］

導体、半導体、絶縁体とそれぞれの代表例の組合せとして、次のうち正しいものはどれか。

	導　体	半導体	絶縁体
(1)	銅	合成樹脂	雲母
(2)	アルミニウム	シリコン	ガラス
(3)	ゲルマニウム	シリコン	陶磁器
(4)	銀	ゲルマニウム	ニッケル

導体、半導体、絶縁体の違いと代表例は重要です。導体では導電率の高い順位がよく出題されています。導電率の高い順に並べると、次の順番になります。

銀＞銅＞金＞アルミニウム＞ニッケル＞鉄

問 2　［難易度 😊😐😣］

導体の長さ L〔m〕、導体断面の直径：D〔m〕、抵抗：R〔Ω〕、抵抗率：ρ〔Ω/m〕とするとき、抵抗 R の関係式は、次のうちどれが正しいか。

(1)　$R=\rho\times\dfrac{4L}{\pi D}$

(2)　$R=\rho\times\dfrac{4\pi D}{L}$

(3)　$R=\rho\times\dfrac{4\pi D^2}{L}$

(4)　$R=\rho\times\dfrac{4L}{\pi D^2}$

導体の長さ L〔m〕、導体断面の直径 D〔m〕、抵抗 R〔Ω〕、抵抗率 ρ〔Ω/m〕とするとき、抵抗 R の公式は次のように表すことができます。

$$R=\rho\times\frac{4L}{\pi D^2}\ 〔\Omega〕$$

抵抗率は、導電率の逆数です。

解答　問1－(2)　　問2－(4)

レッスン 4-4 電磁気

重要度

磁気とは、磁石が鉄などほかの物質と引き付けあったり、反発しあったりする現象で、その強さを**磁力**といい、単位はウェーバ〔Wb〕で表します。磁石にはN極とS極があり、同極同士（N - N、S - S）は反発し合い、異極同士（N - S、S - N）は引き付け合う性質があります。磁気はN極からS極へ向かい、これを**磁力線**といい、磁力線の及ぶ範囲を**磁界**といいます。

(1) 磁気誘導、磁性体、非磁性体 重要！

磁気誘導とは磁石の磁界内に置かれた鉄などの物質が磁化され、自身も磁石の性質を帯びる現象をいいます。

① 磁気誘導を生じる物質を**磁性体**といい、特に鉄、ニッケル、コバルトなどは磁化傾向が大きいので強磁性体といいます。

② **非磁性体**には、常磁性体と反磁性体があります。常磁性体は、加えた磁界の方向（磁石のN極に近いほうがS極、遠いほうがN極）にわずかに磁化される傾向があり、アルミニウム、白金などがあります。

反磁性体は、加えた磁界の反対方向（磁石のN極に近いほうがN極、遠いほうがS極）にわずかに磁化される傾向があり、銅、銀などがあります。

(2) 右ねじの法則

導体に電流を流すと導体のまわりに磁界ができます。その電流と磁界の方向は、ねじをドライバーで右回しにする関係と同じです。すなわち、電流が進む方向に対して磁界は右回りの円を描く方向です。これを**右ねじの法則**といいます。

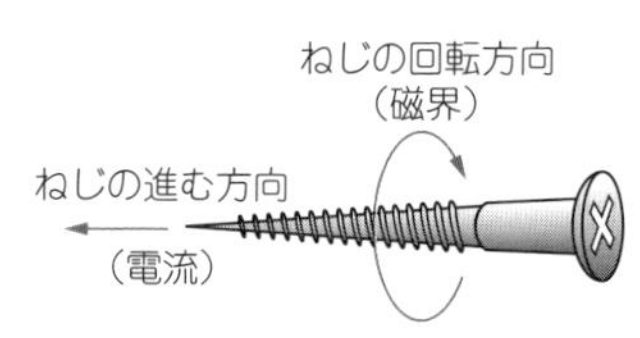

● 図1 右ねじの法則 ●

(3) フレミングの左手の法則とフレミングの右手の法則

磁界の中に導体を置き、電流を流すと、導体を動かそうとする力が働きます。

磁界、電流、力の三つの作用を左手の人差し指（磁界）、中指（電流）、親指（力）で表した関係を**フレミングの左手の法則**といいます。

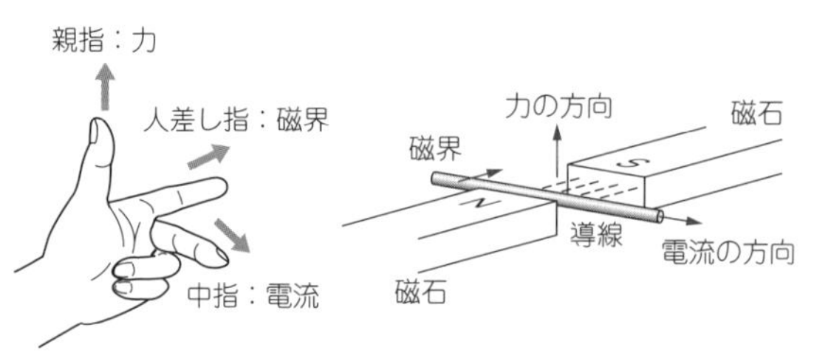

● 図2 フレミングの左手の法則 ●

左手と右手の法則を混同しないように！

一方、磁界中にある導体が運動すると、導体と磁束が互いに切り合い**起電力**が誘導されます。右手の人さし指を磁力線の方向、親指を導体の運動の方向に向けると、中指が導体に生ずる起電力の方向を示します。これを**フレミングの右手の法則**といいます。

よく出る問題

問 1　［難易度  ］

磁気に関する説明として、以下の記述のうち誤っているものはどれか。

(1)　磁気とは、磁石が鉄などほかの物質と引き付け合ったり、反発し合ったりする現象である。

(2)　磁気がS極からN極へ向かうことを磁力線といい、磁力線の及ぶ範囲を磁界という。

(3)　磁石にはN極とS極があり、同極同士（N-N、S-S）は反発し合い、異極同士は引き付け合う性質がある。

(4)　磁気の強さを磁力といい単位はWb（ウェーバ）で表される。

(2) 誤り。磁気はN極からS極へ向かいます。これを磁力線といい、磁力線の及ぶ範囲を磁界といいます。(1) (3) (4) は正しい。

問 2　［難易度  ］

右ねじの法則についての説明で、正しいものは次のうちどれか。

(1)　絶縁体に電流を流すと、ねじをドライバーで右回しにする方向に磁界ができる。

(2)　電流が進む方向に対して、磁界は左回りの円を描く方向にできる。

(3)　導体に流れる電流と磁界の方向の関係は、電流が進む方向に対して磁界は右回りの円を描く方向にできる。

(4)　磁界の中に導体を置き電流を流すと、導体を動かそうとする力が働く。

(1) 絶縁体ではなく導体です。

(2) 左回りではなく右回りです。

(3) 正しい。導体に電流を流すと導体のまわりに磁界ができます。その電流と磁界の方向は、ちょうどねじをドライバーで右回しにする関係と同じです。すなわち、電流が進む方向に対して磁界は右回りの円を描く方向です。

(4) フレミングの左手の法則の説明です。

解答　問1－(2)　　問2－(3)

レッスン 4-5 抵抗と合成抵抗

重要度

(1) 直列接続と並列接続

抵抗とは、レッスン4-1で説明したように、電流の流れを阻む存在です。ここでは、複数の抵抗を直列に接続した場合と並列に接続した場合の合成を水道水の流れに置き換えて考えてみましょう。

いま、水道管に3個の弁 R_1、R_2、R_3 が直列（図1）と並列（図2）に接続してあります。

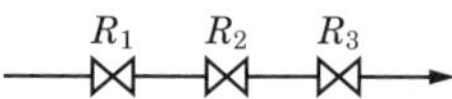

● 図1　弁の直列接続 ●

ただし、水圧や弁の開度、水道管の口径は双方同じとします。さて、直列接続と並列接続のどちらが水流は多いでしょうか。

当然、図2のように接続したほうが水流は多くなります。それは、直列に接続するよりも並列に接続したほうが弁の抵抗が小さいからです。さらに、並列の個数が増すほど抵抗は小さくなります。

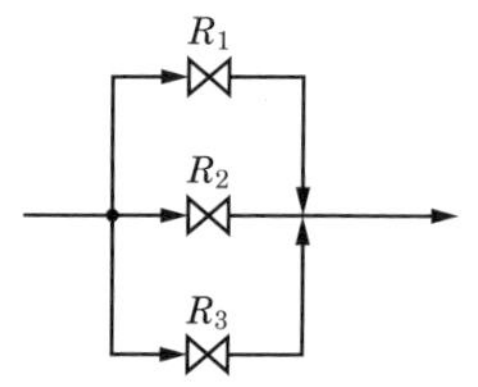

● 図2　弁の並列接続 ●

(2) 合成抵抗を求める式

合成抵抗を水道水（水流）に置き換えて説明しましたが、電流と抵抗の関係もまったく同じ考え方で、水流を電流、弁（R_1、R_2、R_3）を電気抵抗と見なすことができます。弁に相当するものとして、電気では「抵抗器」や「電線の抵抗」などがあります。電線の太さや長さによっても抵抗が異なります。

電気抵抗を、R_1、R_2、R_3 で表したときの合成抵抗は、以下の公式となります。

① 直列接続の場合の合成抵抗 R を求める式

$$R = R_1 + R_2 + R_3$$

② 並列接続の場合の合成抵抗 R を求める式

$$\frac{1}{R} = \frac{1}{R_1} + \frac{1}{R_2} + \frac{1}{R_3}$$

この式を変形すると、次の式になります。

$$R = \frac{R_1 R_2 R_3}{(R_1 R_2) + (R_2 R_3) + (R_3 R_1)}$$

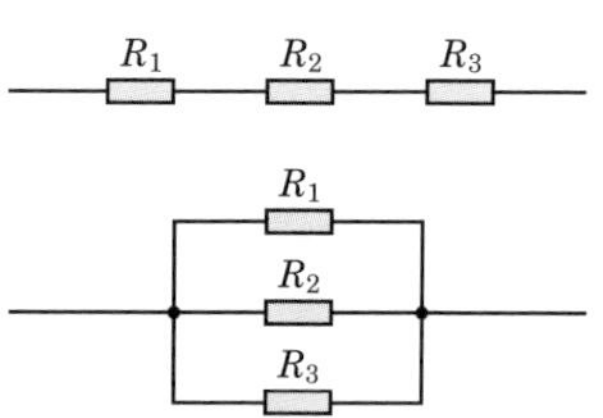

● 図3　抵抗の直列・並列接続 ●

解答のテクニック！

同じ抵抗が2個並列接続の場合の合成抵抗は $\frac{1}{2}$、3個並列接続の場合の合成抵抗は $\frac{1}{3}$ になります。例えば、図3で $R_1 = R_2 = R_3 = 3\,\Omega$ のときの合成抵抗は $1\,\Omega$ です。これを知っておくと便利です。

よく出る問題

問 1　［難易度 😊 😐 😣］

図の回路で、a－b 間の合成抵抗〔Ω〕の値として、次のうち正しいものはどれか。

(1)　0
(2)　5
(3)　10
(4)　12

解説

直列接続の場合の合成抵抗 R は、すべての抵抗の和が解答になります。

問 2　［難易度 😊 😐 😣］

図の回路で、a－b 間の合成抵抗〔Ω〕の値として、次のうち正しいものはどれか。

(1)　1
(2)　4
(3)　8
(4)　12

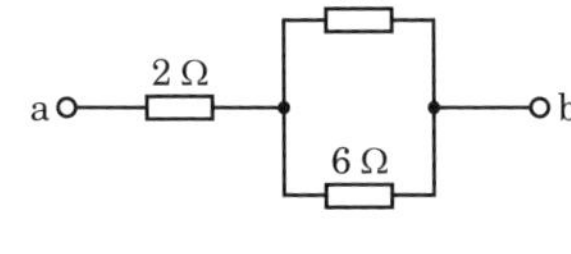

解説

まず 3 Ω と 6 Ω の並列接続の合成抵抗を求めます。次に 2 Ω と、並列接続の合成抵抗の和を求めます。

二つの抵抗が並列で接続されている場合の合成抵抗の計算は、$\frac{積}{和}$ という手法で計算すると便利です。

設問の並列回路の抵抗の合成は

$$\frac{3 \times 6}{3+6} = \frac{18}{9} = 2\,\Omega$$

となります。これに、直列部分の 2 Ω を加算すると、合計で 4 Ω となります。$\frac{積}{和}$ による解法を、しっかり身につけておきましょう。

解答　問 1 －(4)　　問 2 －(2)

レッスン 4-6 コンデンサと合成静電容量

重要度

コンデンサとは電極間（プラス極とマイナス極間）に絶縁体をはさんだ構造で、電気（電荷）を蓄える性質があります。

静電容量とは、電荷を蓄えることのできる容量であって、記号はC、単位はファラド〔F〕で表します。しかし、ファラドは非常に単位が大きいので、通常は100万分の1の単位であるマイクロファラド〔μF〕、あるいは10億分の1の単位であるピコファラド〔pF〕を用います。

蓄えられる電荷（クーロン）は、静電容量とコンデンサ両端にかかる電圧に比例し、以下の関係式で表すことができます。

$Q = C \times V$（Q：電荷、C：静電容量、V：電圧）

つまり、コンデンサの両端にかかる電圧が2倍、あるいは静電容量が2倍になれば、蓄えられる電荷も2倍になります。

(1) コンデンサのしくみ

コンデンサの両端に直流電圧を加えると、＋極側はプラスに、－極側はマイナスに帯電します。

帯電量は、$Q = C \times V$〔C〕です。

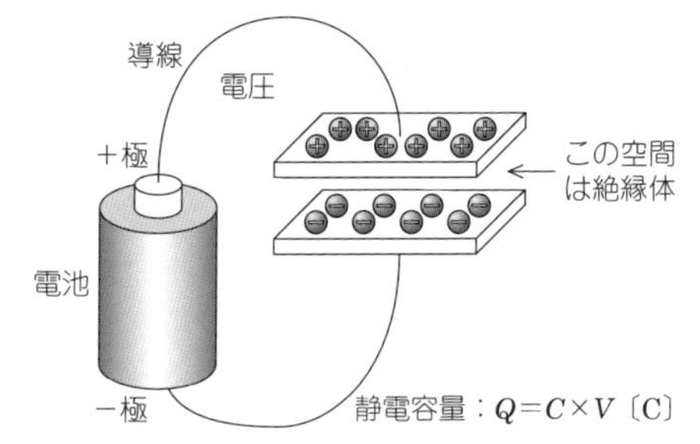

● 図1　コンデンサの原理 ●

(2) コンデンサの合成静電容量 重要！

コンデンサも複数接続するときは、それぞれの静電容量を合成します。

その合成には抵抗の場合と同じ、直列接続と並列接続がありますが、抵抗の式とは逆転しているので注意が必要です。

① 直列接続の場合の合成静電容量C

$$\frac{1}{C} = \frac{1}{C_1} + \frac{1}{C_2} + \frac{1}{C_3}$$

② 並列接続の場合の合成静電容量C

$$C = C_1 + C_2 + C_3$$

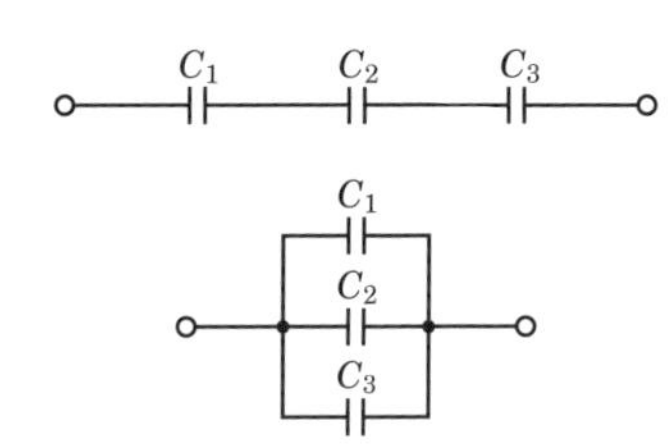

● 図2　コンデンサの直列・並列接続 ●

よく出る問題

問 1　［難易度 😊😐😣］

図の回路で、a-b 間の合成静電容量 C の値として、次のうち正しいものはどれか。

(1)　0
(2)　2
(3)　4
(4)　10

a ─ 18 μF ─ 9 μF ─ 3 μF ─ b

コンデンサが直列接続されているときの合成静電容量の求め方は、抵抗の並列接続のときと同じ式を使いますが、ここでは$\frac{積}{和}$の解法を使って求めてみます。

まず、18 μF と 9 μF の合成静電容量を計算すると

$$\frac{18\times 9}{18+9}=6\,\mu\mathrm{F}$$

となります。続いてもう一度、$\frac{積}{和}$を使って残った 3 μF と合成します。解答は

$$\frac{6\times 3}{6+3}=2\,\mu\mathrm{F}$$

です。

問 2　［難易度 😊😐😣］

図の回路で、a-b 間の合成静電容量 C の値として、次のうち正しいものはどれか。

(1)　0.5
(2)　0.8
(3)　1
(4)　3

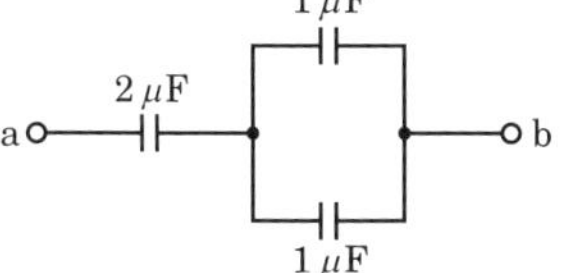

並列接続の場合、二つの合成静電容量を C_1、C_2 とすると、合成静電容量は、C_1+C_2 の式で求められます。したがって、並列接続の部分は 1 μF＋1 μF＝2 μF です。次に直接接続の 2 μF と合成します。$\frac{積}{和}$を用いて

$$\frac{2\times 2}{2+2}=1\,\mu\mathrm{F}$$

が求められます。

解答のテクニック！

直列接続と並列接続が混合している計算では、迷うことなく、並列接続から先に計算するようにしましょう。

解答　問 1 －(2)　　問 2 －(3)

レッスン 4-7 分流器、倍率器及びホイートストンブリッジ

重要度

(1) 分流器

分流器とは、電流計の測定範囲を拡大するときに用いられる抵抗器の一種です。通常の電流計は数百アンペアもある大電流を直接測定できるようにはつくられていません。

そこで、例えば、最大測定値 10 A の電流計で 100 A を測定したいとき、図 1 のように電流計の内部抵抗よりも小さな抵抗（**分流器**）を電流計に並列に接続し電流計へ 10 A、分流器へ 90 A 流れるようにすれば合計で 100 A となります。このとき電流計の指針は 10 A ですから 10 倍した値が実際の電流値です。

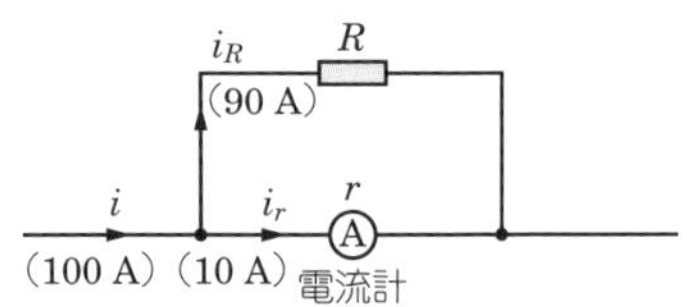

i：測定電流
i_R：分流器への電流
i_r：電流計の電流
R：分流器の抵抗
r：電流計の内部抵抗

● **図 1 分流器** ●

(2) 倍率器

倍率器とは、電圧計の測定範囲を拡大するときに用いられる抵抗器の一種です。通常の電圧計は数百ボルトもある高電圧を直接測定できるようにはつくられていません。

そこで、例えば、最大測定値 100 V の電圧計で 500 V を測定したいとき、図 2 のように電圧計の内部抵抗よりも大きな抵抗（**倍率器**）を電圧計に直列に接続し電圧計の両端で 100 V、倍率器の両端で 400 V を印加できるようにすれば合計で 500 V になります。このとき、電圧計の指針は 100 V ですから 5 倍した値が実際の電圧です。

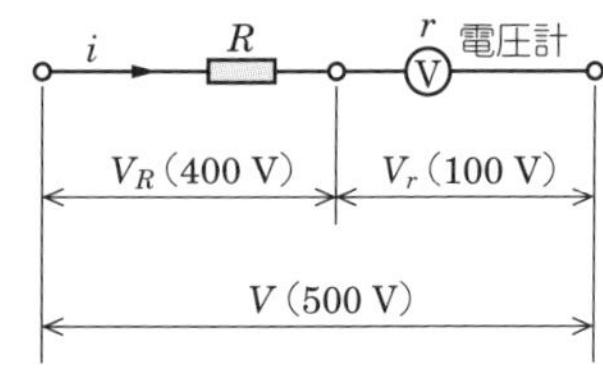

V：測定電圧
i：回路電流
V_R：倍率器の電圧
V_r：電圧計の電圧
R：倍率器の抵抗
r：電圧計の内部抵抗

● **図 2 倍率器** ●

(3) ホイートストンブリッジ 重要！

R_1、R_2、R_3、R_4 の四つの抵抗を図 3 のように接続し、中間の a ～ b 間に検流計 G（電流計の一種）を接続した電気回路をホイートストンブリッジといいます。

ここで、$R_1 \times R_3 = R_2 \times R_4$ の関係が成立するとき、検流計（G）には電流は流れません。これをブリッジの**平衡条件**といい、未知の抵抗値を調べるときに用います（測定精度が高い）。

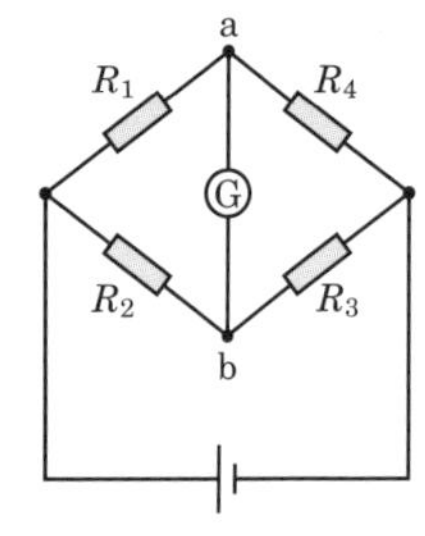

● **図 3 ホイートストンブリッジ** ●

よく出る問題

問 1　［難易度 😊😐😞］

分流器と倍率器についての説明で、誤っているものは次のうちどれか。

(1)　分流器とは、電流計の測定範囲を拡大するときに用いられる抵抗器の一種である。

(2)　最大測定値 10 A の電流計で、50 A を測定したいとき、電流計の内部抵抗よりも小さな抵抗（分流器）を電流計に並列に接続し、電流計へ 10 A、分流器へ 40 A 流れるようにすれば合計で 50 A まで測定できる。

(3)　倍率器とは、電圧計の測定範囲を拡大するときに用いられる抵抗器の一種である。

(4)　最大測定値 100 V の電圧計で 300 V を測定したいとき、電圧計の内部抵抗よりも大きな抵抗（倍率器）を電圧計に並列に接続し、電圧計へ 100 V、倍率器へ 200 V 流れるようにすれば合計で 300 V まで測定できる。

解説

(4) 誤り。倍率器は、電圧計に直列に接続します。

(1)(2)(3) 正しい。

問 2　［難易度 😊😐😞］

図の回路に電流を流したところ、検流計 G の値は 0 で電流が流れなかった。このときの抵抗 X〔Ω〕の値として、正しいものは次のうちどれか。

(1)　1

(2)　3

(3)　5

(4)　10

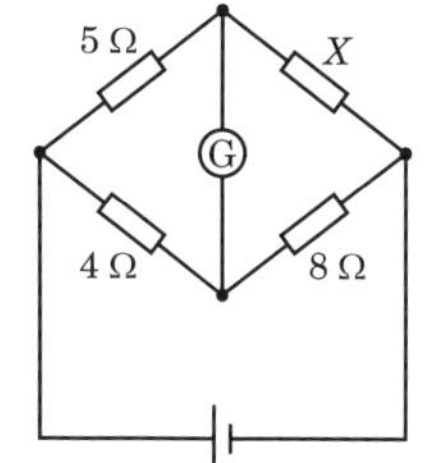

解説

ホイートストンブリッジ回路の平衡条件の問題です。

題意により、$4 \times X = 5 \times 8$ の式が成り立ち

$$X = 5 \times \frac{8}{4} = 10\,\Omega$$

となります。

解答　問１－(4)　　問２－(4)

レッスン 4-8

測定器

重要度

(1) 回路計 重要!

テスターと呼ばれている測定器で、電圧値（交流・直流）、電流値（直流）、抵抗値などを測定することができ、通常、交流電圧の測定と導通試験によく利用されています（図1）。

導通試験は、回路の断線の有無を試験するもので、切替えスイッチを「抵抗レンジ」に合わせて測定します。導通試験の注意点として、必ず測定対象の電源をOFFにしたうえで測定します。電圧測定上の注意点として、**測定対象の電圧よりも高い直近の電圧**に切替えスイッチを合わせて測定します。

電圧は電源をONの状態で測定します。

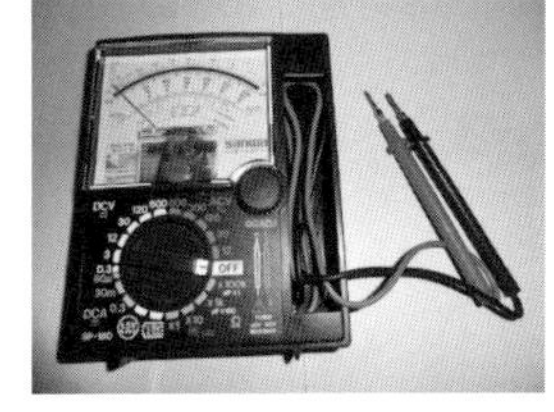

● 図1　テスター ●

(2) 電圧計、電流計 重要!

電圧計は負荷（電気設備）に対して**並列**に、電流計は**直列**に接続して測定します。

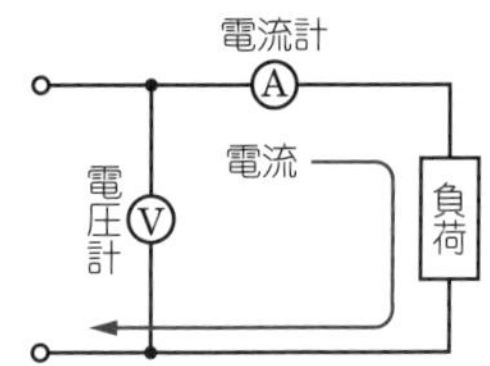

● 図2　電圧計・電流計の接続 ●

(3) クランプメーター 重要!

クランプメーターは携帯用電流計の一種で、クランプ（図3の開閉自在の空間部）の中に電線を通して測定します。

負荷電流と漏れ電流の両方を測定することができ、前者の測定はクランプの中に電線1本（接地線を除く）、後者の測定は、接地線を含めて回路の電線すべてを通して測定します（2芯線の場合は2本、3芯線の場合は3本を通して測定する）。

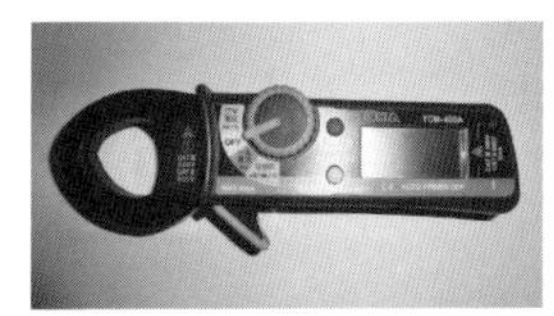

● 図3　クランプメーター ●

(4) 検電器 重要!

検電器は、通電状態にあるか否かをLEDランプ又はベルで調べるもので、電圧や電流を測定することはできません。低電圧部分の充電の有無を測定する場合は、測定部のピン先を充電部に当てて検電します。

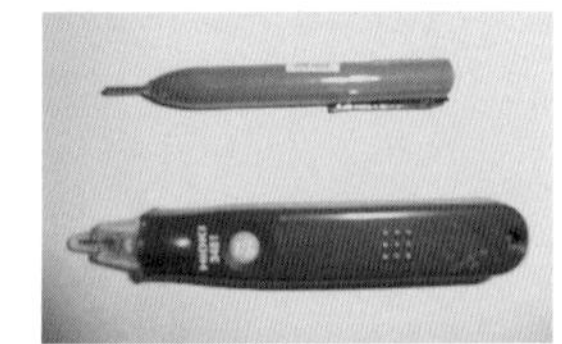

● 図4　検電器 ●

よく出る問題

問 1 ［難易度 😊 😐 😖］

回路計の機能に関する説明として、誤っているものは次のうちどれか。

(1)　交流電圧と直流電圧を測定することができる。
(2)　抵抗値を測定することができる。
(3)　断線の有無を調べることができる。
(4)　接地抵抗値を測定することができる。

解説　(4) 誤り。接地抵抗値の測定はできません。
(1) (2) (3) 正しい。

問 2 ［難易度 😊 😐 😖］

測定器の機能や取扱いに関して、正しいものは次のうちどれか。

(1)　検電器は電圧を測定することができる。
(2)　電圧計は負荷に対して直列に接続し、電流計は負荷に対して並列に接続する。
(3)　クランプメーターで漏えい電流を測定することができる。
(4)　クランプメーターで絶縁抵抗値を測定することができる。

解説　(1) 誤り。検電器では電圧の測定はできません。
(2) 誤り。電圧計は負荷に対して並列に、電流計は負荷に対して直列に接続します。
(3) 正しい。
(4) 誤り。クランプメーターでは絶縁抵抗値の測定はできません。

問 3 ［難易度 😊 😐 😖］

回路計の取扱いに関して、誤っているものは次のうちどれか。

(1)　回路の電圧を測定するときは、測定対象の電圧より一段高いレンジで行う。
(2)　回路の導通試験を行うときは、測定対象の電源を ON にした状態で行う。
(3)　回路の抵抗値を測定するときは、測定対象の電源を OFF にした状態で行う。
(4)　抵抗値測定や導通試験を行う前に、測定対象の電源の ON、OFF を確認する。

解説　(1) 正しい。測定対象より低いレンジで測定すると、指針が振り切れてしまいます。
(2) 誤り。電源を入れた状態で導通試験を行うと、回路計が故障することがあります。
(3) (4) 正しい。抵抗測定や導通試験を行う前に必ず電源が OFF 状態にあるかを確認します。

解答　問 1 − (4)　　問 2 − (3)　　問 3 − (2)

レッスン 4-9

電気機器（変圧器、蓄電池）

重要度

(1) 変圧器 重要！

変圧器は一般にトランスと呼ばれ、交流電圧を変換する機器です。その構造は、図1のように、中心部を長方形状にくり抜いた非常に薄いケイ素鋼板を多数重ねて、これを「鉄心」とし、鉄心の両端に**一次巻線**と**二次巻線**が対抗するように巻いてあります。

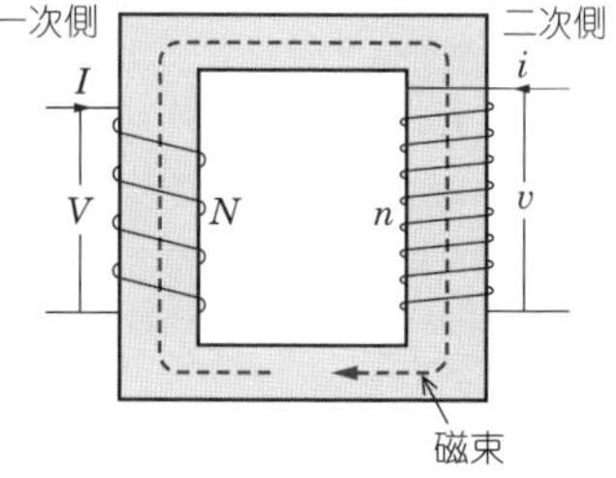

● 図1　変圧器 ●

このような構成にして一次側に交流電圧を印加すると、交流の作用で磁束（磁力線の束）が発生し鉄心の中を流れます。すなわち、鉄心とは磁束が流れる通路であり、その磁束が二次巻線を通過するとき、巻数に比例した二次電圧が発生します。この現象を**電磁誘導**といいます。

二次電圧は二次巻数を増減することによって一次電圧よりも低くすることもできれば高くすることもできますが、ほとんどの場合、一次電圧を降圧して用います。

覚え方のテクニック　電圧比は巻数比と等しく、電流比の逆比になります。

<重要公式>

① **電圧比**（電圧比は巻数比と等しい）：$\dfrac{v}{V}=\dfrac{n}{N}$

② **電流比**（電流比は電圧比、巻数比の逆比）：$\dfrac{i}{I}=\dfrac{V}{v}=\dfrac{N}{n}$

(2) 蓄電池 重要！

電池には**一次電池**と**二次電池**があります。

① 一次電池：充電できない使い捨て型の電池（マンガン電池、アルカリ電池など）

② 二次電池：充電して繰り返し使用できる電池で、鉛蓄電池、ニッケル・カドミウム（ニッカド）電池がよく使用されています。両者の規格をよく記憶しておこう。

③ 周囲温度：0～40℃において機能に異常を生じないことが要求されます。

④ サルフェーション：鉛蓄電池特有の現象で、長時間放置した場合に、硫酸鉛微粒子（白い粉末）が電極板に付着して寿命を縮める現象をいいます。

⑤ トリクル充電、浮動充電：鉛蓄電池の自然放電を補うために、絶えず微小電流により充電する方式です。

● 表１　蓄電池の規格 ●

種　類	陽　極	電解液	陰　極	電圧〔V〕
ニッカド電池	ニッケル酸化物	アルカリ水溶液	カドミウム	**1.2**
鉛蓄電池	二酸化鉛	希硫酸	鉛	**2.0**

よく出る問題

問 1 ［難易度 😊😐😞］

一次巻線 3300、二次巻線 50 の変圧器の二次端子から 100 V の電圧を取り出す場合、一次端子に加える電圧〔V〕として正しいものは次のうちどれか。

(1)　1650 V
(2)　3300 V
(3)　6600 V
(4)　9900 V

変圧器の一次コイルの巻数を N_1、二次コイルの巻数を N_2、一次コイル側の電圧を V_1、二次コイル側の電圧を V_2 としたときの関係式は、$\frac{N_1}{N_2}=\frac{V_1}{V_2}$ です。

題意により、$\frac{N_1}{N_2}=\frac{3300}{50}=66$、電圧比と巻数比は等しいですから、一次側電圧は二次側電圧の 66 倍、すなわち、$V_1 = 100 \times 66 = 6600$ V となります。

問 2 ［難易度 😊😐😞］

蓄電池に関する説明で、次のうち誤っているものはどれか。

(1)　トリクル充電とは、自然放電を補うために絶えず微小電流により充電する方式をいう。
(2)　サルフェーションとは、鉛蓄電池を放置した場合に、硫酸鉛微粒子が極板に付着して寿命を縮める現象をいう。
(3)　二次電池は、充電して繰り返し使用できる電池で、鉛蓄電池、ニッケル・カドミウム（ニッカド）電池が使用される。
(4)　鉛蓄電池の公称電圧は、１セルあたり 1.2 V である。

(1)(2)(3)正しい。
(4)誤り。鉛蓄電池の電圧は１セルあたり 2.0 V です。

解答　問１ －(3)　　問２ －(4)

レッスン 4-10

交流理論（交流回路の基礎知識）

重要度

電流には常に一定の電圧、電流を保つ直流と、時間とともに絶えず変化する交流があります。

(1) 周波数

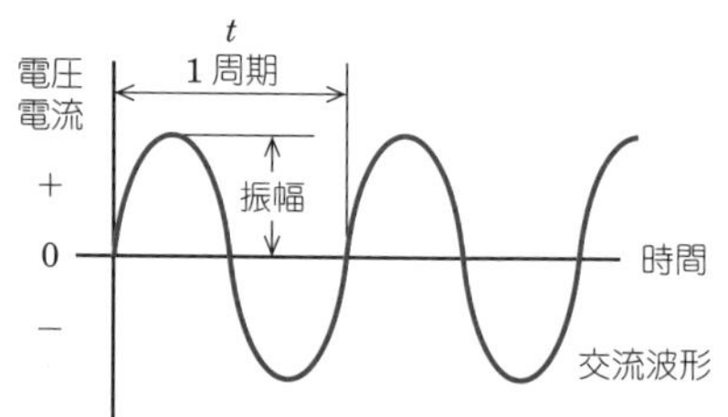

● 図1 正弦波交流 ●

交流は図1のように一定の波形をもち、これを周期といい、1秒間に繰り返す周期の回数を**周波数**といいます。周波数の記号はf、単位はヘルツ〔Hz〕です。

(2) 最大値と実効値 重要！

交流では電圧、電流ともに常に一定の波形をもち、**最大値**が存在します。また、抵抗負荷に直流電圧を加えたときと同じ電力を供給できる交流電圧の大きさを**実効値**といいます。

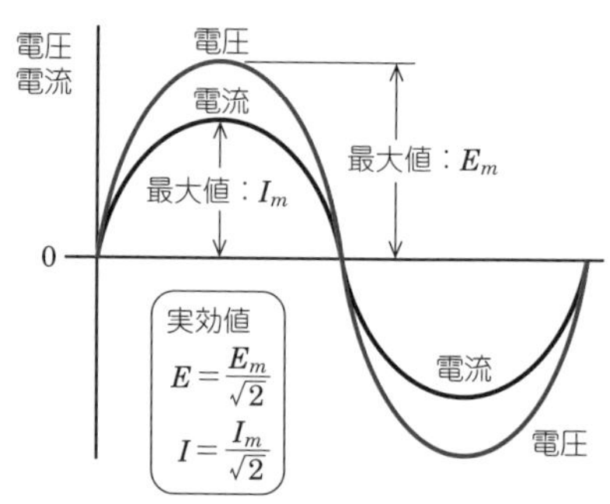

● 図2 最大値と実効値 ●

電圧の最大値E_mと実効値Eの関係は次の式で表されます。重要！

$$E_m=\sqrt{2}\times E$$

E_m：電圧の最大値、E：電圧の実効値

(3) 交流回路の抵抗と位相のずれ 重要！

交流回路では抵抗のほかに電流を阻むものとして、コイル（**誘導リアクタンス**）とコンデンサ（**容量リアクタンス**）があります。コイルに電流が流れると、逆起電力が発生して電流は電圧の位相により90度遅れます。また、コンデンサに交流電圧を印加すると、電圧の方向が絶えず変化するため充放電を繰り返し、結果的に電流は電圧よりも90度進みます。このように電圧、電流の位相のずれを**位相差**といい、抵抗のみの回路では位相差は生じません。また、誘導リアクタンスと容量リアクタンスが同時に存在すると打ち消し合う関係になります。

図3、図4では電圧、電流の位置関係に注意しましょう。

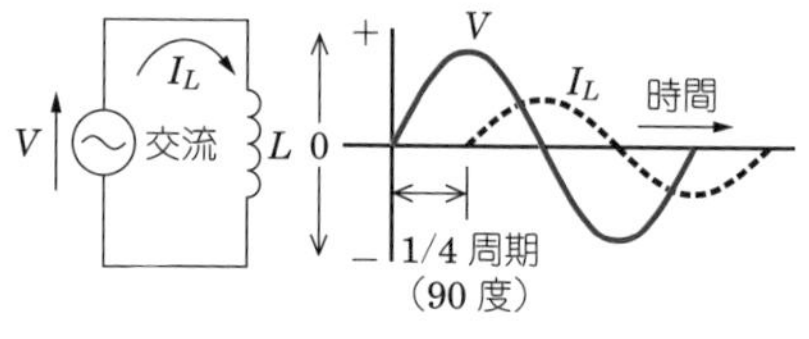

● 図3 コイルの作用 ●

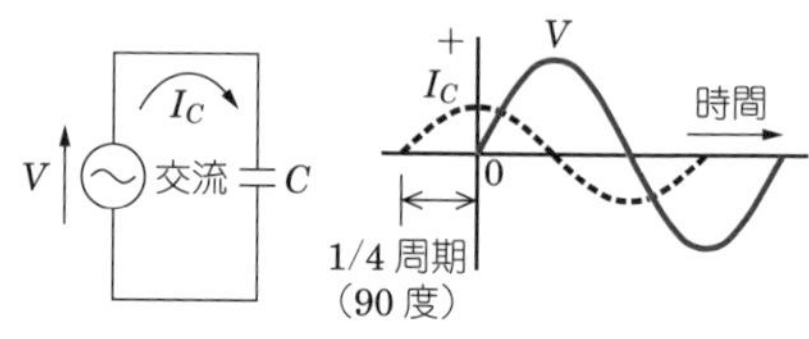

● 図4 コンデンサの作用 ●

よく出る問題

問 1　［難易度 😊 😐 😣］

正弦波交流の説明として、誤っているものは次のうちどれか。

(1)　交流の正弦波が1秒間に繰り返す周期の回数を周波数という。周波数の単位はヘルツ〔Hz〕である。

(2)　周波数60 Hzとは、1秒間に繰り返す正弦波の周期が60回ということを意味する。

(3)　交流電圧の実効値が200 Vのときの最大値は約282 Vである。

(4)　一般家庭用電源として使用されている交流100 Vは、最大値を示す。

交流では電圧、電流ともに常に一定の波形をもち、最大値が存在します。また、抵抗負荷に直流電圧を加えたときと同じ電力を供給できる交流電圧の大きさを実効値といいます。

(1)(2) 正しい。

(3) 正しい。

$$200\ \mathrm{V} \times \sqrt{2} \fallingdotseq 200\ \mathrm{V} \times 1.41 = 282\ \mathrm{V}$$

(4) 誤り。通常、100 Vと呼ばれている電圧は実効値を表しています。

問 2　［難易度 😊 😐 😣］

負荷回路に単相交流電圧を加えたときに、電流と電圧との間に生じる位相差に関する説明として、以下の記述のうち正しいものはどれか。

(1)　回路中にコイルのみ存在する場合、電流は電圧より位相が90度だけ進む。

(2)　回路中にコンデンサのみ存在する場合、電流は電圧より位相が90度だけ遅れる。

(3)　回路中に、コイルとコンデンサが同時に存在する場合は、電流と電圧間の位相差は2倍の180度になる。

(4)　回路中に抵抗のみ存在する場合、電流と電圧の間に位相差は生じない。

解説

(1) 誤り。進むのではなく「遅れる」が正しい。

(2) 誤り。遅れるのではなく「進む」が正しい。電流が電圧よりも遅れるときと、進むときの関係位置を、図3、図4でしっかり確認しておこう。

(3) 誤り。コイル（誘導リアクタンス）とコンデンサ（容量リアクタンス）の兼合いで位相差の程度が決まります。本来、誘導リアクタンスと容量リアクタンスは互いに打ち消し合う関係にあるので、双方のリアクタンス量が等しいときだけ、位相差は生じません。つまり、両方が存在するときの位相差は、足し算ではなく、引き算となります。

(4) 正しい。回路中に、コイルもコンデンサもなく抵抗だけが存在するときは、電圧、電流の間に位相差は生じません。これを同相といいます。

解答　問1 －(4)　　問2 －(4)

これは覚えておこう！

レッスン4の重要事項のまとめ

① **クーロンの法則**：$F = K \times \dfrac{q_1 \times q_2}{r^2}$

② **導電率の高い順番**：銀＞銅＞金＞アルミニウム＞ニッケル＞鉄

③ **抵抗の式**：抵抗は、導体の断面積に反比例し、直径の2乗に反比例する。

④ **強磁性体と非磁性体**

a）**強磁性体**：鉄、ニッケル、コバルト

b）**非磁性体**：常磁性体（アルミニウム、白金）、反磁性体（銅、銀）

⑤ **分流器と倍率器**：分流器は電流計に並列接続、倍率器は電圧計に直列接続。

⑥ **ホイートストンブリッジ回路の平衡条件**：たすきがけにかけ合わせた抵抗同士が等しいとき平衡条件が成立する（$R_1 \times R_3 = R_2 \times R_4$）。

⑦ **各測定器と測定方法**

a）**電圧計**：負荷に並列接続。

b）**電流計**：負荷に直列接続。

c）**回路計（テスター）**：電圧、電流と抵抗値の測定及び導通試験（断線の有無の調査）に用いる。導通試験は抵抗レンジの位置で測定。

d）**クランプメーター**：負荷電流、漏れ電流の測定。

e）**検電器**：充電の有無を調べるもので電圧や電流の測定はできない。

⑧ **変圧器**

a）**電圧比**：電圧比は巻数比と等しい。

b）**電流比**：電流比は電圧比、巻数比に反比例。

⑨ **蓄電池**

a）**鉛蓄電池**：陽極（二酸化鉛）、陰極（鉛）、電解液（希硫酸）、電圧（2.0 V）

b）**ニッケル・カドミウム電池**：陽極（ニッケル酸化物）、陰極（カドミウム）、電解液（アルカリ水溶液）、電圧（1.2 V）

⑩ **交流電圧の最大値と実効値**：$E_m = \sqrt{2} \times E$（E_m：電圧の最大値、E：電圧の実効値）

⑪ **交流回路における電圧と電流の位相のずれ**

a）**抵抗だけの回路**：電圧と電流間には位相のずれはない。

b）**誘導リアクタンス（コイル）回路**：電流は電圧よりも90度遅れる。

c）**容量リアクタンス（コンデンサ）回路**：電流は電圧よりも90度進む。

レッスン 5 構造・機能及び工事・整備（機械）

レッスン 5 では、不活性ガス消火設備、ハロゲン化物消火設備、粉末消火設備のそれぞれ「構造・機能及び工事・整備の方法」のうち「機械に関する部分」について学びます。

甲種（3 類）で 10 問、乙種（3 類）では 8 問出題されます。

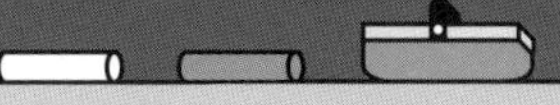

- 5 - 1「**機械材料 1（金属材料）**」では、合金の特性、黄銅と青銅の違いなどが中心で、こちらも出題の定番です。
- 5 - 2「**機械材料 2（熱処理と溶接）**」では、鋼材の熱処理が重要です。熱処理の種類と方法や目的のほか、溶接についても出題されます。
- 5 - 3「**不活性ガス消火設備 1（消火剤の種別と防火対象物）**」では、4 種類の消火剤の名称やその成分等を覚えます。これに関する問題は必ず出題されます。また、全域放出方式の不活性ガス消火設備に使用する消火剤が、防火対象物又はその部分の区分に応じて定められていることを学びます。レッスン 2 と関連付けて覚えましょう。
- 5 - 4「**不活性ガス消火設備 2（設備の構成）**」では、全域放出方式、局所放出方式、移動式の基本構成を学ぶとともにそれぞれに使用できる消火剤に注意が必要です。
- 5 - 5「**不活性ガス消火設備 3（必要消火剤量）**」では、全域放出方式の二酸化炭素を放射する不活性ガス消火設備の防護区画 1 m^3 あたりの消火剤量と開口部 1 m^2 あたりの消火剤量を、正確に覚えておかなければなりません。これらの数値は製図試験でも必要になります。
- 5 - 6「**不活性ガス消火設備 4（隣接区画の安全対策）**」は、全域放出方式の二酸化炭素を放射する不活性ガス消火設備特有の事柄です。隣接区画や安全対策が何であるかを理解するとともに、製図試験も視野に応用ができるようにしておく必要があります。
- 5 - 7「**ハロゲン化物消火設備 1（消火剤の種別と防火対象物）**」では、6 種類の消火剤を覚えます。これらに関する問題も必ず出題されます。また、全域放出方式のハロゲン化物消火設備に使用する消火剤が、防火対象物又はその部分の区分に応じて定められていることを学びます。レッスン 2 と関連付けて覚えましょう。

● 5 - 8「**ハロゲン化物消火設備 2（設備の構成）**」では、全域放出方式、局所放出方式、移動式の基本構成を学びます。それぞれに使用できる消火剤に注意しましょう。

● 5 - 9「**ハロゲン化物消火設備 3（必要消火剤量）**」では、全域放出方式のハロン 1301 を放射するハロゲン化物消火設備の防護区画 1 m^3 あたりの消火剤量と開口部 1 m^2 あたりの消火剤量を、正確に覚えておかなければなりません。これらの数値は製図試験でも必要になります。

● ハロン 1301 消火設備　貯蔵容器室の例 ●

● 5 - 10「**粉末消火設備 1（消火剤の種別と設備の構成）**」では、まず 4 種類の消火剤の主成分を覚えます。これに関する問題は必ず出題されます。

● 5 - 11「**粉末消火設備 2（設備の構成機器）**」では、粉末消火設備を構成する特有の機器があるので、それらを理解しましょう。

● 5 - 12「**粉末消火設備 3（動作）**」では、粉末消火設備が作動を開始してからクリーニングまでの一連の動きを学びます。ここでは、いくつかの「弁」の状態が重要となり、出題の頻度も高くなっています。

● 5 - 13「**粉末消火設備 4（必要消火剤量）**」では、特に全域放出方式での防護区画 1 m^3 あたりの消火剤量と開口部 1 m^2 あたりの消火剤量を、4 種類の消火剤ごとに正確に覚えておかなければなりません。これらの数値を記憶していないと製図試験でもまったく手が付けられなくなってしまいます。

● 5 - 14「**粉末消火設備５（加圧用ガスと蓄圧用ガス）**」では、加圧用ガスと蓄圧用ガスについてそれぞれ必要とされる量を学びます。加圧用ガスに窒素を用いる場合と二酸化炭素を用いる場合とでは必要とされる量が異なります。同様に、蓄圧用ガスについても窒素と二酸化炭素では必要量が別々に規定されています。

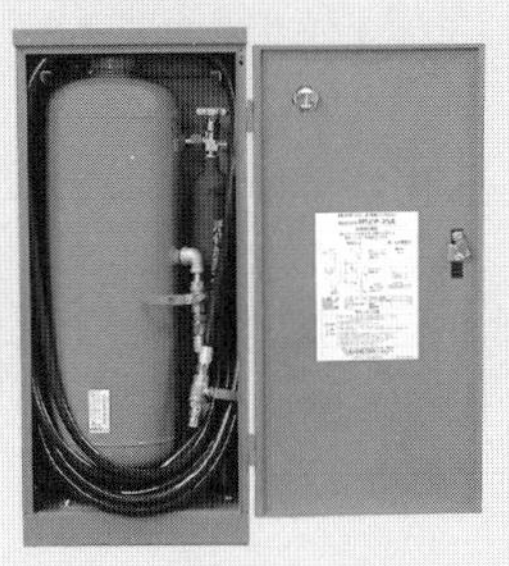

● 移動式粉末消火設備の例 ●

● 5 - 15「**貯蔵容器**」では、高圧ガス保安法に規定されている刻印や外面塗装色などについて覚えてください。また、充てん比に関係する内容は必ず出題されるので「充てん比」が何であるかを理解するところから始めます。

● 5 - 16「**選択弁・配管**」では、選択弁をなぜ用いるのか、また粉末消火設備に求められる配管の特徴をつかんでおきましょう。

● 5 - 17「**噴射ヘッド**」では、毎回出題される消火剤の放射時間や噴射ヘッドの放射圧力を正確に覚えましょう。

● 選択弁の例（ユニット化されたもの）●

● 噴射ヘッドの例（放射中）●

レッスン 5-1 機械材料1（金属材料）

重要度 ///

(1) 炭素鋼の性質

鉄に少量の炭素（0.02%から2.0%程度）を含む合金で、一般構造用材料として広く使用されています。炭素の量が鋼材の性質に大きく影響し、**炭素含有量が増すほど硬度も増します**。炭素含有量が0.3%以下のものを低炭素鋼（軟鋼）と呼びます。

(2) 合金と特性 重要！

合金は、使用目的に沿った特性とするために、主要金属にほかの金属や非金属を添加し溶かし合わせてつくるものであり、次のような特性があります。

① **成分金属**の色や割合とは**関係のない色**を示すことが多い。

② **融点**：主要金属より**低くなり鋳造性**（ちゅうぞうせい）**が増す**。

③ **比重**：混合比率から**算出された比重**になる。

④ **鍛造性**（たんぞうせい）：主要金属より**低下**する。

⑤ **強度及び硬度**：主要金属より**向上**する。

⑥ **熱及び電気の伝導率**：主要金属より**やや低下**する。

⑦ **耐食性**：向上する。

各金属の性質・特性
はよく出題されます

(3) 銅合金の種類 重要！

銅合金には主に次の2種類があります。

① **黄銅（真ちゅう）**：**銅と亜鉛**の合金で耐食性がよく、機械的性質に優れている。

② **青銅**：**銅とすず**の合金で、機械的性質に優れ、鍛造用合金として適する。

a）**りん青銅**：**青銅に**「りん」を添加した合金で、**弾力性に優れ**ている。

b）**砲金**：**青銅に亜鉛**を添加した合金で、**鍛造性に優れ**ている。

(4) 合金鋼（特殊鋼）

炭素鋼にほかの元素を添加した合金です。強度が増し、耐摩耗性、耐食性が増すなど、**機械的性質が向上**します。添加する元素には、ニッケル、クロム、モリブデンなどがあり、**ステンレス鋼**（炭素鋼＋ニッケル＋クロム）がよく知られていますが、合金鋼以外にも、**はんだ**（鉛＋すず）、**ニクロム線**（ニッケル＋クロム）、**ジュラルミン**（アルミニウム＋銅＋マグネシウム＋マンガン）などの合金があります。重要！

(5) 鋳　鉄

鉄に炭素が2～6.67%含まれた合金であり、**耐摩耗性、耐食性、鋳造性に優れ**、圧縮強さは大きいが**衝撃に弱い**という欠点があります。

(6) 複合材料

ガラス繊維、炭素繊維などを樹脂で固めたものであり、一般にプラスチック材料と比べて強度が高く、金属材料より軽いという特徴があり、**FRP**（繊維強化プラスチック）、**FRM**（繊維強化金属）、**FRC**（繊維強化セラミックス）などがあります。

よく出る問題

問 1　［難易度］

炭素鋼と鋳鉄の性質に関する説明として、以下の記述のうち正しいものはどれか。

(1)　炭素鋼とは、炭素を 0.02 ～ 5%程度含む鉄の合金をいう。
(2)　炭素含有量が、3%以下のものを低炭素鋼（軟鋼）と呼ぶ。
(3)　炭素鋼は、炭素含有量が増すほど硬度が低下する。
(4)　鋳鉄は、鉄に炭素が 2 ～ 6.67%含まれた合金であり、耐摩耗性、耐食性、鋳造性に優れ、圧縮強さは大きいが衝撃に弱いという弱点がある。

解説
(1) 誤り。炭素の含有量は 0.02 ～ 2%程度です。
(2) 誤り。3%ではなく 0.3%です。
(3) 誤り。炭素含有量が増すほど硬度が増します。
(4) 正しい。

問 2　［難易度 ］

合金の特性に関する説明として、以下の記述のうち不適当なものはどれか。

(1)　融点は主要金属より低くなり鋳造性が増す。
(2)　強度及び硬度は、主要金属より向上する。
(3)　合金の色は、成分金属の色や割合と関係がある。
(4)　耐食性は向上する。

解説
(1) (2) (4) 正しい。
(3) 誤り。合金の色は、成分金属の色とは関係がないことが多いといえます。

問 3　［難易度］

銅合金に関する説明として、以下の記述のうち不適当なものはどれか。

(1)　黄銅（真ちゅう）は、銅と鉛の合金で耐食性がよく機械的性質に優れている。
(2)　青銅は、銅とすずの合金で、機械的性質に優れ、鍛造用合金として適する。
(3)　りん青銅は、青銅に「りん」を添加した合金で、弾力性に優れている。
(4)　砲金は、青銅に亜鉛を添加した合金で、鍛造性に優れている。

解説
(1) 誤り。黄銅は銅と鉛の合金ではなく、銅と亜鉛の合金です。
(2) (3) (4) 正しい。

解答　問 1 －(4)　　問 2 －(3)　　問 3 －(1)

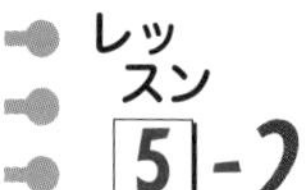

機械材料２（熱処理と溶接）

(1) 鋼材の熱処理 重要！

金属材料を加熱・冷却する操作を**熱処理**といい、鋼材は熱処理によって、目的に沿った性質にすることができます。鋼材の熱処理については、毎回出題されています。

● 表１　鋼材の熱処理 ●

熱処理の種類	熱処理の方法	熱処理の目的
焼き入れ	高温加熱し、水又は油により**急冷**する。	**強度**、**硬度**を増す。
焼き戻し	焼き入れした鋼を 150 ～ 600℃に再加熱し、**徐々に冷却**する。	**粘り強さ**を付加。
焼きなまし	高温加熱し、一定時間保ってから**徐々に冷却**する。	**加工性**を増すための軟化。
焼きならし	加熱後冷却し、大気中で**自然冷却**する。	組織の標準化、**ひずみ除去**。

(2) 溶　接

溶接とは、2 個以上の部材の接合部に熱や圧力又はその両者を加え、必要があれば適当な溶加材を加えることによって、接合部が連続性をもつ一体化された一つの部材とする接合方法です。

一般的に広く使われている溶接方法は、次のとおりです。

● 表２　溶接方法 ●

名　称	方　法	特　長
ガス溶接	ガスが燃焼するときに発生する高温を利用して材料を溶かし、接合する方法。 使用する可燃性ガスは、アセチレン、プロパン、エチレン、水素、都市ガスなどがあり、一般的に実用されているのはアセチレンで、酸素と混合させて溶接する方法です。	溶接トーチやガスホースの設備が簡単に用意でき、電源が不要であるためガスボンベがあれば屋外など、どこでも作業ができます。
被覆（ひふく）アーク溶接	一般的に最も広く行われている被覆アーク溶接棒で溶接する方法です。手溶接や手棒溶接ともいいます。ホルダーに挟んだ溶接棒を母材にあてると溶接アークが発生し母材を溶かして接合させます。	設備があれば、ある程度溶接が簡単です。風に強く屋外での作業に向いています。
TIG（ティグ）溶接	TIG 溶接（Tungsten Inert Gas 溶接）は母材とタングステン電極の間にアークを発生させトーチ先端のノズルから不活性ガスを流し、溶接部の酸化や窒化を防ぎながら溶接する方法です。 シールドガスはアルゴンガスが一般的に使われています。高温になっても他の元素とはまったく反応しない安定したガスだからです。	各種金属の薄板、精密部品の溶接が可能です。 溶接部の仕上がりが非常に美しいことも特長です。

よく出る問題

問 1　［難易度 😊😐😣］

鋼材の熱処理の種類と方法及び目的の組合せとして、次のうち正しいものはどれか。

	種　類	方　法	目　的
(1)	焼き入れ	高温から水又は油により急冷	粘り強さを付加
(2)	焼き戻し	焼き入れした鋼を再加熱し徐冷	強度、硬度を増す
(3)	焼きなまし	長時間高温状態後、徐冷	加工性を増すための軟化
(4)	焼きならし	高温状態後、冷気で徐冷	組織の標準化、ひずみ除去

(1) 目的が誤り。「強度、硬度を増す」が正しい。
(2) 目的が誤り。「粘り強さを付加」が正しい。
(3) 正しい。
(4) 方法が誤り。「冷気で徐冷」ではなく「自然冷却」が正しい。

問 2　［難易度 😊😐😣］

「焼きなまし」について、正しいものは次のうちどれか。

(1)　長時間高温で保持した後、水又は油で急冷する。
(2)　長時間高温で保持した後、炉内でゆっくり冷却する。
(3)　低温で加熱と冷却を繰り返す。
(4)　加熱した後、大気中で自然冷却する。

解説

(1) は、焼き入れ。
(2) 正しい。
(3) のような熱処理はありません。
(4) は、焼きならし。

問 3　［難易度 😊😐😣］

溶接に関する記述として、誤っているものは次のうちどれか。

(1)　溶接は熱や圧力等を用いて2個以上の部材を一体化させ、一つの部材とする接合方法である。
(2)　ガス溶接には、アセチレンや水素等の可燃性ガスを用いる。
(3)　被覆アーク溶接には、裸の軟鋼線に被覆剤を施した溶接棒が使用される。
(4)　TIG溶接にシールドガスとして一般的に使われているのは、プロパンである。

解説

(1)(2)(3) 正しい。
(4) TIG溶接にシールドガスとして一般的に使われているのは、アルゴンなどの不活性ガスです。

解答　問1－(3)　　問2－(2)　　問3－(4)

不活性ガス消火設備 1（消火剤の種別と防火対象物）

(1) 消火剤の種別 重要！

不活性ガス消火設備の消火剤は、表 1 に示すものが規定されています。

● 表 1 不活性ガス消火設備の消火剤 ●

消火剤名	成分（化学式）	混合比率
二酸化炭素	CO_2	100％
窒素	N_2	100％
IG - 55	N_2：Ar（アルゴン）	50％：50％
IG - 541	N_2：Ar（アルゴン）：CO_2	52％：40％：8％

不活性ガス消火設備の消火剤は、酸素濃度の希釈を消火原理としています。

(2) 防火対象物 重要！

全域放出方式の不活性ガス消火設備に使用する消火剤として、防火対象物又はその部分の区分に応じ、消火剤の種別が表 2 のように定められています。

● 表 2 防火対象物又はその部分に応じた消火剤 ●

防火対象物又はその部分		消火剤の種別
鍛造（たんぞう）場、ボイラー室、乾燥室その他多量の火気を使用する部分、ガスタービンを原動力とする発電機が設置されている部分又は指定可燃物を貯蔵し、もしくは取り扱う防火対象物もしくはその部分		二酸化炭素
その他の防火対象物又はその部分	防護区画の面積が 1000 m² 以上又は体積が 3000 m³ 以上のもの	二酸化炭素
	その他のもの	二酸化炭素、窒素、IG - 55 又は IG - 541

表のまま、覚えよう
1000 m²、3000 m³ という数値も重要

マメ知識 ➡➡➡ 「その他多量の火気を使用する部分」とは何か

金属溶解設備、給湯設備、温風暖房設備、厨房設備等で、最大消費熱量（最大入力）の合計が 350 kW 以上のものが設置されている場所が含まれます。

マメ知識 ➡➡➡ 不活性ガス消火剤の消火原理

燃えているローソクにコップをかぶせると火が消えます。これはコップの中の酸素濃度が下がるためです。不活性ガス消火設備の消火剤はこれと同じような原理です。

よく出る問題

問 1 ［難易度 😊 😐 😣］

不活性ガス消火設備の消火剤に関する記述について、正しいものは次のうちどれか。

(1) 不活性ガス消火設備に用いる消火剤の消火原理は、主に冷却である。
(2) 二酸化炭素は、液体の状態で貯蔵容器に充てんしてある。
(3) 窒素と二酸化炭素の容量比が 50 対 50 の混合物は IG - 55 である。
(4) IG - 541 は、窒素、アルゴン、二酸化炭素の混合物で容量比は 50 対 40 対 10 である。

解説

(1) 不活性ガス消火設備は、消火剤の放出によって主に**酸素濃度が希釈（低下）**されることで消火します。
(2) 正しい。
(3) IG-55 は、窒素とアルゴンの容量比が **50 対 50** の混合物です。
(4) IG-541 は、窒素とアルゴンと二酸化炭素の容量比が **52 対 40 対 8** の混合物です。

問 2 ［難易度 😊 😐 😣］

全域放出方式の不活性ガス消火設備を次のような防火対象物に設置する場合、法令上適切でないものは次のうちどれか。

	防火対象物	面積〔m^2〕	体積〔m^3〕	消火剤
(1)	ガスタービン発電機室	1200	3600	二酸化炭素
(2)	通信機器室	800	2160	窒素
(3)	変圧器室	500	1350	IG - 55
(4)	機械式駐車場	100	3600	IG - 541

解説

(1)～(3) 法令上適切です。
(4) 消火剤が IG - 541 で体積が 3000 m^3 を超えているので適切ではありません。

(4) のような防火対象物の場合、消火剤は二酸化炭素が適切です。

解答 問 1 －(2)　　問 2 －(4)

レッスン 5-4 不活性ガス消火設備２（設備の構成）

重要度

レッスン２で学習したように、不活性ガス消火設備にはその防護方法によって、全域放出方式、局所放出方式、移動式の三つがあります。

(1) 全域放出方式

全域放出方式の不活性ガス消火設備は、貯蔵容器、起動用ガス容器、選択弁、配管、噴射ヘッド、制御盤、手動起動装置、音響警報装置、放出表示灯、ダンパー閉鎖装置、非常電源装置などから構成されています。二酸化炭素を放射するものにあっては、点検時の安全を確保するために**閉止弁**を設けなければなりません。

図１　閉止弁の例

防護区画の換気装置は、消火剤放射前に停止できる構造であることが必要であり、また、放出された消火剤及び火災による燃焼ガスを完全に安全な場所に排出するための措置も必要です。

防護区画の開口部は、二酸化炭素を放射するものにあっては、次のイからハに定めるところによることとされています。

イ　階段室、非常用エレベーターの乗降ロビーその他これらに類する場所に面して設けてはならない。

ロ　床面からの高さが階高の**3分の2以下**の位置にある開口部で、放射した消火剤の流出により消火効果を減ずるおそれのあるもの、又は保安上の危険があるものには、消火剤放射前に閉鎖できる自動閉鎖装置を設けること。

ハ　自動閉鎖装置を設けない開口部の面積の合計の数値は、通信機器室又は指定可燃物を貯蔵し、もしくは取り扱う防火対象物又はその部分にあっては囲壁面積（防護区画の壁、床及び天井の面積の合計）の数値の**1%以下**、その他の防火対象物又はその部分にあっては防護区画の体積の数値又は囲壁面積の数値のうちいずれか小さいほうの数値の**10%以下**であること。

窒素、IG - 55又はIG - 541においては、消火剤放射前に閉鎖できる自動閉鎖装置を設けることとされています。

(2) 局所放出方式

局所放出方式は、**二酸化炭素を放射するもののみ**に認められており、基本的な設備構成は全域放出方式と同様です。防護対象物の周囲に壁がないか、壁があっても全域放出方式が採用できない場合に採られる方式で、固定された配管や噴射ヘッドにより、防護対象物の周囲に局所的に消火剤を放射して消火剤の濃度を一定時間維持する方式です。

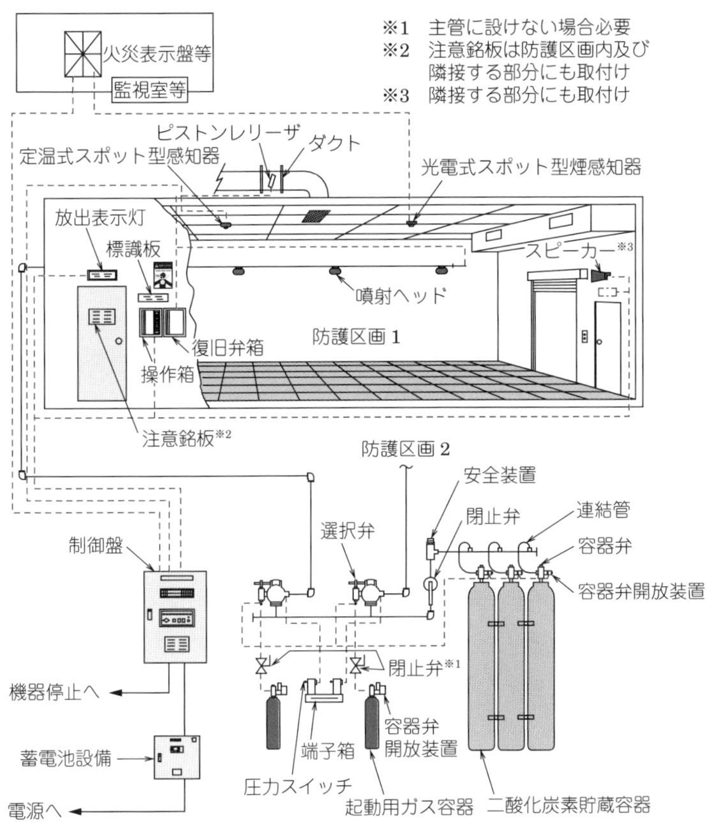

● 図2　二酸化炭素を放射する全域放出方式の不活性ガス消火設備（構成例）●

(3) 移動式

移動式は、二酸化炭素を放射するもののみが認められています。

貯蔵する二酸化炭素の量は1のノズルにつき**90 kg 以上**。ノズルは、20℃において**60 kg/ 分以上**の二酸化炭素を放射できる性能でなければなりません。

● **表1　不活性ガス消火設備の放出方式** ●

放出方式	消火剤名
全域放出方式	二酸化炭素、窒素、IG－55、IG－541
局所放出方式	二酸化炭素
移動式	二酸化炭素

1学期 ⬇ 筆記試験対策　2学期 ⬇ 実技試験対策　3学期 ⬇ 模擬試験

また、ホース、ノズル、ノズル開閉弁及びホースリールは、消防庁長官が定める基準に適合するものであることとされています。

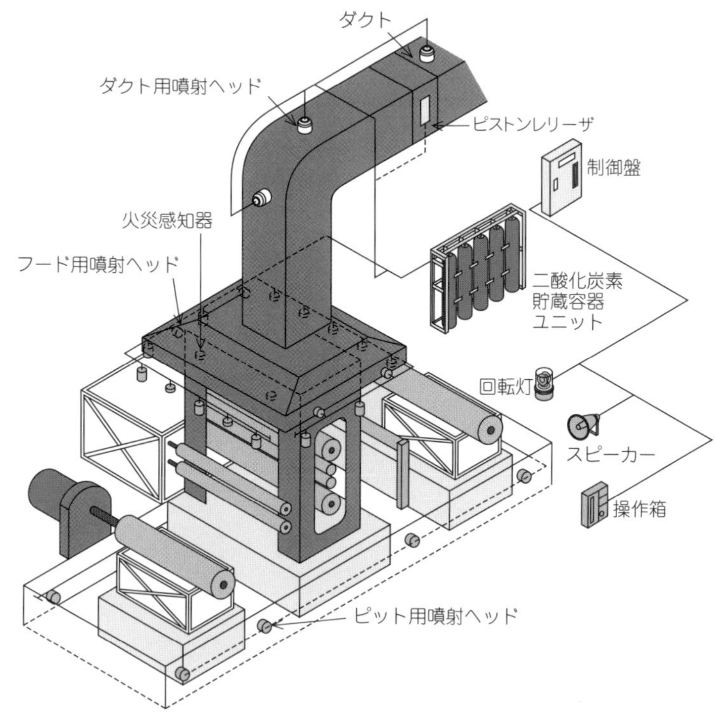

● 図3　局所放出方式の例 ●

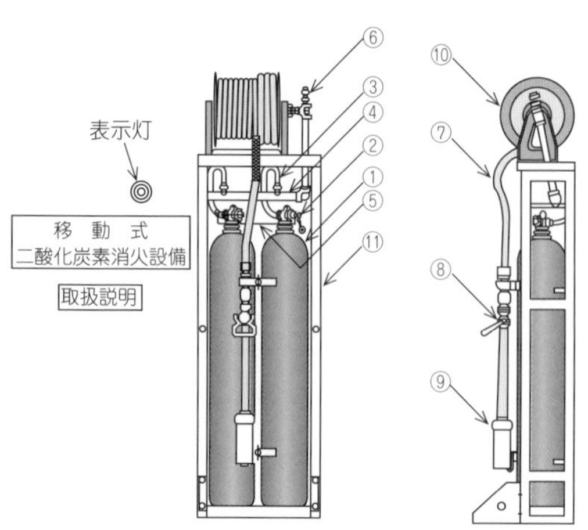

部番	品　名
①	貯　蔵　容　器
②	容器弁開放装置
③	連　結　管
④	集　合　管
⑤	操　作　管
⑥	安　全　装　置
⑦	ホ　ー　ス
⑧	ノズル開閉弁
⑨	ノ　ズ　ル
⑩	リ　ー　ル
⑪	組　枠

● 図4　移動式の例 ●

よく出る問題

問 1 ［難易度 😊😐😞］

移動式の不活性ガス消火設備について、誤っているものは次のうちどれか。

(1)　ホース、ノズル、ノズル開閉弁及びホースリールは、消防庁長官が定める基準に適合するものであること。

(2)　貯蔵する二酸化炭素の量は１のノズルにつき 90 kg 以上であること。

(3)　ノズルは、20℃において 60 kg/ 分以上の二酸化炭素を放射できる性能であること。

(4)　点検時の安全を確保するために閉止弁を設けること。

解説

(1)（2）（3）は正しい。

(4) 移動式については**閉止弁**の規定がありません。

問 2 ［難易度 😊😐😞］

不活性ガス消火設備を設置する防護区画の開口部について、誤っているものは次のうちどれか。

(1)　二酸化炭素を放射するものにあっては、階段室、非常用エレベーターの乗降ロビーその他これらに類する場所に面して設けてはならない。

(2)　二酸化炭素を放射するものにあって、床面からの高さが階高の３分の２以下の位置にある開口部で、放射した消火剤の流出により消火効果を減ずるおそれのあるものには、消火剤放射前に閉鎖できる自動閉鎖装置を設けること。

(3)　窒素を放射するものにあっては、自動閉鎖装置を設けない開口部の面積の合計の数値は、通信機器室の場合、囲壁面積の数値の１%以下であること。

(4)　IG - 541 を放射するものにあっては、消火剤放射前に閉鎖できる自動閉鎖装置を設けること。

解説

(1)（2）（4）正しい。

(3) 窒素、IG - 55 又は IG - 541 を放射するものにあっては、消火剤放射前に閉鎖できる**自動閉鎖装置を必ず設けることとされています。**

解答　問 1 －(4)　　問 2 －(3)

問 3 ―――― [難易度 😊😐😠]

不活性ガス消火設備に関する記述で、誤りはいくつあるか。

ア　全域放出方式の消火剤を、窒素とした。

イ　局所放出方式の消火剤を、二酸化炭素とした。

ウ　局所放出方式の消火剤を、IG - 541 とした。

エ　移動式の消火剤を、IG - 55 とした。

(1) すべて正しい　(2) 一つある　(3) 二つある　(4) 三つある

アとイは正しい。不活性ガス消火設備のうち、局所放出方式と移動式は二酸化炭素のみに認められています。ウとエの二つが誤りです。

問 4 ―――― [難易度 😊😐😠]

全域放出方式の二酸化炭素を放射する不活性ガス消火設備における自動閉鎖装置を設けない開口部について、正しい組合せは次のうちどれか。なお、設問中の囲壁面積とは、防護区画の壁、床及び天井の面積の合計をいう。

	防火対象物等の用途	開口部の面積の合計の数値
ア	指定可燃物を貯蔵し、もしくは取り扱う防火対象物又はその部分	防護区画の体積の数値又は囲壁面積の数値のうちいずれか小さいほうの数値の 10%以下
イ	変圧器室	囲壁面積の数値の 1%以下
ウ	通信機器室	囲壁面積の数値の 1%以下
エ	ボイラー室	防護区画の体積の数値又は囲壁面積の数値のうちいずれか小さいほうの数値の 10%以下

(1) アとイ　(2) イとウ　(3) ウとエ　(4) アとエ

自動閉鎖装置を設けない開口部の面積の合計の数値は、通信機器室又は指定可燃物を貯蔵し、もしくは取り扱う防火対象物又はその部分にあっては囲壁面積の数値の 1%以下、その他の防火対象物又はその部分にあっては防護区画の体積の数値又は囲壁面積の数値のうちいずれか小さいほうの数値の 10%以下であることとされています。正しいのはウとエです。

マメ知識 ➡➡➡「開口部」とは何か

建築物における「開口部」とは、採光、通風、換気、人や物の出入りなどのために設ける窓や扉などのことをいいます。

解答 問 3 − (3)　問 4 − (3)

問 5 ［難易度 😊😐😠］

全域放出方式の二酸化炭素を放射する不活性ガス消火設備についての記述で、誤っているものは次のうちどれか。

(1)　当該防護区画内の圧力上昇を防止するための措置を講じること。
(2)　防護区画の換気装置は、消火剤放射前に停止できる構造とすること。
(3)　放出された消火剤及び燃焼ガスを安全な場所に排出するための措置を講じること。
(4)　常時人がいない部分以外の部分には設けてはならない。

解説

(1) 圧力上昇を防止するための措置（避圧措置）は、窒素、IG-55、IG-541 に対する規定であり、二酸化炭素については該当しません。

(2)～(4) 正しい。

問 6 ［難易度 😊😐😠］

不活性ガス消火設備に関する記述で、正しい組合せは次のうちどれか。

ア　局所放出方式は、防護対象物の周囲に局所的に消火剤を放射する方式である。
イ　閉止弁は、点検時の安全を確保するためのものである。
ウ　窒素を放射するものにあっては、消火剤放射前に閉鎖できる自動閉鎖装置を設けないことができる。
エ　IG-55 を放射する移動式の貯蔵量は、1 のノズルにつき 60 kg である。

(1)　アとイ　　(2)　イとウ　　(3)　ウとエ　　(4)　アとエ

解説

アとイが正しい。窒素を放射するものにあっては、消火剤放射前に閉鎖できる自動閉鎖装置を設けなければなりません。移動式の不活性ガス消火設備の消火剤は二酸化炭素のみです。

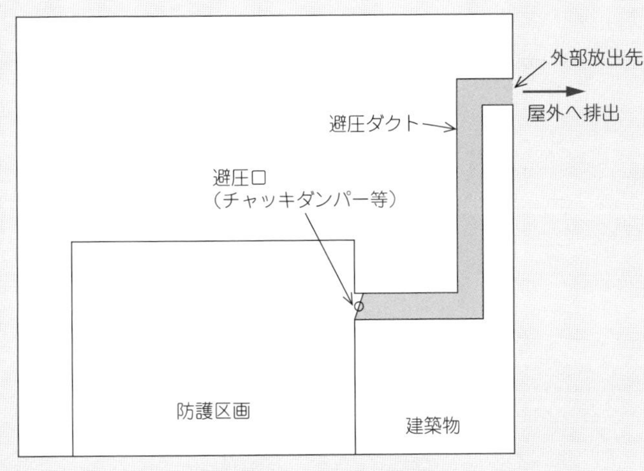

図 5　避圧措置の例

解答　問 5 －(1)　　問 6 －(1)

レッスン 5-5

不活性ガス消火設備 3（必要消火剤量）

重要度

(1) 全域放出方式

① 二酸化炭素を放射するもの 重要！

全域放出方式の二酸化炭素を放射する不活性ガス消火設備の必要消火剤量は、防火対象物の種類やその大きさ、可燃物によって表1のように定められています。

● 表1 消火剤量（二酸化炭素）●

<table>
<tr><th colspan="2">防火対象物又はその部分</th><th>防護区画の体積〔m^3〕</th><th>防護区画の体積1 m^3 あたりの消火剤量〔kg〕</th><th>消火剤の総量の最低限度〔kg〕</th><th>開口部1 m^2 あたりの付加量〔kg〕</th></tr>
<tr><td colspan="2">通信機器室</td><td>—</td><td>1.2</td><td>—</td><td>10</td></tr>
<tr><td rowspan="3">指定可燃物を貯蔵し、又は取り扱う防火対象物又はその部分</td><td>綿花類、木毛もしくはかんなくず、ぼろもしくは紙くず（動植物油がしみ込んでいる布又は紙及びこれらの製品を除く）、糸類、わら類、再生資源燃料又は合成樹脂類（不燃性又は難燃性でないゴム製品、ゴム半製品、原料ゴム及びゴムくずに限る）に係るもの</td><td>—</td><td>2.7</td><td>—</td><td>20</td></tr>
<tr><td>木材加工品又は木くずに係るもの</td><td>—</td><td>2.0</td><td>—</td><td>15</td></tr>
<tr><td>合成樹脂類（不燃性又は難燃性でないゴム製品、ゴム半製品、原料ゴム及びゴムくずを除く）に係るもの</td><td>—</td><td>0.75</td><td>—</td><td>5</td></tr>
<tr><td colspan="2" rowspan="4">上記以外の防火対象物又はその部分</td><td>50 未満</td><td>1.00</td><td>—</td><td rowspan="4">5</td></tr>
<tr><td>50 以上 150 未満</td><td>0.90</td><td>50</td></tr>
<tr><td>150 以上 1500 未満</td><td>0.80</td><td>135</td></tr>
<tr><td>1500 以上</td><td>0.75</td><td>1200</td></tr>
</table>

② 窒素、IG - 55、IG - 541 を放射するもの 重要！

全域放出方式の窒素、IG - 55 又は IG - 541 を放射する不活性ガス消火設備の必要消火剤量は表2のように定められています。

● 表２　消火剤量（窒素、IG－55、IG－541）●

消火剤の種別	防護区画の体積 1 m^3 あたりの消火剤の量〔m^3〕（温度 20℃で 1 気圧の状態に換算した体積）
窒素	**0.516** 以上　0.740 以下
IG－55	**0.477** 以上　0.562 以下
IG－541	**0.472** 以上　0.562 以下

(2) 局所放出方式（二酸化炭素を放射するものに限る）

便宜的に、①面積方式と②体積方式に分けて必要消火剤量の求め方を学びます。

①　面積方式

可燃性固体類又は可燃性液体類を、上面を開放した容器に貯蔵する場合その他火災のときの燃焼面が一面に限定され、かつ、可燃物が飛散するおそれがない場合は、次の式で消火剤量を求めます。

必要消火剤量〔kg〕＝防護対象物の表面積〔m^2〕× **13**〔kg/m^2〕× 液体係数

- 防護対象物の表面積：当該防護対象物の一辺の長さが 0.6 m 以下の場合にあっては、当該辺の長さを 0.6 m として計算した面積〔m^2〕
- 液体係数：高圧式のものは **1.4**、低圧式のものは **1.1**。これは局所放出方式の場合は、液体で放射されるものが消火に有効に寄与することから、貯蔵量のうち液体で放射される割合の逆数を乗ずるものです。

②　体積方式

前①の面積方式以外の場合は、次の式で消火剤量を求めます。

$$必要消火剤量〔kg〕＝防護空間の体積〔m^3〕\times \left\{ 8 - 6 \left(\frac{a}{A} \right) \right\} \times 液体係数$$

- 防護空間：防護対象物のすべての部分から 0.6 m 以上離れた部分によって囲まれた空間の部分をいいます（図１参照）。
- a：防護対象物の周囲に実際に設けられた壁の面積の合計〔m^2〕
- A：防護空間の壁の面積（壁のない部分にあっては、壁があると仮定した場合における当該部分の面積）の合計〔m^2〕

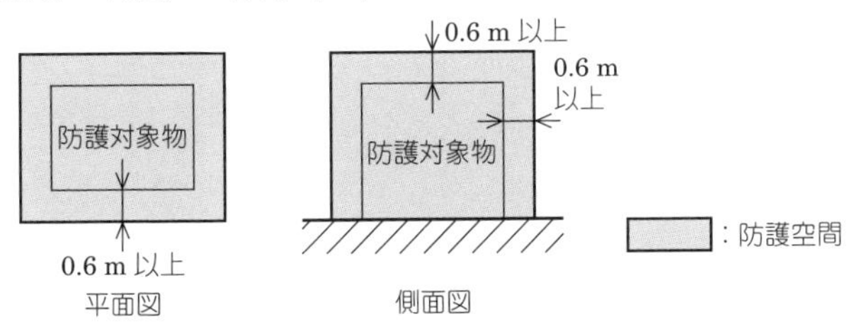

● 図１　防護空間の概念図 ●

よく出る問題

問 1 [難易度]

全域放出方式の IG-55 を放射する不活性ガス消火設備を、防護区画の体積が 2000 m^3 の電気室に設置する場合、消火剤の最低必要量として正しいものは次のうちどれか。

(1) 1032 m^3　(2) 954 m^3　(3) 944 m^3　(4) 516 m^3

解説　IG-55 の場合、防護区画の体積 1 m^3 あたり **0.477 m^3** 以上（0.562 m^3 以下）の消火剤が必要ですから、最低必要量は 2000×0.477＝954 m^3 となります。

問 2 [難易度]

全域放出方式の二酸化炭素を放射する不活性ガス消火設備を設置する防護区画の体積が 1500 m^3 であるとした場合、消火剤の総量の最低限度は次のうちどれか。ただし、防火対象物は機械式の駐車場とし、自動閉鎖装置を設けない開口部がありその面積は 10 m^2 とする。

(1) 1250 kg　(2) 1225 kg　(3) 1200 kg　(4) 1125 kg

解説　機械式駐車場の場合、防護区画の体積 1 m^3 あたりの必要消火剤量は、**0.75 kg**（1500 m^3 以上の場合）ですから

$$1500\ m^3 \times 0.75\ kg/m^3 = 1125\ kg$$

と計算されます。

しかし、1500 m^3 以上の場合、**最低消火剤量は 1200kg** と規定されているので、この数値を用います。

次に開口部の面積が 10 m^2 ですから、消火剤付加量は

$$10\ m^2 \times 5\ kg/m^2 = 50\ kg$$

となり、必要な消火剤の総量の最低限度は 1250 kg と求められます。

問 3 [難易度]

全域放出方式の二酸化炭素を放射する不活性ガス消火設備で、通信機器室や指定可燃物以外の防火対象物又はその部分の消火剤量について、正しいものは次のうちどれか。

	防護区画の体積	消火剤の総量の最低限度
(1)	40 m^3	30 kg
(2)	50 m^3	50 kg
(3)	150 m^3	120 kg
(4)	1500 m^3	1125 kg

解答 問 1 −(2)　問 2 −(1)　問 3 −(2)

表１の一部を書き換えると下表のようになります。

防火対象物又はその部分	防護区画の体積〔m^3〕	防護区画の体積 1 m^3 あたりの消火剤量〔kg〕	消火剤の総量の最低限度〔kg〕	開口部 1 m^2 あたりの付加量〔kg〕
通信機器室、指定可燃物を貯蔵し、又は取り扱う防火対象物又はその部分**以外**	50 未満	1.00	−	5
	50 以上 150 未満	0.90	**50**	
	150 以上 1500 未満	0.80	**135**	
	1500 以上	0.75	**1200**	

問 4　[難易度]

全域放出方式の二酸化炭素を放射する不活性ガス消火設備を設置したい。防護区画の体積が 1000 m^3 で、自動閉鎖装置を設けない開口部で消火効果を減ずるおそれがなく保安上の支障がない部分の面積が 2 m^2 である電気室に必要な消火剤の量は、次のうちどれか。

(1)　1090 kg　　(2)　930 kg　　(3)　870 kg　　(4)　810 kg

防護区画の体積 1 m^3 あたりの消火剤の量は、**0.8 kg**（150 m^3 以上 1500 m^3 未満の場合）ですから、まず次のとおり計算されます。

$$1000\ m^3 \times 0.8\ kg/m^3 = 800\ kg$$

次に開口部の面積が 2 m^2 ですから、消火剤付加量は 2 m^2 × 5 kg/m^2 = 10 kg となり、この電気室に必要な消火剤の量は 810 kg と求められます。

問 5　[難易度]

可燃性液体類を上面を開放した容器に貯蔵し、火災のときの燃焼面が一面に限定される部分に局所放出方式の二酸化炭素を放射する不活性ガス消火設備（高圧式）を設置する場合、消火剤の貯蔵量を計算する式は次のとおりである。アとイの数値で正しい組合せはどれか。

必要消火剤量〔kg〕＝防護対象物の表面積〔m^2〕× ［ア］〔kg/m^2〕× ［イ］

	ア	イ
(1)	5	1.1
(2)	10	1.1
(3)	13	1.4
(4)	15	1.4

局所放出方式のうち面積方式の場合、次の式で示され、液体係数は高圧式のものは **1.4**、低圧式のものは **1.1** です。

必要消火剤量〔kg〕＝防護対象物の表面積〔m^2〕× 13〔kg/m^2〕× 液体係数

解答 問 4 −（4）　問 5 −（3）

レッスン 5-6 不活性ガス消火設備 4（隣接区画の安全対策）

重要度

二酸化炭素を放射する不活性ガス消火設備にあっては、防護区画と当該防護区画に隣接する部分を区画する壁、柱、床又は天井に開口部がある場合、防護区画に隣接する部分について次に定める**保安のための措置**を講じることと定められています。**重要！**

イ　消火剤を安全な場所に排出するための措置を講じること。

ロ　防護区画に隣接する部分の出入口等の見やすい箇所に防護区画内で消火剤が放出された旨を表示する表示灯を設けること。

ハ　防護区画に隣接する部分には、消火剤が防護区画内に放射される旨を有効に報知することができる音響警報装置（音声によるもの）を設けること。

ただし、防護区画において放出された消火剤が開口部から防護区画に隣接する部分に流入するおそれがない場合又は保安上の危険性がない場合は除外されます。図1は、防護区画に隣接する部分の具体例です。

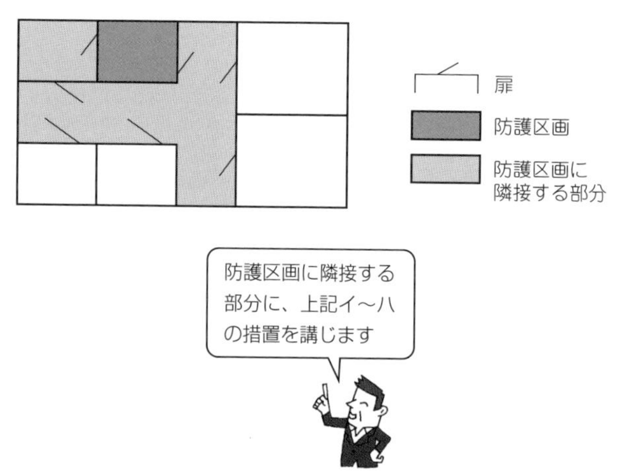

● 図1　防護区画に隣接する部分の模式図 ●

二酸化炭素が扉等の開口部（隙間）から漏れてくる危険性のある区画が「防護区画に隣接する部分」です。

よく出る問題

問 1 ［難易度 😊😐😠］

二酸化炭素を放射する不活性ガス消火設備を設けるにあたり、防護区画と当該防護区画に隣接する部分を区画する壁などに開口部がある場合、防護区画に隣接する部分について保安のための措置を講じることと定められている。誤りは次のもののうちどれか。

(1)　防護区画に隣接する部分には、消火剤が防護区画内に放射される旨を有効に報知することができる音響警報装置を設けること。
(2)　防護区画に隣接する部分の出入口等の見やすい箇所に防護区画内で消火剤が放出された旨を表示する表示灯を設けること。
(3)　消火剤を安全な場所に排出するための措置を講じること。
(4)　防護区画とこれに隣接する部分は、消火剤を同時に放出すること。

解説

(1)～(3) 正しい。
(4) このような規定はありません。

問 2 ［難易度 😊😐😠］

二酸化炭素を放射する不活性ガス消火設備について、防護区画に隣接する部分には保安のための措置を講じることと定められているが、隣接する部分とは次の図のうちどこか。

(1)　アの部分である。
(2)　イの部分である。
(3)　ウの部分である。
(4)　アとイの部分である。

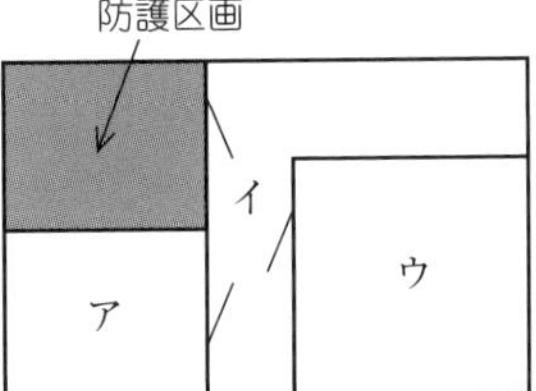

解説

保安のための措置を講じることと定められているのは、防護区画と当該防護区画に隣接する部分を区画する壁、柱、床又は天井に開口部がある場合です。設問の場合、扉を介したイの部分が該当します。アやウの部分は該当しません。

解答 問１－(4)　　問２－(2)

これは覚えておこう！

レッスン 5-1～5-6 の重要事項のまとめ

① **消火剤の種別**：不活性ガス消火設備の消火剤は、二酸化炭素、窒素、IG－55、IG－541 の 4 種類。

② **防火対象物又はその部分に応じた消火剤**：

<table>
<tr><th colspan="2">防火対象物又はその部分</th><th>消火剤の種別</th></tr>
<tr><td colspan="2">鍛造場、ボイラー室、乾燥室その他多量の火気を使用する部分、ガスタービンを原動力とする発電機が設置されている部分又は指定可燃物を貯蔵し、もしくは取り扱う防火対象物もしくはその部分</td><td rowspan="2">二酸化炭素</td></tr>
<tr><td rowspan="2">その他の防火対象物又はその部分</td><td>防護区画の面積が 1000 m² 以上又は体積が 3000 m³ 以上のもの</td></tr>
<tr><td>その他のもの</td><td>二酸化炭素、窒素、IG－55 又は IG－541</td></tr>
</table>

③ **設備の構成**：全域放出方式、局所放出方式、移動式の 3 種類がある。局所放出方式は二酸化炭素のみ、移動式も二酸化炭素のみ。

④ **閉止弁**：二酸化炭素を放射するものにあっては、点検時の安全を確保するために閉止弁を設ける。

⑤ **防護区画**：窒素、IG－55 又は IG－541 においては、消火剤放射前に閉鎖できる自動閉鎖装置を設ける。

⑥ **必要消火剤量**：

a）全域放出方式

・窒素、IG－55、IG－541

消火剤の種別	防護区画の体積 1 m³ あたりの消火剤の量〔m³〕（温度 20℃で 1 気圧の状態に換算した体積）
窒素	0.516 以上　0.740 以下
IG－55	0.477 以上　0.562 以下
IG－541	0.472 以上　0.562 以下

これは覚えておこう！

・二酸化炭素

<table>
<tr><th colspan="2">防火対象物又はその部分</th><th>防護区画の体積〔m³〕</th><th>防護区画の体積 1 m³ あたりの消火剤量〔kg〕</th><th>消火剤の総量の最低限度〔kg〕</th><th>開口部 1 m² あたりの付加量〔kg〕</th></tr>
<tr><td colspan="2">通信機器室</td><td>—</td><td>1.2</td><td>—</td><td>10</td></tr>
<tr><td rowspan="3">指定可燃物を貯蔵し、又は取り扱う防火対象物又はその部分</td><td>綿花類、木毛もしくはかんなくず、ぼろもしくは紙くず（動植物油がしみ込んでいる布又は紙及びこれらの製品を除く）、糸類、わら類、再生資源燃料又は合成樹脂類（不燃性又は難燃性でないゴム製品、ゴム半製品、原料ゴム及びゴムくずに限る）に係るもの</td><td>—</td><td>2.7</td><td>—</td><td>20</td></tr>
<tr><td>木材加工品又は木くずに係るもの</td><td>—</td><td>2.0</td><td>—</td><td>15</td></tr>
<tr><td>合成樹脂類（不燃性又は難燃性でないゴム製品、ゴム半製品、原料ゴム及びゴムくずを除く）に係るもの</td><td>—</td><td>0.75</td><td>—</td><td>5</td></tr>
<tr><td colspan="2" rowspan="4">上記以外の防火対象物又はその部分</td><td>50 未満</td><td>1.00</td><td>—</td><td rowspan="4">5</td></tr>
<tr><td>50 以上
150 未満</td><td>0.90</td><td>50</td></tr>
<tr><td>150 以上
1500 未満</td><td>0.80</td><td>135</td></tr>
<tr><td>1500 以上</td><td>0.75</td><td>1200</td></tr>
</table>

b）移動式

貯蔵する二酸化炭素の量は 1 のノズルにつき 90 kg 以上。

⑦ **隣接区画の安全対策**：二酸化炭素を放射するものにあっては、防護区画と当該防護区画に隣接する部分を区画する壁、柱、床又は天井に開口部がある場合、防護区画に隣接する部分について保安のための措置を講じる。

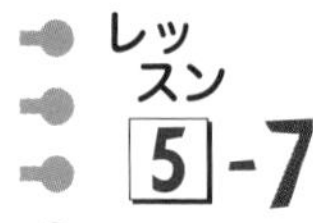

ハロゲン化物消火設備 1（消火剤の種別と防火対象物）

重要度

(1) 消火剤の種別 重要!

ハロゲン化物消火設備の消火剤は、表 1 に示すものが規定されています。

● 表 1　ハロゲン化物消火設備の消火剤 ●

消火剤の種別	化学物質名	化学式
ハロン 2402	ジブロモテトラフルオロエタン	$C_2F_4Br_2$
ハロン 1211	ブロモクロロジフルオロメタン	CF_2ClBr
ハロン 1301	ブロモトリフルオロメタン	CF_3Br
HFC - 23	トリフルオロメタン	CHF_3
HFC - 227ea	ヘプタフルオロプロパン	C_3HF_7
FK - 5 - 1 - 12	ドデカフルオロ-2-メチルペンタン-3-オン	$C_6F_{12}O$

ハロゲン化物消火剤は、燃焼の連鎖反応を抑制する化学反応により消火を行うものです（一般的に「負の触媒作用（効果）」と呼ばれています）。

(2) 防火対象物 重要!

全域放出方式のハロゲン化物消火設備に使用する消火剤として、防火対象物又はその部分の区分に応じ、消火剤の種別が表 2 のように定められています。

● 表 2　防火対象物又はその部分に応じた消火剤 ●

<table>
<tr><th colspan="2">防火対象物又はその部分</th><th>消火剤の種別</th></tr>
<tr><td colspan="2">鍛造場、ボイラー室、乾燥室その他多量の火気を使用する部分又はガスタービンを原動力とする発電機が設置されている部分</td><td rowspan="2">ハロン 1301</td></tr>
<tr><td rowspan="2">自動車の修理の用に供される部分、駐車の用に供される部分、発電機（ガスタービンを原動力とするものを除く）、変圧器その他これらに類する電気設備が設置されている部分又は通信機器室</td><td>常時人のいない部分以外の部分又は防護区画の面積が 1000 m² 以上もしくは体積が 3000 m³ 以上のもの</td></tr>
<tr><td>その他のもの</td><td>ハロン 1301、HFC - 23、HFC - 227ea 又は FK - 5 - 1 - 12</td></tr>
<tr><td colspan="2">指定可燃物を貯蔵し、又は取り扱う防火対象物又はその部分</td><td>ハロン 2402、ハロン 1211 又はハロン 1301</td></tr>
</table>

表のまま覚えよう！
1000 m²、3000 m³ という数値も重要

マメ知識 ➡➡➡「その他これらに類する電気設備」とは何か

リアクトル、電圧調整器、油入開閉器、油入コンデンサー、油入遮断機、計器用変成器等が含まれます（ただし、次に掲げるものを除く）。

ア　配電盤又は分電盤

イ　電気設備のうち、冷却又は絶縁のための油類を使用せず、かつ、水素ガス等可燃性ガスが発生するおそれのないもの

ウ　電気設備のうち、容量が 20 kVA 未満のもの

よく出る問題

問 1 ［難易度 ☺ 😐 ☹］

全域放出方式のハロゲン化物消火設備を次のような防火対象物に設置する場合、法令上適切でないものは次のうちどれか。

	防火対象物	面積〔m^2〕	体積〔m^3〕	消火剤の種別
(1)	ボイラー室	1200	3600	ハロン 1301
(2)	変圧器室	500	1350	HFC-23
(3)	通信機器室	800	2160	HFC-227ea
(4)	機械式駐車場	100	3600	FK-5-1-12

解説

(1)～(3) 法令上適切です。

(4) 消火剤が FK-5-1-12 で体積が 3000 m^3 を超えているので適切ではありません。

問 2 ［難易度 ☺ 😐 ☹］

ハロゲン化物消火設備に使用する消火剤について、誤っているものは次のうちどれか。

(1)　指定可燃物を貯蔵する防火対象物に、ハロン 2402 を使用する。

(2)　消火剤の主な消火原理は、酸素濃度の希釈である。

(3)　常時人のいない部分以外の部分に、ハロン 1301 を使用する。

(4)　ボイラー室等の多量の火気を使用する部分に、FK-5-1-12 は適さない。

(2) 一般的に負の触媒作用（効果）と呼ばれ、燃焼の連鎖反応を抑制する化学反応により消火を行うものです。(1) (3) (4) 正しい。

マメ知識 ➡➡➡「ハロン番号」の付け方（ハロンの「1301」って何の数字？）

ハロン命名法は米国陸軍工兵司令部が考案し、世界共通のものになっています。

ハロン 1 3 0 1
　　　 ⓐ ⓑ ⓒ ⓓ

ⓐ炭素（C）原子の数　ⓑフッ素（F）原子の数
ⓒ塩素（Cl）原子の数　ⓓ臭素（Br）原子の数

ハロン 1301 の化学式は CF_3Br です。塩素は入っていません。

解答　問 1 －(4)　　問 2 －(2)

レッスン 5-8

ハロゲン化物消火設備 2 (設備の構成)

重要度 ///

レッスン2で学習したように、ハロゲン化物消火設備には、その防護方法によって、全域放出方式、局所放出方式、移動式の三つがあります。

(1) 全域放出方式

全域放出方式のハロゲン化物消火設備は、貯蔵容器、起動用ガス容器、選択弁、配管、噴射ヘッド、制御盤、手動起動装置、音響警報装置、放出表示灯、ダンパー閉鎖装置、非常電源装置などから構成されています。

防護区画の換気装置は、消火剤放射前に停止できる構造であることが必要であり、また、放出された消火剤及び火災による燃焼ガスを完全に安全な場所に排出するための措置も必要です。

防護区画の開口部は、ハロン 2402、ハロン 1211 又はハロン 1301 を放射するものにあっては、次のイ及びロに定めるところによることとされています。

イ　床面からの高さが階高の**3分の2以下**の位置にある開口部で、放射した消火剤の流出により消火効果を減ずるおそれのあるもの、又は保安上の危険があるものには、消火剤放射前に閉鎖できる自動閉鎖装置を設けること。

ロ　自動閉鎖装置を設けない開口部の面積の合計の数値は、通信機器室又は指定可燃物を貯蔵し、もしくは取り扱う防火対象物又はその部分にあっては囲壁面積（防護区画の壁、床及び天井の面積の合計）の数値の**1%以下**、その他の防火対象物又はその部分にあっては防護区画の体積の数値又は囲壁面積の数値のうちいずれか小さいほうの数値の**10%以下**であること。

HFC - 23、HFC - 227ea 又は FK - 5 - 1 - 12 においては、消火剤放射前に閉鎖できる自動閉鎖装置を設けることとされています。

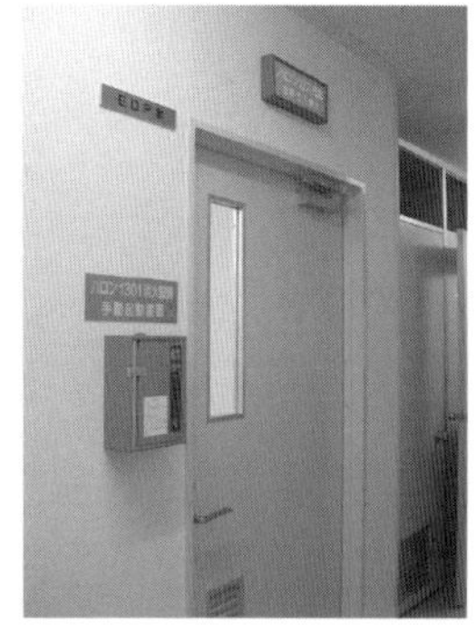

● **図1　防護区画の入口付近** ●

● **図2　ハロン 1301 貯蔵容器室内** ●

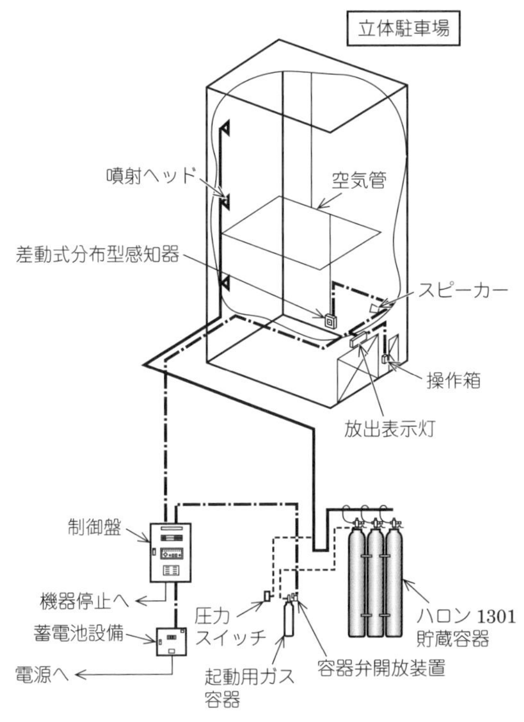

図３　全域放出方式のハロン 1301 を放射するハロゲン化物消火設備（構成例）

(2) 局所放出方式

局所放出方式の消火剤は、ハロン **2402**、ハロン **1211** 又はハロン **1301** が認められており、基本的な設備構成は全域放出方式と同様です。

防護対象物の周囲に壁がないか、壁があっても全域放出方式が採用できない場合に採られる方式で、固定された配管や噴射ヘッドにより、防護対象物の周囲に局所的に消火剤を放射して消火剤の濃度を一定時間維持する方式です。

(3) 移動式

移動式の消火剤は、**ハロン 2402**、**ハロン 1211** 又は**ハロン 1301** が認められています。

貯蔵する消火剤の量は 1 のノズルにつき表 1 に示す量以上を貯蔵しなければなりません。

● 表 1　移動式の貯蔵量 ●

消火剤の種別	消火剤の貯蔵量〔kg〕
ハロン 2402	50
ハロン 1211	45
ハロン 1301	45

ノズルは、温度 20℃において表 2 に示した量以上の消火剤を放射できる性能でなければなりません。また、ホース、ノズル、ノズル開閉弁及びホースリールは、消防庁長官が定める基準に適合するものであることとされています。

● 表 2　移動式の放射量 ●

消火剤の種別	消火剤の放射量〔kg/分〕
ハロン 2402	45
ハロン 1211	40
ハロン 1301	35

(4) 各放出方式に対応する消火剤名

各放出方式に対応する消火剤名は、表 3 のとおりです。

● 表 3　ハロゲン化物消火設備の放出方式 ●

放出方式	消火剤名
全域放出方式	ハロン 2402、ハロン 1211、ハロン 1301、HFC-23、HFC-227ea、FK-5-1-12
局所放出方式	ハロン 2402、ハロン 1211、ハロン 1301
移動式	ハロン 2402、ハロン 1211、ハロン 1301

放出方式と消火剤名はしっかり覚えておこう！

よく出る問題

問 1　［難易度 😊😐😠］

HFC－227ea を放射するハロゲン化物消火設備を設置する防火対象物の開口部について、アからエのうち正しいものの組合せは次のうちどれか。

ア　いかなる場合においても自動閉鎖装置を設けなければならない。
イ　防護区画の壁や床等の面積の合計の 10％を超えなければ設けてよい。
ウ　床面からの高さが階高の 2/3 を超える位置になければ設けてよい。
エ　階段室、非常用エレベーターの乗降ロビー等に面していなければ設けてよい。

(1)　アのみである　　(2)　アとイである
(3)　イとウである　　(4)　イとウとエである

HFC－227ea を放射するハロゲン化物消火設備を設置する防火対象物又はその部分の開口部については、すべての場合において**自動閉鎖装置**を設けなければなりません。アのみが正しい。

問 2　［難易度 😊😐😠］

ハロゲン化物消火設備に関する記述で、誤りはいくつあるか。

ア　移動式の消火剤を、FK－5－1－12 とした。
イ　局所放出方式の消火剤を、HFC－227ea とした。
ウ　局所放出方式の消火剤を、ハロン 1301 とした。
エ　全域放出方式の消火剤を、HFC－23 とした。

(1) すべて正しい　(2)　一つある　(3)　二つある　(4)　三つある

ウとエは正しい。アとイの二つが誤りです（表 3 参照）。

問 3　［難易度 😊😐😠］

移動式のハロン 1301 を放射するハロゲン化物消火設備について、正しいものは次のうちどれか。

(1)　ノズルは、20℃において 45 kg/分以上のハロン 1301 を放射できる性能であること。
(2)　貯蔵するハロン 1301 の量は 1 のノズルにつき 50 kg 以上であること。
(3)　ホース、ノズル、ノズル開閉弁及びホースリールは、消防庁長官が定める基準に適合するものであること。
(4)　点検時の安全を確保するために閉止弁を設けること。

(1) ノズルは 20℃において 35 kg/分以上のハロン 1301 を放射できる性能であること。
(2) 貯蔵するハロン 1301 の量は 1 のノズルにつき 45 kg 以上であること。
(4) ハロン 1301 なので閉止弁は必要としません。

解答　問 1 －(1)　　問 2 －(3)　　問 3 －(3)

ハロゲン化物消火設備 3（必要消火剤量）

重要度

(1) 全域放出方式

① ハロン 2402、ハロン 1211、ハロン 1301 を放射するもの 重要!

全域放出方式のハロン 2402、ハロン 1211 又はハロン 1301 を放射するハロゲン化物消火設備の必要消火剤量は、防火対象物の種類やその大きさ、可燃物によって表 1 のように定められています。

● 表 1 消火剤量（ハロン 1301 など）●

防火対象物又はその部分		消火剤の種別	防護区画の体積 1 m³ あたりの消火剤量〔kg〕	開口部 1 m² あたりの消火剤量〔kg〕
自動車の修理もしくは整備の用に供される部分、駐車の用に供される部分、発電機、変圧器その他これらに類する電気設備が設置されている部分、鍛造場、ボイラー室、乾燥室その他多量の火気を使用する部分又は通信機器室		ハロン 1301	**0.32**	**2.4**
指定可燃物を貯蔵し、又は取り扱う防火対象物又はその部分	可燃性固体類又は可燃性液体類に係るもの	ハロン 2402	0.40	3.0
		ハロン 1211	0.36	2.7
		ハロン 1301	0.32	2.4
	木材加工品又は木くずに係るもの	ハロン 1211	0.60	4.5
		ハロン 1301	0.52	3.9
	合成樹脂類（不燃性又は難燃性でないゴム製品、ゴム半製品、原料ゴム及びゴムくずを除く）に係るもの	ハロン 1211	0.36	2.7
		ハロン 1301	0.32	2.4

② HFC - 23、HFC - 227ea、FK - 5 - 1 - 12 を放射するもの 重要!

全域放出方式の HFC - 23、HFC - 227ea 又は FK - 5 - 1 - 12 を放射するハロゲン化物消火設備の必要消火剤量は表 2 のように定められています。

● 表 2 消火剤量（HFC - 23、HFC - 227ea、FK - 5 - 1 - 12）●

消火剤の種別	防護区画の体積 1 m³ あたりの消火剤量〔kg〕
HFC-23	**0.52** 以上 0.80 以下
HFC - 227ea	**0.55** 以上 0.72 以下
FK - 5 - 1 - 12	**0.84** 以上 1.46 以下

(2) 局所放出方式（ハロン 2402、ハロン 1211、ハロン 1301 を放射するもの）

便宜的に①面積方式と②体積方式に分けて必要消火剤量の求め方を学びます。

① 面積方式

可燃性固体類又は可燃性液体類を、上面を開放した容器に貯蔵する場合その他火災のときの燃焼面が一面に限定され、かつ、可燃物が飛散するおそれがない場合に、次の式で消火剤量を求めます。

必要消火剤量〔kg〕＝防護対象物の表面積〔m^2〕$\times K \times C$

●防護対象物の表面積：当該防護対象物の一辺の長さが 0.6 m 以下の場合にあっては、当該辺の長さを 0.6 m として計算した面積〔m^2〕

また、K は算出係数、C は液体係数で、消火剤の種別に応じて表3のような値が規定されています。

● 表3　面積方式の各係数 ●

消火剤の種別	K	C
ハロン 2402	8.8	1.1
ハロン 1211	7.6	
ハロン 1301	6.8	1.25

② 体積方式

前①の面積方式以外の場合にあっては、次の式により必要消火剤量を求めます。

$$\text{必要消火剤量〔kg〕} = \text{防護空間の体積〔}m^3\text{〕} \times \left\{ X - Y\left(\frac{a}{A}\right) \right\} \times C$$

●防護空間：防護対象物のすべての部分から 0.6 m 離れた部分によって囲まれた空間の部分をいいます。

●a：防護対象物の周囲に実際に設けられた壁の面積の合計〔m^2〕

●A：防護空間の壁の面積（壁のない部分にあっては、壁があると仮定した場合における当該部分の面積）の合計〔m^2〕

また、X、Y 及び C は表4のとおりです。

● 表4　体積方式の各係数 ●

消火剤の種別	X の値	Y の値	C
ハロン 2402	5.2	3.9	1.1
ハロン 1211	4.4	3.3	
ハロン 1301	4.0	3.0	1.25

よく出る問題

問 1 ［難易度 😊😐😠］

全域放出方式のハロン 1301 を放射するハロゲン化物消火設備を設置する防護区画の体積が 1500 m³ である場合、消火剤の総量は次のうちどれか。ただし、防火対象物は機械式の駐車場とし、自動閉鎖装置を設けない開口部がありその面積は 10 m² とする。

（1） 320 kg　（2） 360 kg　（3） 504 kg　（4） 567 kg

解説　機械式駐車場の場合、防護区画の体積 1 m³ あたりの必要消火剤量は、**0.32 kg** ですから

$$1500\ m^3 \times 0.32\ kg/m^3 = 480\ kg$$

と計算されます。

次に開口部の面積が 10 m² ですから、消火剤付加量は

$$10\ m^2 \times 2.4\ kg/m^2 = 24\ kg$$

となり、必要な消火剤の総量は 504 kg と求められます。

問 2 ［難易度 😊😐😠］

全域放出方式の HFC‑227ea を放射するハロゲン化物消火設備を防護区画の体積が 1000 m³ の電気室に設置する場合、消火剤の最低必要量として次のうち正しいものはどれか。

（1） 320 kg　（2） 520 kg　（3） 550 kg　（4） 840 kg

解説　HFC‑227ea の場合、防護区画の体積 1 m³ あたり **0.55 kg** 以上（0.72 kg 以下）の消火剤が必要ですから、最低必要量は

$$1000\ m^3 \times 0.55\ kg/m^3 = 550\ kg$$

となります。

問 3 ［難易度 😊😐😠］

全域放出方式のハロゲン化物消火設備の消火剤量について、（　）の数値を答えよ。

消火剤の名称	防護区画 1 m³ あたりの消火剤量〔kg〕
ハロン 1301（発電機室）	（1）
ハロン 1301（ボイラー室）	（2）
HFC‑23	（3） 以上　0.80 以下
FK‑5‑1‑12	（4） 以上　1.46 以下

数値：ア　0.32　イ　0.36　ウ　0.40　エ　0.52　オ　0.55　カ　0.84

解説　表 1 と表 2 を参照。消火剤量の数値は製図試験でも必要になります。正確に覚えておきましょう。

解答　問 1 －（3）　問 2 －（3）　問 3 －（1） ア　（2） ア　（3） エ　（4） カ

問 4　［難易度 😊😐😣］

局所放出方式のハロン 1301 を放射するハロゲン化物消火設備の貯蔵容器に貯蔵する消火剤の量について、設問に答えよ。

可燃性固体類又は可燃性液体類を上面を開放した容器に貯蔵する場合その他火災のときの燃焼面が一面に限定され、かつ、可燃物が飛散するおそれがない場合にあっては、消火剤の貯蔵量を計算する式は次のとおりである。アとイの数値で正しい組合せはどれか。

消火剤量〔kg〕＝防護対象物の表面積〔m^2〕× ア 〔kg/m^2〕× イ

	ア	イ
（1）	6.8	1.1
（2）	6.8	1.25
（3）	7.6	1.25
（4）	8.8	1.25

ハロン 1301 の場合、防護対象物の表面積 1 m^2 あたりの消火剤の量は **6.8 kg** であり、これにより算出された量に **1.25** を乗じた量以上を貯蔵することとされています。

問 5　［難易度 😊😐😣］

ハロン 1301 を放射するハロゲン化物消火設備において、防護区画の開口部面積 1 m^2 あたりの消火剤量で正しいものは次のうちどれか。

	防火対象物又はその部分	開口部の面積 1 m^2 あたりの消火剤量
（1）	通信機器室	2.4 kg
（2）	可燃性固体を貯蔵し取り扱う部屋	2.7 kg
（3）	木材加工品を貯蔵し取り扱う部屋	3.0 kg
（4）	合成樹脂類を貯蔵し取り扱う部屋	4.5 kg

下表のように規定されています。

防火対象物又はその部分	開口部の面積 1 m^2 あたりの消火剤量
通信機器室	**2.4 kg**
可燃性固体を貯蔵し取り扱う部屋	**2.4 kg**
木材加工品を貯蔵し取り扱う部屋	**3.9 kg**
合成樹脂類を貯蔵し取り扱う部屋	**2.4 kg**

解答　問 4 －（2）　　問 5 －（1）

1学期 ➡ 筆記試験対策　2学期 ➡ 実技試験対策　3学期 ➡ 模擬試験

これは覚えておこう！

レッスン 5-7 ～ 5-9 の重要事項のまとめ

① **消火剤の種別**：ハロゲン化物消火設備の消火剤はハロン 2402、ハロン 1211、ハロン 1301、HFC - 23、HFC - 227ea、FK - 5 - 1 - 12 の 6 種類。

② **防火対象物又はその部分に応じた消火剤**：

<table>
<tr><th colspan="2">防火対象物又はその部分</th><th>消火剤の種別</th></tr>
<tr><td colspan="2">鍛造（たんぞう）場、ボイラー室、乾燥室その他多量の火気を使用する部分又はガスタービンを原動力とする発電機が設置されている部分</td><td rowspan="2">ハロン 1301</td></tr>
<tr><td rowspan="2">自動車の修理の用に供される部分、駐車の用に供される部分、発電機（ガスタービンを原動力とするものを除く）、変圧器その他これらに類する電気設備が設置されている部分又は通信機器室</td><td>常時人のいない部分以外の部分又は防護区画の面積が 1000 m² 以上もしくは体積が 3000 m³ 以上のもの</td></tr>
<tr><td>その他のもの</td><td>ハロン 1301、HFC - 23、HFC - 227ea 又は FK - 5 - 1 - 12</td></tr>
<tr><td colspan="2">指定可燃物を貯蔵し、又は取り扱う防火対象物又はその部分</td><td>ハロン 2402、ハロン 1211 又はハロン 1301</td></tr>
</table>

③ **設備の構成**：全域放出方式、局所放出方式、移動式の 3 種類がある。
局所放出方式、移動式ともにハロン 2402、ハロン 1211、ハロン 1301 に限られる。

④ **防護区画**：HFC - 23、HFC - 227ea、FK - 5 - 1 - 12 においては、消火剤放射前に閉鎖できる自動閉鎖装置を設ける。

マメ知識 ➡➡➡「フロン番号」の付け方

フロンは、HFC-134a や R-134a などのように、フロンの分類と数字や添え字によって構成される名称で分類されています。数字は炭素原子、水素原子、フッ素原子の数によって、添え字は、化学物質の構造で分子の対称性の高さによって決められます。

水素（H）、炭素（C）、フッ素（F）で構成される化学物質の場合

100 の位：炭素原子の数から『1』を引いた値

10 の位　：水素原子の数に『1』を足した値

1 の位　：フッ素原子の数

添え字　：基本的に分子構造が対称の場合、添え字なし。以下、対称性が高い順に a、b、c などと続きます。

ハロゲン化物消火設備に用いられる消火剤 HFC-23 は、化学名を「トリフルオロメタン」といいフロンの一種で分子式は CHF_3 です。炭素原子の数「1」から『1』を引くと「0」なので、100 の位が書かれません。水素原子数「1」に『1』を足すので 10 の位が「2」、1 の位はフッ素原子の数なので分子式のとおり「3」が書かれています。

これは覚えておこう！

⑤　**必要消火剤量**：

a）全域放出方式

・ハロン 2402、ハロン 1211、ハロン 1301

<table>
<tr><th colspan="2">防火対象物又はその部分</th><th>消火剤の種別</th><th>防護区画の体積 1 m³ あたりの消火剤量〔kg〕</th><th>開口部 1 m² あたりの消火剤量〔kg〕</th></tr>
<tr><td colspan="2">自動車の修理もしくは整備の用に供される部分、駐車の用に供される部分、発電機、変圧器その他これらに類する電気設備が設置されている部分、鍛造場、ボイラー室、乾燥室その他多量の火気を使用する部分又は通信機器室</td><td>ハロン 1301</td><td>0.32</td><td>2.4</td></tr>
<tr><td rowspan="7">指定可燃物を貯蔵し、又は取り扱う防火対象物又はその部分</td><td rowspan="3">可燃性固体類又は可燃性液体類に係るもの</td><td>ハロン 2402</td><td>0.40</td><td>3.0</td></tr>
<tr><td>ハロン 1211</td><td>0.36</td><td>2.7</td></tr>
<tr><td>ハロン 1301</td><td>0.32</td><td>2.4</td></tr>
<tr><td rowspan="2">木材加工品又は木くずに係るもの</td><td>ハロン 1211</td><td>0.60</td><td>4.5</td></tr>
<tr><td>ハロン 1301</td><td>0.52</td><td>3.9</td></tr>
<tr><td rowspan="2">合成樹脂類（不燃性又は難燃性でないゴム製品、ゴム半製品、原料ゴム及びゴムくずを除く）に係るもの</td><td>ハロン 1211</td><td>0.36</td><td>2.7</td></tr>
<tr><td>ハロン 1301</td><td>0.32</td><td>2.4</td></tr>
</table>

・HFC‐23、HFC‐227ea、FK‐5‐1‐12

消火剤の種別	防護区画の体積 1 m³ あたりの消火剤量〔kg〕
HFC‐23	0.52 以上　0.80 以下
HFC‐227ea	0.55 以上　0.72 以下
FK‐5‐1‐12	0.84 以上　1.46 以下

b）移動式

貯蔵する消火剤の量は 1 のノズルにつき下表に示す量以上。

消火剤の種別	消火剤の量〔kg〕
ハロン 2402	50
ハロン 1211	45
ハロン 1301	45

レッスン 5-10 粉末消火設備 1（消火剤の種別と設備の構成）

重要度 ✏✏✏

(1) 消火剤の種別 重要！

粉末消火設備の消火剤は、表1に示すものが規定されています。

粉末消火剤は、燃焼の連鎖反応を抑制する化学反応により消火を行うものです。

● 表1　粉末消火設備の消火剤 ●

消火剤の種別	主成分
第1種粉末	炭酸水素ナトリウムを主成分とするもの
第2種粉末	炭酸水素カリウムを主成分とするもの
第3種粉末	りん酸塩類等を主成分とするもの
第4種粉末	炭酸水素カリウムと尿素との反応物

(2) 設備の構成

レッスン2で学習したように、粉末消火設備にはその防護方法によって、全域放出方式、局所放出方式、移動式の三つがあります。

①　全域放出方式

全域放出方式の粉末消火設備は、貯蔵タンク、起動用ガス容器、選択弁、配管、噴射ヘッド、制御盤、手動起動装置、音響警報装置、放出表示灯、ダンパー閉鎖装置、非常電源装置等から構成されています。

駐車の用に供される部分に設ける粉末消火設備に使用する消火剤は、**第3種粉末**でなければなりません。

防護区画の換気装置は、消火剤放射前に停止できる構造であることが必要であり、また、放出された消火剤及び火災による燃焼ガスを完全に安全な場所に排出するための措置も必要です。

防護区画の開口部は、次のイ及びロに定めるところによることとされています。

イ　床面からの高さが階高の**3分の2以下**の位置にある開口部で、放射した消火剤の流出により消火効果を減ずるおそれのあるもの、又は保安上の危険があるものには、消火剤放射前に閉鎖できる自動閉鎖装置を設けること。

ロ　自動閉鎖装置を設けない開口部の面積の合計の数値は、通信機器室又は指定可燃物を貯蔵し、もしくは取り扱う防火対象物又はその部分にあっては囲壁面積（防護区画の壁、床及び天井の面積の合計）の数値の**1%以下**、その他の防火対象物又はその部分にあっては防護区画の体積の数値又は囲壁面積の数値のうちいずれか小さいほうの数値の**10%以下**であること。

② **局所放出方式**

基本的な設備構成は全域放出方式と同様です。防護対象物の周囲に壁がないか、壁があっても全域放出方式が採用できない場合に採られる方式で、固定された配管や噴射ヘッドにより、防護対象物の周囲に局所的に消火剤を放射して消火剤の濃度を一定時間維持する方式です。

全域放出方式同様に、**駐車の用に供される部分**に設ける粉末消火設備に使用する消火剤は、**第３種粉末**でなければなりません。

③ **移動式**

道路の用に供される部分に設ける粉末消火設備に使用する消火剤は、**第３種粉末**とすることとされています。

貯蔵する消火剤の量は１のノズルにつき表２に示す量以上を貯蔵しなければなりません。

ノズルは、温度20℃において表３に示した量以上の消火剤を放射できる性能でなければなりません。また、ホース、ノズル、ノズル開閉弁及びホースリールは、消防庁長官が定める基準に適合するものであることとされています。

● 表２　移動式の貯蔵量 ●

消火剤の種別	消火剤の量〔kg〕
第１種粉末	50
第２種粉末	30
第３種粉末	30
第４種粉末	20

● 表３　移動式の放射量 ●

消火剤の種別	消火剤の量〔kg/分〕
第１種粉末	45
第２種粉末	27
第３種粉末	27
第４種粉末	18

各放出方式に対応する消火剤の種別は、表４のとおりです。

● 表４　粉末消火設備の放出方式 ●

放出方式	消火剤の種別
全域放出方式	第１種粉末、第２種粉末、第３種粉末、第４種粉末
局所放出方式	第１種粉末、第２種粉末、第３種粉末、第４種粉末
移動式	第１種粉末、第２種粉末、第３種粉末、第４種粉末

放出方式と消火剤の種別はしっかり覚えておこう！

問 1　[難易度 😊😐😠]

粉末消火設備の消火剤について、誤っているものは次のうちどれか。

(1)　第 1 種粉末は、炭酸水素ナトリウムを主成分とするものである。

(2)　第 2 種粉末は、炭酸水素カリウムを主成分とするものである。

(3)　第 3 種粉末は、りん酸塩類等を主成分とするものである。

(4)　第 4 種粉末は、炭酸水素ナトリウムと尿素との反応物である。

解説

(1)～(3) 正しい。

(4) 第 4 種粉末は、**炭酸水素カリウムと尿素との反応物**です。

問 2　[難易度 😊😐😠]

粉末消火設備の消火剤に関する記述について誤っているものは次のうちどれか。

(1)　移動式で道路の用に供される部分に設ける消火剤は、第 1 種粉末とすること。

(2)　移動式で道路の用に供される部分に設ける消火剤は、第 3 種粉末とすること。

(3)　全域放出方式で駐車の用に供される部分に設ける消火剤は、第 3 種粉末とすること。

(4)　局所放出方式で駐車の用に供される部分に設ける消火剤は、第 3 種粉末とすること。

解説

(1) 移動式で道路の用に供される部分に設ける消火剤は、**第 3 種粉末**とすることとなっています。

(2)～(4) 正しい。

問 3　[難易度 😊😐😠]

移動式の粉末消火設備について、誤っているものは次のうちどれか。

(1)　第 1 種粉末の場合、貯蔵する量は 1 ノズルにつき 50 kg 以上であること。

(2)　第 2 種粉末の場合、貯蔵する量は 1 ノズルにつき 20 kg 以上であること。

(3)　第 3 種粉末の場合、ノズルは 20℃において 27 kg/ 分以上を放射できる性能であること。

(4)　ホース、ノズル、ノズル開閉弁及びホースリールは、消防庁長官が定める基準に適合するものであること。

解説

(1) (3) (4) 正しい。

(2) 第 2 種粉末の場合、貯蔵する量は 1 のノズルにつき **30 kg 以上**であることとされています。

解答 問 1 －(4)　　問 2 －(1)　　問 3 －(2)

問 4 ［難易度 😊😐😟］

全域放出方式の粉末消火設備に関する記述で、誤っているものは次のうちどれか。

(1)　床面からの高さが階高の３分の２以下の位置にある開口部で、放射した消火剤の流出により消火効果を減ずるおそれのあるもの、又は保安上の危険があるものには、消火剤放射前に閉鎖できる自動閉鎖装置を設けること。

(2)　防護区画の換気装置は、消火剤放射後に停止できる構造であること。

(3)　消火剤を安全な場所に排出するための措置を講じること。

(4)　自動閉鎖装置を設けない開口部の面積の合計の数値は、指定可燃物を貯蔵する防火対象物の場合、囲壁面積の数値の１%以下であること。

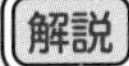

(1)（3)（4）正しい。

(2）防護区画の換気装置は、**消火剤放射前**に停止できる構造であることとされています。

マメ知識 ➡➡➡ 法令用語（その１）

法令によく使われている用語のうち、特に“微妙”な違いを紹介します。

●「直ちに」、「遅滞なく」、「速やかに」

日常用語では、いずれも「すぐに」という意味で用いられますが、法令用語としては区別されています。

・「直ちに」　：理由はどうあれすぐに行わなければならない場合に用いられます。
・「遅滞なく」：正当な理由、合理的な理由がない限りすぐに行わなければなりません。
・「速やかに」：訓示的に用いられ、すぐに行われなくても義務違反とはならないができるだけ早く行わなければならないとする場合に用いられます。
・時間的な序列としては、次のとおりとされています。
（早）「直ちに」←「速やかに」←「遅滞なく」（遅）

解答 問４－(2)

粉末消火設備 2（設備の構成機器）

重要度

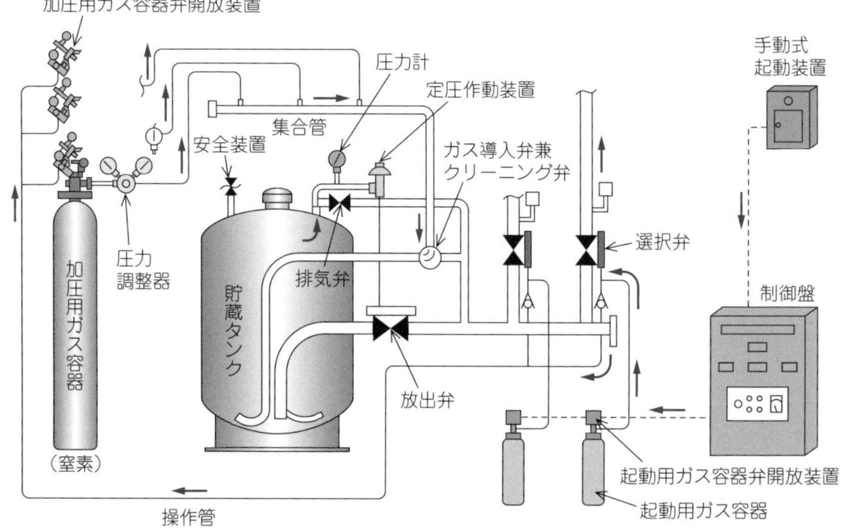

● 図 1　粉末消火設備の構成例 ●

粉末消火設備を構成している各機器について、図 1 を用いて説明します。

① **圧力調整器** 重要！

加圧用ガスの圧力を設計上必要とする**圧力（2.5 MPa）以下**に減圧して貯蔵タンクに送り込むものです。貯蔵タンク内で加圧用ガスとの混合で流動化した粉末消火剤は、加圧用ガスの膨張により配管内を圧送され噴射ヘッドより噴射されます。

② **安全装置**

貯蔵タンク内の圧力が一定圧力以上になると自動的に作動し、内部のガスを放出して、異常な圧力上昇による破裂を防止するためのものです。

③ **排気弁**

常時は閉鎖であり、貯蔵タンク内の残圧の**排出操作**を行う場合に開放します。

④ **ガス導入弁**

加圧用ガスを貯蔵タンク内に導入するための弁です。

⑤ **クリーニング弁**

クリーニング弁は常時閉鎖であり、**クリーニング操作**を行う場合に開放します。ガス導入弁とクリーニング弁を一つにし、切替え式にしたものもあります。

⑥　**定圧作動装置** 重要！

粉末消火設備の加圧式の貯蔵タンクに設けられるもので、貯蔵タンク内の圧力が設定圧力以上になったときに自動的に作動し、**放出弁を開放させるもの**です。

⑦　**放出弁** 重要！

放出弁はガス圧又は電気などにより迅速確実に開放でき、かつ、手動開放できるものでなければなりません。一般的には、ボールバルブが使用され、粉末消火設備に用いる放出弁にあっては、**仕切弁及び玉形弁その他これらに類するもの以外**のものであることと規定されています。

⑧　**選択弁**

防護区画又は防護対象物が２以上あり貯蔵タンクを共用するときに、選択された区画又は対象物に消火剤を放出させるための弁です。

よく出る問題

問 1　［難易度 😊 😐 😟］

粉末消火設備を構成する機器に関する記述で、正しいものは次のうちどれか。

(1)　圧力調整器は、加圧用ガスの圧力を 1.5 MPa 以下に減圧するものである。
(2)　放出弁は、仕切弁又は玉形弁その他これらに類するものでなければならない。
(3)　選択弁は、防護対象物が２以上あり貯蔵タンクを共用するときに選択された区画に消火剤を放出させるためのものである。
(4)　排気弁は、常時開放であり貯蔵タンク内の残圧の排出操作を行う場合に閉鎖する。

解説

よく出題される問題です。

(1) 圧力調整器は、加圧用ガスの圧力を **2.5 MPa** 以下に減圧するものです。
(2) 放出弁は、**仕切弁及び玉形弁その他これらに類するもの以外**のものでなければなりません。
(3) 正しい。
(4) 排気弁は、**常時閉鎖**であり貯蔵タンク内の残圧の排出操作を行う場合に**開放**します。

解答　問１－(3)

レッスン 5-12 # 粉末消火設備3（動作）

重要度 ///

粉末消火設備の動作を順番にしたがって説明します。なお、図1から図4までの各弁（ガス導入弁、放出弁、選択弁、排気弁、クリーニング弁）について、塗りつぶしてある場合は「閉鎖」状態を、白抜きの場合は「開放」状態をそれぞれ表します。

① **加圧用ガス導入時**

起動装置の動作等によって加圧用ガス容器の容器弁が開放し、**圧力調整器**により調整圧力以下となった加圧用ガスが貯蔵タンクに導入され、粉末消火剤と加圧用ガスの撹拌、混合が行われます。

② **消火剤放出時**

粉末消火剤と加圧用ガスが十分に混和され、貯蔵タンクの内圧力が設計上必要とする圧力に達すると、**定圧作動装置**が作動し放出弁が開放されます。放出弁が開放されると、加圧用ガスと十分に混和された粉末消火剤が一斉に放出弁から放出されます。

③ **残圧排出時**

粉末消火設備使用後は、整備の際に貯蔵タンク内の残留ガスを処理し、粉末消火剤の

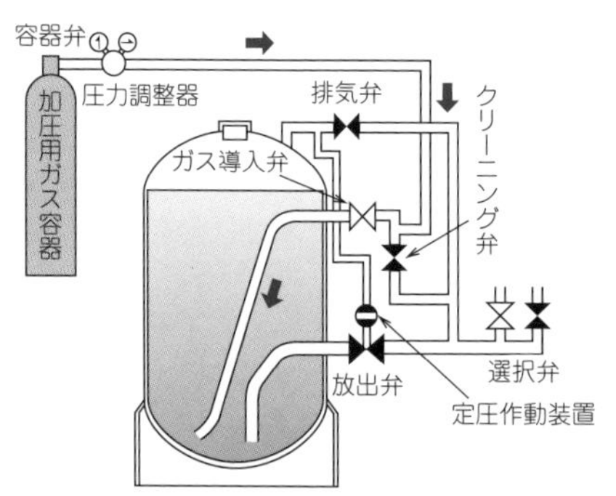

図1 加圧用ガス導入

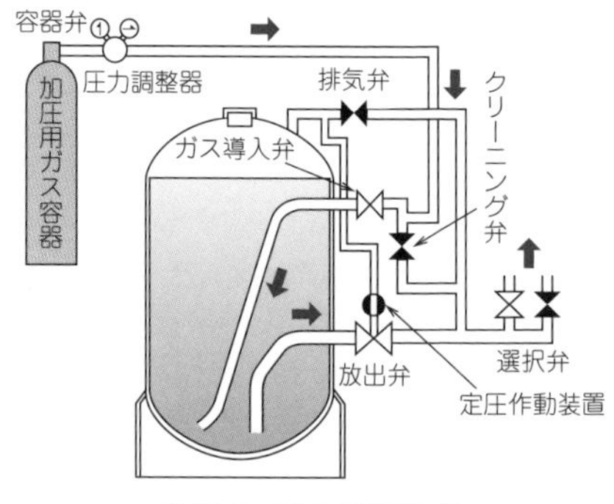

図2 消火剤放出

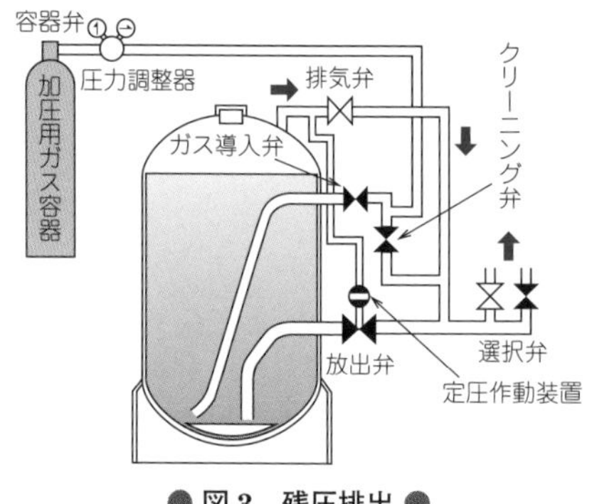

図3 残圧排出

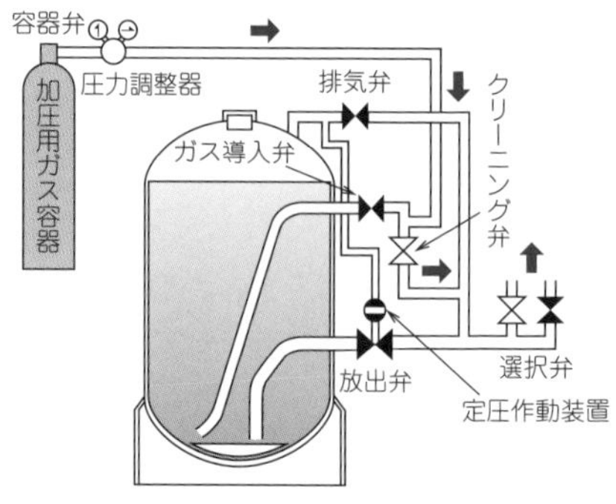

図4 クリーニング

残量を取り出し再充てんする必要があります。そのため、**排気弁**を開放し貯蔵タンクの上方から残圧を抜きます。排気操作を実施の際、作動した選択弁はクリーニング操作が終了するまで開放状態にしておきます。

④　クリーニング時

粉末消火剤の放出を中断させたりすると、粉末消火剤だけが配管内に残留することがあります。粉末消火剤放出後、**クリーニング弁**を操作し、直ちに加圧用ガス又はクリーニング用ガスを貯蔵タンクを経由せずに直接配管に送り込み残留消火剤を除去します。

よく出る問題

問 1　[難易度 😊 😐 😠]

粉末消火設備の動作とその状態の説明について、誤っているものは次のうちどれか。

	動　作	状　態
(1)	加圧用ガス導入	加圧用ガスが貯蔵タンクに導入され、粉末消火剤と加圧用ガスの撹拌、混合が行われる。
(2)	消火剤放出	貯蔵タンク内の圧力が上昇すると定圧作動装置が作動し、放出弁が開放される。
(3)	残圧排出	排気弁を開放し貯蔵タンクの上方から残圧を抜く。
(4)	クリーニング	加圧用ガス又はクリーニング用ガスを貯蔵タンクを経由してから配管に送り込み残留消火剤を除去する。

(1)～(3) 正しい。(4) クリーニングでは加圧用ガス又はクリーニング用ガスを貯蔵タンクを経由せずに直接配管に送り込み残留消火剤を除去します。

問 2　[難易度 😊 😐 😠]

粉末消火設備における残圧排出時の各弁の状態について、誤っているものは次のうちどれか。

	弁の名称	弁の状態
(1)	ガス導入弁	開放
(2)	排気弁	開放
(3)	放出弁	閉鎖
(4)	クリーニング弁	閉鎖

(1) ガス導入弁は、閉鎖でなければなりません。(2)～(4) 正しい。

解答　問１－(4)　　問２－(1)

レッスン 5-13

粉末消火設備 4（必要消火剤量）

重要度

(1) 全域放出方式 重要！

全域放出方式の粉末消火設備における必要消火剤量は表1のとおりです。

● 表1　消火剤量 ●

消火剤の種別	防護区画の体積 1 m^3 あたりの消火剤量〔kg〕	開口部 1 m^2 あたりの消火剤量〔kg〕
第1種粉末	0.60	4.5
第2種粉末	0.36	2.7
第3種粉末	**0.36**	**2.7**
第4種粉末	0.24	1.8

(2) 局所放出方式

便宜的に①面積方式と②体積方式に分けて必要消火剤量の求め方を学びます。

① 面積方式

可燃性固体類又は可燃性液体類を、上面を開放した容器に貯蔵する場合その他火災のときの燃焼面が一面に限定され、かつ、可燃物が飛散するおそれがない場合に次の式及び表2から消火剤量を求めます。

必要消火剤量〔kg〕= 防護対象物の表面積〔m^2〕× K × 1.1

●防護対象物の表面積：当該防護対象物の一辺の長さが 0.6 m 以下の場合にあっては、当該辺の長さを 0.6 m として計算した面積〔m^2〕

② 体積方式

前①の面積方式以外の場合、次の式により必要消火剤量を求めます。

$$\text{必要消火剤量〔kg〕} = \text{防護空間の体積〔m}^3\text{〕} \times \left\{ X - Y\left(\frac{a}{A}\right) \right\} \times 1.1$$

●防護空間：防護対象物のすべての部分から 0.6 m 離れた部分によって囲まれた空間の部分をいいます。

● a：防護対象物の周囲に実際に設けられた壁の面積の合計〔m^2〕

● A：防護空間の壁の面積（壁のない部分にあっては、壁があると仮定した場合における当該部分の面積）の合計〔m^2〕

また、X 及び Y は表3によります。

表2　面積方式の算出係数

消火剤の種別	K
第1種粉末	8.8
第2種粉末	5.2
第3種粉末	**5.2**
第4種粉末	3.6

表3　体積方式の算出係数

消火剤の種別	Xの値	Yの値
第1種粉末	5.2	3.9
第2種粉末	3.2	2.4
第3種粉末	**3.2**	**2.4**
第4種粉末	2.0	1.5

よく出る問題

問 1　［難易度 ☺☹☹］

全域放出方式の第3種粉末を放射する粉末消火設備を設置したい。防護区画の体積が1000 m^3 で、自動閉鎖装置を設けない開口部で消火効果を減ずるおそれがなく保安上の支障がない部分の面積が2 m^2 である電気室に必要な消火剤の量は、次のうちどれか。

（1）　360.0 kg　　（2）　365.4 kg　　（3）　600.0 kg　　4）　609.0 kg

防護区画の体積1 m^3 あたりの消火剤の量は、**0.36 kg** ですから、まず次のとおり計算されます。

1000 m^3 × 0.36 kg/m^3 ＝ 360 kg

次に開口部の面積が2 m^2 ですから、消火剤付加量は2 m^2 × 2.7 kg/m^2 ＝ 5.4 kgとなり、この電気室に必要な消火剤の量は365.4 kgと求められます。

問 2　［難易度 ☺☹☹］

可燃性液体類を上面を開放した容器に貯蔵し、火災のときの燃焼面が一面に限定される部分に局所放出方式の粉末消火設備（第1種粉末）を設置する場合、消火剤の貯蔵量を計算する式は次のとおりである。アとイの数値で正しい組合せはどれか。

必要消火剤量〔kg〕＝防護対象物の表面積〔m^2〕×［ア］〔kg/m^2〕×［イ］

	ア	イ
（1）	3.6	1.4
（2）	5.2	1.1
（3）	5.2	1.4
（4）	8.8	1.1

表2のとおり、第1種粉末の算出係数は8.8ですから、次のような式になります。

必要消火剤量〔kg〕＝防護対象物の表面積〔m^2〕× 8.8〔kg/m^2〕× 1.1

解答　問1 −（2）　　問2 −（4）

レッスン 5-14 粉末消火設備 5（加圧用ガスと蓄圧用ガス）

重要度

レッスン 5 - 11 で学んだように、加圧式の粉末消火設備には、**2.5 MPa 以下**の圧力に調整できる**圧力調整器**を設けること、また、起動装置の作動後に貯蔵タンク内の圧力が設定圧力となったとき放出弁を開放させる**定圧作動装置**を貯蔵容器等ごとに設けることとなっています。

一方、蓄圧式の粉末消火設備には、使用圧力の範囲を**緑色**で表示した**指示圧力計**を設けることとなっています。**重要！**

加圧用ガス又は蓄圧用ガスは**窒素ガス**又は**二酸化炭素**とし、その量は表 1 のとおり定められています。

● **表 1　加圧用ガスと蓄圧用ガス** ●

	窒素ガス（温度 35℃で 1 気圧の状態に換算した体積）	二酸化炭素
加圧用ガス	消火剤 1 kg あたり **40 L** 以上の量	消火剤 1 kg あたり **20 g** にクリーニングに必要な量を加えた量以上の量
蓄圧用ガス	消火剤 1 kg あたり **10 L** にクリーニングに必要な量を加えた量以上の量	消火剤 1 kg あたり **20 g** にクリーニングに必要な量を加えた量以上の量

似たような書き方なので、混同しないよう覚えよう

マメ知識 ➡➡➡ 法令用語（その 2）

法令によく使われている用語のうち、特に“微妙”な違いを紹介します。

●「その他」、「その他の」

これらも日常的には似たような言葉ですが、法令用語として使われる場合、その使い方には違いがあります。

・「その他の」：「その他の」の前に出てくる言葉が、後に出てくる意味や内容の広い言葉の一部であるという関係にあることを示す場合に使われます。

例）りんご、なし、みかんその他の政令で定めるもの。

→政令では、りんご、なし、みかんも含め、規定される。

・「その他」　：「その他」の前にある言葉と後ろにある言葉と並列、対等の関係にあることを示す場合に使われます。

例）サンマその他総務省令で定めるもの。

→省令では、サンマは記載されない。

よく出る問題

問 1 ［難易度 😊 😐 😠］

全域放出方式又は局所放出方式の粉末消火設備の加圧用ガスについて、［　　］にあてはまる数値を答えよ。

加圧用ガスに窒素ガスを用いるものにあっては、消火剤［(1)］kg につき温度［(2)］℃で１気圧の状態に換算した体積が［(3)］L 以上、二酸化炭素を用いるものにあっては、消火剤［(1)］kg につき［(4)］g にクリーニングに必要な量を加えた量以上の量であること。

数値：ア　1　　イ　5　　ウ　20　　エ　35　　オ　40　　カ　55

解説　表１を参照。表１に記載の数値は正確に覚えておくようにしましょう。

問 2 ［難易度 😊 😐 😠］

粉末消火設備に関する記述で、誤っているものは次のうちどれか。

(1)　加圧用ガス又は蓄圧用ガスは、窒素ガス又は二酸化炭素とすること。

(2)　蓄圧式には、使用圧力の範囲を緑色で表示した指示圧力計を設けること。

(3)　加圧用ガス容器は、貯蔵容器等の直近に設置され、かつ、確実に接続されていること。

(4)　加圧用ガス容器には、総務大臣が定める基準に適合する安全装置及び容器弁を設けること。

解説　(1)～(3) 正しい。

(4) 加圧用ガス容器には、消防庁長官が定める基準に適合する安全装置及び容器弁を設けること。

解答　問１－(1) ア　(2) エ　(3) オ　(4) ウ　　問２－(4)

これは覚えておこう！

レッスン 5-10 ～ 5-14 の重要事項のまとめ

① **消火剤の種別**：

消火剤の種別	主成分
第 1 種粉末	炭酸水素ナトリウムを主成分とするもの
第 2 種粉末	炭酸水素カリウムを主成分とするもの
第 3 種粉末	りん酸塩類等を主成分とするもの
第 4 種粉末	炭酸水素カリウムと尿素との反応物

全域放出方式、局所放出方式で、**駐車の用に供される部分**に設ける粉末消火設備に使用する消火剤は、**第 3 種粉末**でなければならない。

② **設備の構成**：全域放出方式、局所放出方式、移動式の 3 種類がある。

③ **設備の構成機器**：

a）**圧力調整器**

加圧用ガスの圧力を設計上必要とする圧力（2.5 MPa）以下に減圧して貯蔵タンクに送り込むものである。

b）**安全弁**

貯蔵タンク内の圧力が一定圧力以上になると自動的に作動し、内部のガスを放出して、異常な圧力上昇による破裂を防止するためのものである。

c）**排気弁**

常時は閉鎖であり、貯蔵タンク内の残圧の排出操作を行う場合に開放する。

d）**ガス導入弁**

加圧用ガスを貯蔵タンク内に導入するための弁である。

e）**クリーニング弁**

クリーニング弁は常時閉鎖であり、クリーニング操作を行う場合に開放する。

f）**定圧作動装置**

粉末消火設備の加圧式の貯蔵タンクに設けられるもので、貯蔵タンク内の圧力が設定圧力以上になったときに自動的に作動し、放出弁を開放させるものである。

g）**放出弁**

放出弁はガス圧又は電気などにより迅速確実に開放でき、かつ、手動開放できるものでなければならない。

h）**選択弁**

防護区画又は防護対象物が 2 以上あり貯蔵タンクを共用するときに、選択された区画又は対象物に消火剤を放出させるための弁である。

これは覚えておこう!

④ **必要消火剤量：**

a）全域放出方式

消火剤の種別	防護区画の体積 1 m^3 あたりの消火剤量〔kg〕	開口部 1 m^2 あたりの消火剤量〔kg〕
第 1 種粉末	0.60	4.5
第 2 種粉末	0.36	2.7
第 3 種粉末	0.36	2.7
第 4 種粉末	0.24	1.8

b）移動式

貯蔵する消火剤の量は、1 のノズルにつき、下表に示す量以上を貯蔵しなければならない。

消火剤の種別	消火剤の量〔kg〕
第 1 種粉末	50
第 2 種粉末	30
第 3 種粉末	30
第 4 種粉末	20

⑤ **加圧用ガスと蓄圧用ガス：**

	窒素ガス（温度 35℃で 1 気圧の状態に換算した体積）	二酸化炭素
加圧用ガス	消火剤 1 kg あたり 40 L 以上の量	消火剤 1 kg あたり 20 g にクリーニングに必要な量を加えた量以上の量
蓄圧用ガス	消火剤 1 kg あたり 10 L にクリーニングに必要な量を加えた量以上の量	消火剤 1 kg あたり 20 g にクリーニングに必要な量を加えた量以上の量

レッスン 5-15 貯蔵容器

重要度

(1) 貯蔵容器

貯蔵容器は、温度 **40℃** 以下で温度変化が少なく、直射日光及び雨水のかかるおそれの少ない場所であり、火災の際に延焼のおそれのない、防護区画以外の場所に設置することとされています。

● **図1　貯蔵容器（ハロン 1301）の例** ●

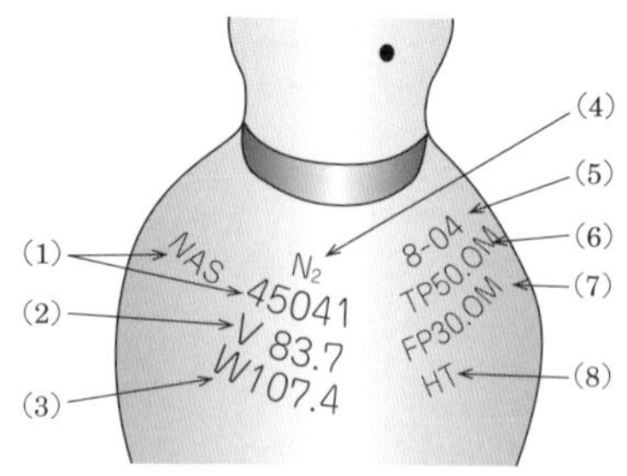

● **図2　容器の刻印の例** ●

① 高圧ガス保安法

不活性ガス消火設備又はハロゲン化物消火設備に使用する貯蔵容器は、高圧ガス保安法に基づく容器検査に合格したものを使用します。消火剤の充てんの際に、容器の耐圧検査を受けてから **5 年以上**を経過したものについては、再検査を受けなければなりません。

容器弁及び安全装置は認定品を使用し、充てん圧力は温度35℃において30 MPa以下と定められています。

②　低圧式

二酸化炭素を放射する不活性ガス消火設備のうち低圧式においては、消火剤を－**18**℃以下－**20**℃以上に保つ自動冷凍装置を設け、**2.3 MPa**以上の圧力及び**1.9 MPa**以下の圧力で作動する**圧力警報装置**を設けることとされています。また、**液面計**と**圧力計**を設けなければなりません。

③　表示（刻印）**重要！**

容器の表面には、次の表示の打刻を行うこととされています（以下の（1）～（8）は、図2の（　）の番号に対応しています）。

- 容器の記号及び番号　…（1）
- 内容積（記号：V、単位：L）　…（2）
- 付属品を含まない容器の質量（記号：W、単位：kg）　…（3）
- 高圧ガスの名称、略号又は分子式　…（4）
- 容器検査に合格した年月　…（5）
- 耐圧試験圧力（記号：TP、単位：MPa）及びM　…（6）
- 圧縮ガスを充てんする容器の場合、最高充てん圧力（記号：FP、単位MPa）及びM　…（7）
- 材料の区分（HT：高強度鋼）　…（8）

また、外面の塗装色は、容器の表面積の1/2以上についてガスの種類に応じ表1に示す色を塗装することとなっています。

表1　容器の外面塗装色

ガスの種類	塗装色の区分
酸素ガス	黒色
水素ガス	赤色
液化炭酸ガス	**緑色**
液化アンモニア	白色
液化塩素	黄色
アセチレンガス	かっ色
その他の種類の高圧ガス	**ねずみ色**

覚え方のテクニック

3類の範囲では、緑色とねずみ色を覚えておこう

(2) 充てん比 重要！

貯蔵容器の内容積〔L〕と消火剤等の充てん量〔kg〕の比（=〔L/kg〕）を**充てん比**といい、消火剤等の種別に応じて表2のとおり範囲が定められています。

分母と分子を
逆に覚えない
ように注意

また、消火剤を貯蔵し放出する方式には、蓄圧式と加圧式があります。

ハロン1301やHFC-227eaを貯蔵する容器は、消火剤だけではなく「窒素」で常に加圧されており、この窒素は消火剤を放出するための圧力源となります。また、低温時における圧力低下を防ぐためにも窒素を利用しています。貯蔵容器内の圧力は、規則で「2.5メガパスカル又は4.2メガパスカルとなるよう」と規定されていて、これが「**蓄圧式**」です。一方、粉末消火設備の場合、貯蔵タンクとは別に設けた加圧用ガス容器のガス（窒素又は二酸化炭素）により貯蔵タンク内の粉末消火剤を放出する方式が多く、これが「**加圧式**」です。

また、二酸化炭素やHFC-23は消火剤自体がもつ圧力で放射します。

● 表2　充てん比 ●

消火設備と消火剤等の種類			充てん比の範囲
不活性ガス消火設備	二酸化炭素	高圧式	**1.5以上　1.9以下**
		低圧式	1.1以上　1.4以下
ハロゲン化物消火設備	ハロン2402	加圧式	0.51以上　0.67以下
		蓄圧式	0.67以上　2.75以下
	ハロン1211		0.7以上　1.4以下
	ハロン1301		**0.9以上　1.6以下**
	HFC-23		1.2以上　1.5以下
	HFC-227ea		0.9以上　1.6以下
	FK-5-1-12		0.7以上　1.6以下
粉末消火設備	第1種粉末		0.85以上　1.45以下
	第2種粉末		1.05以上　1.75以下
	第3種粉末		**1.05以上　1.75以下**
	第4種粉末		1.50以上　2.50以下
起動用ガス容器			**1.5以上**

よく出る問題

問 1　［難易度 😊😐😠］

貯蔵容器を設ける場所の規定として、誤っているものは次のうちどれか。

(1)　防護区画以外の場所に設けること。

(2)　温度35℃以下で温度変化が少ない場所に設けること。

(3)　直射日光及び雨水のかかるおそれの少ない場所に設けること。

(4)　点検に便利で、火災の際の延焼のおそれ及び衝撃による損傷のおそれが少ない箇所に設けること。

解説

(2) 温度 40℃以下で温度変化が少ない場所に設けること。

(1) (3) (4) 正しい。

問 2　［難易度 😊😐😠］

二酸化炭素の低圧式貯蔵容器に関する記述で、正しいものはいくつあるか。

ア　低圧式貯蔵容器とは、二酸化炭素を－18℃以下の温度で貯蔵する容器である。

イ　低圧式貯蔵容器には液面計及び圧力計を設けること。

ウ　低圧式貯蔵容器には2.3 MPa以上の圧力及び1.9 MPa以下の圧力で作動する圧力警報装置を設けること。

エ　低圧式貯蔵容器には、容器内部の温度を－20℃以上－18℃以下に保持することができる自動冷凍機を設けること。

(1)　すべて正しい

(2)　三つ正しい

(3)　二つ正しい

(4)　一つ正しい

解説

ア～エに記載の事項はすべて正しい。

問 3　［難易度 😊😐😠］

貯蔵容器の充てん比について、誤っているものは次のうちどれか。

(1)　貯蔵容器の内容積〔L〕を消火剤等の充てん量〔kg〕で除したものが充てん比である。

(2)　二酸化炭素を使用する起動用ガス容器の充てん比は、1.5以下であること。

(3)　ハロン1301を消火剤とする貯蔵容器の充てん比は、0.9以上1.6以下であること。

(4)　第2種粉末を消火剤とする貯蔵容器の充てん比は、1.05以上1.75以下であること。

解説

(2) 二酸化炭素を使用する起動用ガス容器の充てん比は、1.5 以上であること。

(1) (3) (4) 正しい。

解答　問1－(2)　　問2－(1)　　問3－(2)

問 4 ［難易度 😊😐😠］

貯蔵容器に関する記述で、正しいものは次のうちどれか。

(1)　二酸化炭素（低圧式）の場合、充てん比は 1.5 以上 1.9 以下である。

(2)　二酸化炭素（高圧式）の貯蔵容器の外面塗装色は、ねずみ色である。

(3)　容器の表面に打刻を要するとされている項目の中に消火剤を含む総質量がある。

(4)　ハロン 1301 を貯蔵する蓄圧式の容器の内圧は 2.5 MPa 又は 4.2 MPa である。

解説

(1) 二酸化炭素（低圧式）の場合、充てん比は **1.1 以上 1.4 以下**です。

(2) 二酸化炭素（高圧式）の貯蔵容器の外面塗装色は、緑色です。

(3) 総質量を刻印するような規定はありません。附属品を含まない容器の質量を刻印しなければなりません。

(4) 正しい。

問 5 ［難易度 😊😐😠］

50 kg の HFC - 23 を内容積 68 L の貯蔵容器に充てんした場合の充てん比はいくつか。

(1)　1.2　　(2)　1.25　　(3)　1.36　　(4)　1.5

解説

充てん比は

$$68\ \mathrm{L} \div 50\ \mathrm{kg} = 1.36\ \mathrm{L/kg}$$

と計算されます。

問 6 ［難易度 😊😐😠］

内容積が 68 L のハロン 1301 の貯蔵容器がある。充てんできる消火剤量として、正しいものは次のうちどれか。

ア　40 kg　　イ　50 kg　　ウ　60 kg　　エ　70 kg　　オ　90 kg

(1)　アとイ

(2)　アとウとオ

(3)　イとウとエ

(4)　エとオ

解説

アの充てん比を計算すると　68 L ÷ 40 kg = 1.7、オは同様に　68 L ÷ 90 kg = 0.76 となり、ハロン 1301 の充てん比の範囲である 0.9 以上 1.6 以下から外れてしまいます。

イ、ウ、エのハロン 1301 であれば内容積が 68 L の容器に充てんできます。

表 2 の充てん比を正確に覚えておかないと、実技試験（製図試験）でまったく手が付けられなくなるような問題が出題されています。

解答　問 4 －(4)　　問 5 －(3)　　問 6 －(3)

マメ知識 ➡➡➡ ガス系消火剤の生い立ち（その1）

ガス系消火設備に使用される消火剤は当初、「不燃性ガス」「蒸発性液体（ハロン2402）」及び「粉末」でしたが、1971年（昭和46年）頃から消火効果に優れ人体にも安全であるハロン1301等のハロゲン化物消火設備が特例で使用され始め、1974年（昭和49年）に法令化され、急速に普及しました。

●二酸化消火設備

ガス系消火剤の中で歴史あるものに「二酸化炭素」があります。炭酸ガス消火装置（現在の、二酸化炭素消火設備）が使用されたのは、米国ペンシルベニア州のベル電話会社が電話設備の消火用に採用したのが始まりといわれています。電話の普及に伴い分電盤がしばしばスパークしたため1914年に炭酸ガス消火装置を備え付けたそうです。1914年といえば第一次世界大戦が勃発した年。日本では桜島が1月に噴火、2月には流れ出た溶岩によって大隅半島とつながりました。大正3年のことです。

その後、日本では1960年（昭和35年）に消防法の改正があり、さらに翌1961年（昭和36年）には消防法施行令、同施行規則が公布されました。炭酸ガス消火装置は「不燃性ガス消火設備」という名称でこのとき法令化されました。1961年5月、「酒に酔つて公衆に迷惑をかける行為の防止等に関する法律」（通称、「酔っ払い防止法」）が成立しています。この年、東急バス（株）が日本で初めてワンマンカーの運転を開始しています。

ところで、居酒屋の厨房を覗くとビールサーバーの近くに緑色のボンベを発見できます。この中身も二酸化炭素であり、生ビールを美味くしてくれています。“ハイボール”も同様に二酸化炭素の恩恵です。

レッスン 5-16 選択弁・配管

(1) 選択弁

防護区画又は防護対象物が**2以上ある場合**に、貯蔵容器を共用する方法として選択弁を使用します。複数の防護区画を防護する場合は、それぞれの防護区画に対して必要となる消火剤のうち最大量以上の量を設置すればよく、選択弁を設置することにより放出する防護区画を選択します。したがって、防護区画が一つの場合は選択弁を必要としません。

選択弁は**防護区画以外の場所に設ける**こととされており、選択弁である旨やどの防護区画又は防護対象物の選択弁であるかの表示をすることとされています。

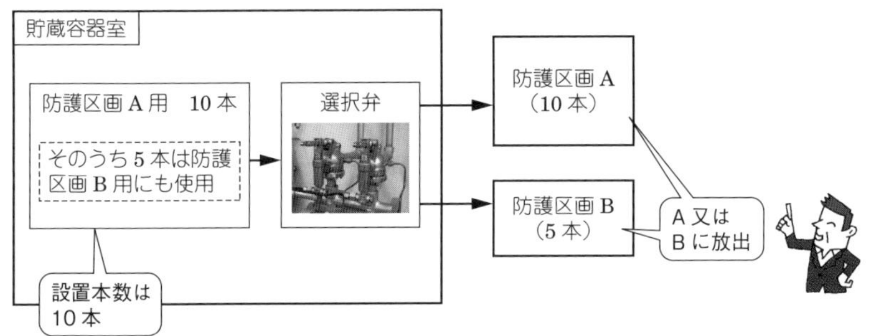

● 図1 選択弁による考え方の例 ●

(2) 配　管

配管は専用とし、落差（配管の最高位置と最低位置の垂直距離）が**50 m以下**となるように設けます。

選択弁又は開閉弁を設ける場合は、貯蔵容器と選択弁などの間の配管に、配管の**安全装置**又は破壊板を設けます。

そのほか、粉末消火設備の配管において貯蔵タンク等から配管の屈曲部までの距離は、管径の**20倍以上**とすることとされています。これは粉末消火剤と加圧用ガス又は蓄圧用ガスが分離したり粉末消火剤が配管内に残留しないようにするためです。

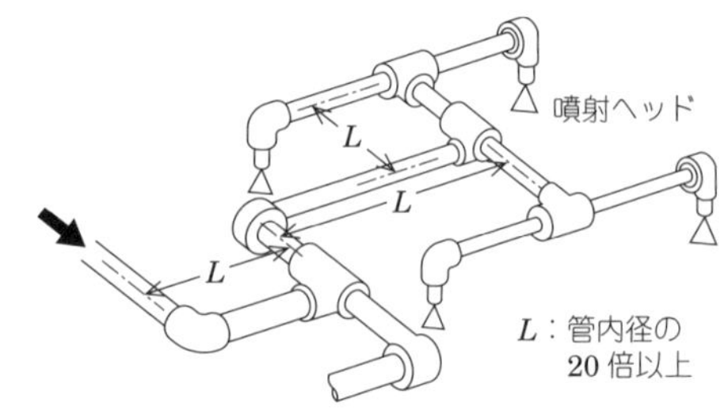

● 図2 粉末消火設備の配管の分岐方法 ●

よく出る問題

問 1　［難易度 😊😐😟］

不活性ガス消火設備等の選択弁の記述について、誤っているものはいくつあるか。

ア　選択弁は、消防庁長官が定める基準に適合するものであること。

イ　選択弁には選択弁である旨及びいずれの防護区画又は防護対象物の選択弁であるかを表示すること。

ウ　防護区画又は防護対象物が2以上あり貯蔵容器を共用するときは、防護区画又は防護対象物ごとに選択弁を設けること。

エ　選択弁は、防護区画以外の場所に設けること。

(1)　誤りはない　(2)　一つある　(3)　二つある　(4)　三つある

解説　ア〜エの記述は、選択弁の設置基準どおりの内容であり、誤りはありません。

問 2　［難易度 😊😐😟］

二酸化炭素を放射する不活性ガス消火設備の配管に関する記述で、誤っているものは次のうちどれか。

(1)　貯蔵容器から噴射ヘッドまでの間に選択弁等を設けるものには、貯蔵容器と選択弁等の間に、消防庁長官が定める基準に適合する安全装置又は破壊板を設けること。

(2)　配管の最も低い位置にある部分から最も高い位置にある部分までの垂直距離を落差という。

(3)　配管は、性能が確認されているものにあっては他の設備と兼用することができる。

(4)　鋼管を用いる配管は、日本産業規格G3454のSTPG370のうち、高圧式のものにあっては呼び厚さでスケジュール80以上のもの又はこれと同等以上の強度をとすること。

解説　(3) **配管は専用**とすることとされています。
(1) (2) (4) 正しい。

問 3　［難易度 😊😐😟］

粉末消火設備の配管に関する記述で、誤っているものは次のうちどれか。

(1)　落差は、50 m以上であること。

(2)　同時放射する噴射ヘッドの放射圧力が均一となるように設けること。

(3)　貯蔵タンク等から配管の屈曲部までの距離は、管径の20倍以上とすること。

(4)　バルブ類は、消火剤を放射した場合において、著しく消火剤と加圧用又は蓄圧用ガスが分離し、又は消火剤が残留するおそれのない構造であること。

解説　(1) 配管の落差は、**50 m以下**であることとされています。
(2)〜(4) 正しい。

解答　問1－(1)　問2－(3)　問3－(1)

レッスン 5-17 噴射ヘッド

重要度

● 図1　噴射ヘッドの例（1）●

● 図2　噴射ヘッドの例（2）●

噴射ヘッドについては、次のような規定があります。

- 全域放出方式の噴射ヘッドは、放射された消火剤が防護区画の全域に均一に、かつ、速やかに拡散することができるように設けること。
- 局所放出方式の噴射ヘッドは、防護対象物のすべての表面がいずれかの噴射ヘッドの有効射程内にあるように設け、消火剤の放射によって可燃物が飛び散らない箇所に設けること。
- ハロン 2402 及び FK-5-1-12 を放射する噴射ヘッドは、消火剤を**霧状**に**放射**するものであること。

噴射ヘッドの放射圧力及び消火剤の放射時間は表1のとおりです。**重要!**

● 表1　噴射ヘッドの放射圧力と放射時間（全域放出方式）●

<table>
<tr><th colspan="3">消火剤の種別</th><th>放射圧力</th><th colspan="2">放射時間</th></tr>
<tr><td rowspan="6">不活性ガス消火設備</td><td rowspan="3">二酸化炭素</td><td rowspan="2">高圧式</td><td rowspan="2">1.4 MPa 以上</td><td>通信機器室</td><td>3.5 分以内</td></tr>
<tr><td>指定可燃物を貯蔵し、又は取り扱う防火対象物又はその部分</td><td>7 分以内</td></tr>
<tr><td>低圧式</td><td>0.9 MPa 以上</td><td>その他の防火対象物又はその部分</td><td>1 分以内</td></tr>
<tr><td colspan="2">窒素</td><td rowspan="3">1.9 MPa 以上</td><td rowspan="3">必要消火剤量の 10 分の 9 以上の量</td><td rowspan="3">1 分以内</td></tr>
<tr><td colspan="2">IG-55</td></tr>
<tr><td colspan="2">IG-541</td></tr>
<tr><td rowspan="6">ハロゲン化物消火設備</td><td colspan="2">ハロン 2402</td><td>0.1 MPa 以上</td><td colspan="2" rowspan="3">30 秒以内</td></tr>
<tr><td colspan="2">ハロン 1211</td><td>0.2MPa 以上</td></tr>
<tr><td colspan="2">ハロン 1301</td><td rowspan="2">0.9 MPa 以上</td></tr>
<tr><td colspan="2">HFC-23</td><td colspan="2" rowspan="3">10 秒以内</td></tr>
<tr><td colspan="2">HFC-227ea</td><td rowspan="2">0.3MPa 以上</td></tr>
<tr><td colspan="2">FK-5-1-12</td></tr>
<tr><td colspan="3">粉末消火設備</td><td>0.1 MPa 以上</td><td colspan="2">30 秒以内</td></tr>
</table>

表２　放射時間（局所放出方式）

消火設備の種類	放射時間
不活性ガス消火設備（二酸化炭素）	30秒以内
ハロゲン化物消火設備 （ハロン2402、ハロン1211、ハロン1301）	
粉末消火設備	

よく出る問題

問 1　［難易度 😊😐😣］

全域放出方式の不活性ガス消火設備等に用いる各消火剤の放射時間に関し、誤っているものは次のうちどれか。

	消火剤	放射時間
(1)	第３種粉末	30秒以内
(2)	窒素	必要消火剤量の10分の9以上の量を1分以内
(3)	IG-541	30秒以内
(4)	HFC-227ea	10秒以内

(3) IG-541の場合、必要消火剤の量の10分の9以上の量を1分以内に放射できるものであることとされています。

(1) 粉末消火設備は、消火剤の種別に関係なく30秒以内です。

(2) (4) 正しい。

問 2　［難易度 😊😐😣］

不活性ガス消火設備等の噴射ヘッドに関する記述で、誤っているものは次のうちどれか。

(1)　二酸化炭素を放射する不活性ガス消火設備のうち高圧式の場合、噴射ヘッドの放射圧力は1.4 MPa以上であること。

(2)　全域放出方式では、防護対象物のすべての表面がいずれかの噴射ヘッドの有効射程内にあるように設けること。

(3)　全域放出方式では、放射された消火剤が防護区画の全域に均一に、かつ、速やかに拡散することができるように設けること。

(4)　局所放出方式では、消火剤の放射によって可燃物が飛び散らない箇所に設けること。

(2) 局所放出方式では、防護対象物のすべての表面がいずれかの噴射ヘッドの有効射程内にあるように設けることとされています。

(1) (3) (4)　正しい。

解答 問1－(3)　　問2－(2)

これは覚えておこう！

レッスン 5-15 ～ 5-17 の重要事項のまとめ

① **貯蔵容器**：温度 40℃以下で温度変化が少なく、直射日光及び雨水のかかるおそれの少ない場所であり、火災の際に延焼のおそれのない、防護区画以外の場所に設置する。

② **低圧式**：二酸化炭素を放射する不活性ガス消火設備のうち低圧式においては、消火剤を－18℃以下－20℃以上に保つ自動冷凍装置を設け、**2.3 MPa** 以上の圧力及び **1.9 MPa** 以下の圧力で作動する圧力警報装置を設ける。

③ **容器の表示（刻印）**：主なものを以下に示す。

a）**内容積**（記号：V、単位：L）

b）付属品を含まない容器の**質量**（記号：W、単位：kg）

c）高圧ガスの**名称、略号又は分子式**

d）**容器検査に合格した年月**

e）**耐圧試験圧力**（記号：TP、単位：MPa）

④ **容器外面の塗装色**：容器の表面積の 1/2 以上について

a）液化炭酸ガス（**二酸化炭素**）：緑色

b）その他（**窒素、ハロン等**）：ねずみ色

⑤ **充てん比**：貯蔵容器の内容積〔L〕と消火剤等の充てん量〔kg〕の比（＝〔L/kg〕）

⑥ **選択弁**：防護区画又は防護対象物が 2 以上ある場合に、貯蔵容器を共用する方法として選択弁を使用する。

⑦ **配管**：配管は専用とし、落差（配管の最高位置と最低位置の垂直距離）が **50 m 以下**。粉末消火設備の配管において貯蔵タンク等から配管の屈曲部までの距離は、**管径の 20 倍以上**。

⑧ **噴射ヘッドの放射圧力と消火剤の放射時間**：

a）全域放出方式

<table>
<tr><th colspan="3">消火剤の種別</th><th>放射圧力</th><th colspan="2">放射時間</th></tr>
<tr><td rowspan="7">不活性ガス消火設備</td><td rowspan="4">二酸化炭素</td><td rowspan="2">高圧式</td><td rowspan="2">1.4 MPa 以上</td><td>通信機器室</td><td>3.5 分以内</td></tr>
<tr><td rowspan="2">指定可燃物を貯蔵し、又は取り扱う防火対象物又はその部分</td><td rowspan="2">7 分以内</td></tr>
<tr><td rowspan="2">低圧式</td><td rowspan="2">0.9 MPa 以上</td></tr>
<tr><td>その他の防火対象物又はその部分</td><td>1 分以内</td></tr>
<tr><td colspan="2">窒素</td><td rowspan="3">1.9 MPa 以上</td><td rowspan="3">必要消火剤量の 10 分の 9 以上の量</td><td rowspan="3">1 分以内</td></tr>
<tr><td colspan="2">IG-55</td></tr>
<tr><td colspan="2">IG-541</td></tr>
</table>

これは覚えておこう！

<table>
<tr><th colspan="2">消火剤の種別</th><th>放射圧力</th><th>放射時間</th></tr>
<tr><td rowspan="6">ハロゲン化物消火設備</td><td>ハロン 2402</td><td>0.1 MPa 以上</td><td rowspan="3">30 秒以内</td></tr>
<tr><td>ハロン 1211</td><td>0.2MPa 以上</td></tr>
<tr><td>ハロン 1301</td><td rowspan="2">0.9 MPa 以上</td></tr>
<tr><td>HFC - 23</td><td rowspan="3">10 秒以内</td></tr>
<tr><td>HFC - 227ea</td><td rowspan="2">0.3MPa 以上</td></tr>
<tr><td>FK - 5 - 1 - 12</td></tr>
<tr><td colspan="2">粉末消火設備</td><td>0.1 MPa 以上</td><td>30 秒以内</td></tr>
</table>

b）局所放出方式

<table>
<tr><th>消火設備の種類</th><th>放射時間</th></tr>
<tr><td>不活性ガス消火設備（二酸化炭素）</td><td rowspan="3">30 秒以内</td></tr>
<tr><td>ハロゲン化物消火設備
（ハロン 2402、ハロン 1211、ハロン 1301）</td></tr>
<tr><td>粉末消火設備</td></tr>
</table>

Note

レッスン 6 構造・機能及び工事・整備（電気）

レッスン 6 では、不活性ガス消火設備、ハロゲン化物消火設備、粉末消火設備のそれぞれ「構造・機能及び工事・整備の方法」のうち「電気に関する部分」について学びます。

甲種（3 類）で 6 問、乙種（3 類）では 4 問出題されます。

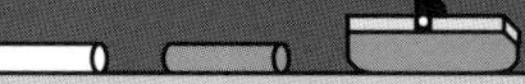

- 6 - 1「**絶縁抵抗と接地工事**」では、絶縁抵抗の測定原理、測定方法及び接地工事を解説してあります。この分野は、きわめて出題頻度が高いので要注意です。
- 6 - 2「**起動装置**」では、操作箱と呼ばれる手動起動装置や自動式の起動装置について、求められるいくつかの条件を学びます。
- 6 - 3「**音響警報装置**」では、それを構成する部分すなわち音声警報装置、音声装置、音響装置のそれぞれを明確に整理して理解する必要があります。
- 6 - 4「**非常電源**」では、保有距離が出題される傾向にあります。不活性ガス消火設備等に用いることができる非常電源が何であるか、またそれらの構造に求められる要件を覚えておきましょう。
- 6 - 5「**配線**」では、各機器間の配線種別の整理が重要です。実技試験で出題されることもあります。

レッスン 6-1 絶縁抵抗と接地工事

重要度

絶縁抵抗値とは、電気機器が漏電しやすい状態にあるか否かを判定するときに用いられ、その指標となるのが電気機器から漏れ出す漏えい電流の大小です。漏えい電流が大きいということは機器の絶縁抵抗値が低いことを意味します。したがって、絶縁抵抗値は数値が高いほど安全性が高いのです。測定器として、**絶縁抵抗計**（**メガー**）を用います。

(1) 絶縁抵抗値測定の原理と測定方法 重要！

電源をOFFにした電気回路に電圧（直流250 V以上）を印加して、強制的に漏れ電流を発生させ、その程度を**絶縁抵抗値**として表す測定器です。抵抗値と漏れ電流の関係は、オームの法則により逆比例しますから、その漏れ電流を絶縁抵抗値に置き換えたものが絶縁抵抗計です。測定は、測定ピン（L端子）を電路にあて、接地部のクリップ（E端子）を接地極につながる分電箱へ挟み込み測定します。

測定には図1、図2の方法があります。

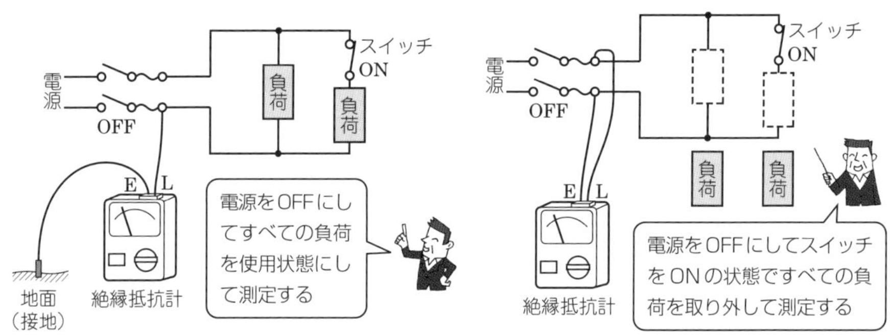

● 図1　電路と大地間の絶縁測定 ●

● 図2　電線間の絶縁測定 ●

(2) 接地工事 重要！

接地工事には、電圧区分により、A種接地工事（高電圧電路用）、B種接地工事（変圧器の中性点接地用）、C種接地工事（400 V電路用）、D種接地工事（200 V、100 V電路用）の4種類があります。3類関係では**D種**（**100 Ω以下**）と覚えておきましょう。

高電圧（交流）とは600 V超7000 V以下、低電圧は600 V以下をいいます。

● 表1　接地工事の基準 ●

接地工事	接地抵抗値	接地線直径	接地工事	接地抵抗値	接地線直径
A種	10 Ω以下	2.6 mm以上	C種	10 Ω以下	1.6 mm以上
B種	（注）	4.0 mm以上	**D種**	**100 Ω以下**	**1.6 mm以上**

注）B種接地抵抗値は「一線地絡電流」で定まり、150/地絡電流以下。

よく出る問題

問 1　［難易度 😊😐😞］

電路と大地間の絶縁測定に関して、正しいものは次のうちどれか。

(1)　電源を OFF にする。
(2)　系統のスイッチはすべて OFF とする。
(3)　電気設備に接続されているコンセント類はすべて抜いておく。
(4)　電球類はすべて取り外す。

解説

(1) 正しい。
(2) (3) (4) 誤り。電源を OFF にするほかは、通常の使用状態において測定します。

問 2　［難易度 😊😐😞］

電線間の絶縁測定に関して、誤っているものは次のうちどれか。

(1)　電源を OFF にする。
(2)　系統のスイッチ類はすべて ON とする。
(3)　電気設備に接続されているコンセント類はすべて抜いておく。
(4)　電球類はすべて取り付けておく。

(1) (2) (3) は正しい。
(4) 誤り。電気設備に接続されているコンセント類と、電球類はすべて取り外した状態で行います。ここが、電路と大地間の測定と異なる部分です。

問 3　［難易度 😊😐😞］

接地工事に関して、適切でないものは次のうちどれか。

(1)　A 種接地は、接地抵抗値が 10 Ω 以下で、接地線の太さが ϕ2.6 mm 以上とする。
(2)　B 種接地は、原則として、変圧器の高圧側又は特別高圧側の電路の 1 線地絡電流のアンペア数で 150 を除した値以下とする。
(3)　C 種接地は、接地抵抗値が 10 Ω 以下で、漏電遮断器等の設置により、0.5 秒以内に地絡を生じた電流を遮断できれば 500 Ω 以下とすることができる。
(4)　D 種接地は、接地抵抗値が 150 Ω 以下で、漏電遮断器等の設置により、0.5 秒以内に地絡を生じた電流を遮断できれば 700 Ω 以下とすることができる。

D 種接地は、接地抵抗値が 100 Ω 以下で、漏電遮断器等の設置により、0.5 秒以内に地絡を生じた電流を遮断できれば 500 Ω 以下とすることができます。
(1) (2) (3) 正しい。

解答　問 1 －(1)　　問 2 －(4)　　問 3 －(4)

レッスン 6-2

起動装置

重要度 ///

起動装置とは、設備を作動させるためのもので**手動式の起動装置**と**自動式の起動装置**があります。

二酸化炭素、ハロン2402、ハロン1211、ハロン1301又は粉末の各消火設備は手動式とすること。ただし、常時人のいない防火対象物その他手動式によることが不適当な場所に設けるものにあっては、自動式とすることができるとされています。一方、窒素、IG‐55、IG‐541、HFC‐23、HFC‐227ea又はFK‐5‐1‐12の各消火設備は、自動式とすることとされています。

● **図1　手動起動装置（操作箱）の例** ●

● **図2　感知器の例** ●

(1) 手動式の起動装置

手動起動装置は、通常「**操作箱**」と呼ばれ、その基準は次のとおりです。

- ●防護区画外でその防護区画内を見通すことができ、かつ、防護区画の入口付近等操作をした者が容易に退避できる箇所に設けること。
- ●それぞれの**防護区画**又は**防護対象物**ごとに設けること。
- ●操作部は、床面からの高さが**0.8 m以上1.5 m以下**の箇所に設けること。重要!
- ●外面は、**赤色**とすること。
- ●電気を使用する起動装置には**電源表示灯**を設けること。
- ●起動装置の放出用スイッチ、引き栓などは、**音響警報装置を起動する操作を行った後でなければ操作できない**ものとし、かつ、起動装置に**有機ガラスなどによる有効な防護措置**が施されていること。重要!
- ●起動装置にはその直近の見やすい箇所に不活性ガス消火設備等の起動装置である旨及び消火剤の種別を表示すること。さらに、起動装置又はその直近の箇所には、防護区画の名称、取扱い方法、保安上の注意事項などを表示すること。

(2) 自動式の起動装置

自動式の起動装置の基準は次のとおりです。

●**自動火災報知設備の感知器の作動と連動して起動するものであること。**
全域放出方式の不活性ガス消火設備（二酸化炭素を放射するものに限る。）に設ける起動装置は、**2以上の火災信号により起動するものであること。**

●起動装置には次のとおり自動手動切替え装置を設けること。
ア　容易に操作できる箇所に設けること。
イ　自動及び手動を表示する表示灯を設けること。
ウ　自動手動の切替えはかぎなどによらなければ行えない構造とすること。重要！

●窒素、IG - 55、IG - 541、HFC - 23、HFC - 227ea 又は FK - 5 - 1 - 12 の各消火設備の場合は、起動装置の放出用スイッチ、引き栓などの作動により直ちに貯蔵容器の容器弁又は放出弁を開放するものであること。

問 1　［難易度 😊😐😞］

不活性ガス消火設備等の起動装置について、誤っているものは次のうちどれか。

(1)　二酸化炭素を放射する不活性ガス消火設備にあっては、手動式とすること。
(2)　窒素を放射する不活性ガス消火設備にあっては、手動式とすること。
(3)　ハロン 1301 を放射するハロゲン化物消火設備にあっては、手動式とすること。
(4)　粉末消火設備にあっては、手動式とすること。

解説　(2) 窒素を放射する不活性ガス消火設備にあっては、**自動式**とすること。
(1) (3) (4) 正しい。

問 2　［難易度 😊😐😞］

不活性ガス消火設備の手動式の起動装置について、誤っているものは次のうちどれか。

(1)　起動装置は、1の防護区画又は防護対象物ごとに設けること。
(2)　起動装置の底部は、床面からの高さが 0.8 m 以上 1.5 m 以下の箇所に設けること。
(3)　起動装置の外面は、赤色とすること。
(4)　電気を使用する起動装置には電源表示灯を設けること。

解説　(2) 起動装置の**操作部**は、床面からの高さが 0.8 m 以上 1.5 m 以下の箇所に設けること。
(1) (3) (4) 正しい。

解答　問 1 − (2)　　問 2 − (2)

レッスン 6-3

音響警報装置

重要度

(1) 音響警報装置の機能等

音響警報装置の機能等は、次のとおり定められています。

- 手動又は自動による起動装置の操作又は作動と連動して**自動的に警報を発する**ものであり、かつ、**消火剤放射前に遮断されないもの**であること。重要！
- 音響警報装置は、防護区画又は防護対象物にいるすべての者に消火剤が放射される旨を**有効に報知**できるように設けること。
- 全域放出方式のものに設ける音響警報装置は、**音声による警報装置**とすること。
  ただし、常時人のいない防火対象物（二酸化炭素を放射する不活性ガス消火設備のうち、自動式の起動装置を設けたものを設置したものを除く。）にあっては、この限りでない。また、全域放出方式のハロン 1301 消火設備は、音声による警報装置としないことができる。
  いい換えれば、全域放出方式の警報は「音声」でなければなりませんが、常に無人の防護区画である場合は音声でなくてもよいことになっています。しかし、二酸化炭素消火設備は常時無人か否かに関係なく自動式の場合「音声」でなければなりません。一方、全域放出方式のハロン 1301 消火設備の警報は音声でなくてもよいとされています。
- 音響警報装置は、消防庁長官が定める基準に適合するものであること。

● 図1　スピーカーの例 ●

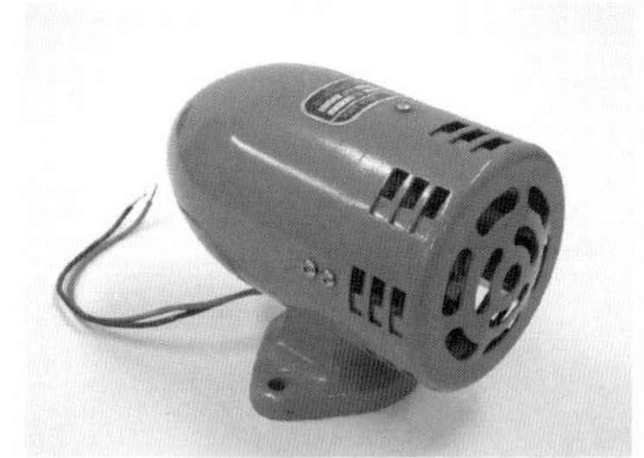

● 図2　モーターサイレンの例 ●

(2) 遅延装置 重要！

全域放出方式の二酸化炭素を放射する不活性ガス消火設備等には、起動装置の放出用スイッチ、引き栓等の作動から貯蔵容器の容器弁又は放出弁の開放までの時間が**20 秒以上**となる**遅延装置**を設けること。また、起動装置には、消火剤の放射を停止する旨の信号を制御盤へ発信するための**緊急停止装置**を設けることとされています。

表１　消火剤の種別と遅延装置

消火剤の種別（全域放出方式）	遅延装置
・二酸化炭素 ・ハロン 2402、ハロン 1211、ハロン 1301（※） ・粉末	**20 秒以上となる遅延装置**を設ける。 ※　ハロン 1301 については、遅延装置を設けなくてもよいとされている。
窒素、IG－55、IG－541、HFC－23、HFC－227ea、FK－5－1－12	**遅延装置を設けない**ものとする。

二つのグループに分かれていることに注意

よく出る問題

問 1　［難易度 😊😐😟］

不活性ガス消火設備等の音響警報装置の機能等に関する記述で、誤っているものは次のうちどれか。

(1)　消防庁長官が定める基準に適合するものであること。
(2)　防護区画又は防護対象物にいるすべての者に消火剤が放射される旨を有効に報知できるように設けること。
(3)　手動又は自動による起動装置の操作又は作動と連動して自動的に警報を発するものであり、かつ、消火剤放射後に遮断されないものであること。
(4)　全域放出方式のものに設ける音響警報装置は、音声による警報装置とすること。

解説　(3) 手動又は自動による起動装置の操作又は作動と連動して自動的に警報を発するものであり、かつ、**消火剤放射前**に遮断されないものであることとされています。
(1) (2) (4) 正しい。

問 2　［難易度 😊😐😟］

起動装置の放出用スイッチ等の作動から貯蔵容器の容器弁又は放出弁の開放までの時間が20 秒以上となる遅延装置を設けるとされている消火剤で、法令上、該当しないものは次のうちどれか。

(1)　二酸化炭素　　(2)　窒素　　(3)　ハロン 2402　　(4)　粉末

解説　窒素、IG－55、IG－541、HFC－23、HFC－227ea、FK－5－1－12 は遅延装置を設けないこととされています。

解答　問１－(3)　　問２－(2)

レッスン 6-4

非常電源

全域放出方式又は局所放出方式の不活性ガス消火設備、ハロゲン化物消火設備又は粉末消火設備には**非常電源を附置**しなければなりません。非常電源は、**自家発電設備**、**蓄電池設備又は燃料電池設備**によるものとし、「**非常電源専用受電設備**」は認められていないので注意を要します。重要!

(1) 容　量

非常電源の容量は、不活性ガス消火設備等を有効に**1時間作動できる容量以上**とすることとされています。重要!

(2) 設置方法

① 自家発電設備

●キュービクル式以外の自家発電設備の場合、表1に示す保有距離を確保すること。

● 表1　自家発電設備の保有距離 ●

保有距離を確保する部分		保有距離
自家発電装置（※1）	周囲	**0.6 m 以上**
燃料タンクと原動機との間隔（※2）	予熱する方式の原動機	**2 m 以上**
	その他の方式の原動機	**0.6 m 以上**
操作盤	前面	**1 m 以上**

※1　発電機と原動機とを連結したもの
※2　燃料タンクと原動機との間に不燃材料でつくった防火上有効な遮へい物を設けた場合を除く

② 蓄電池設備

●キュービクル式以外の蓄電池設備の場合、表2に示す保有距離を確保すること。また蓄電池設備は、水が浸入し又は浸透するおそれのない場所に設け、蓄電池設備を設置する部屋には屋外に通じる換気設備を設けること。

● 表2　蓄電池設備の保有距離 ●

保有距離を確保する部分		保有距離
蓄電池設備	壁との間隔	**0.1 m 以上**
	2台以上設置する場合の相互間	**0.6 m 以上**（※）
充電装置と蓄電池を収納した箱	前面	**1 m 以上**

※　架台等を設けることによりそれらの高さが1.6 m を超える場合は1.0 m 以上

よく出る問題

問 1　［難易度 😊😐😞］

不活性ガス消火設備、ハロゲン化物消火設備又は粉末消火設備の非常電源に関して、正しいものは次のうちどれか。

(1)　不活性ガス消火設備等を有効に1時間作動できる容量以上とすること。
(2)　非常電源専用受電設備、自家発電設備、蓄電池設備又は燃料電池設備とすること。
(3)　局所放出方式の不活性ガス消火設備等には、非常電源を要しない。
(4)　非常電源には地震による震動等に耐えるための有効な措置を講じることを要しない。

解説

(1) 正しい。
(2) 不活性ガス消火設備等には**非常電源専用受電設備**が認められていません。
(3) **局所放出方式**にも非常電源を附置しなければなりません。
(4) 非常電源には**地震による震動などに耐えるための有効な措置**を講じることとされています。

問 2　［難易度 😊😐😞］

キュービクル式以外の蓄電池設備について、法令上、誤っているものは次のうちどれか。

(1)　蓄電池設備は、設置する室の壁から0.1 m以上離れているものであること。
(2)　蓄電池設備を同一の室に二以上設ける場合には、蓄電池設備の相互の間は、0.6 m（架台等を設けることによりそれらの高さが1.6 mを超える場合にあっては、1.0 m）以上離れていること。
(3)　蓄電池設備は、水が浸入し、又は浸透するおそれのない場所に設けること。
(4)　充電装置と蓄電池とを同一の室に設ける場合は、充電装置を鋼製の箱に収納するとともに、当該箱の前面に0.1 m以上の幅の空地を有すること。

(4) が誤りで、正しくは「充電装置と蓄電池とを同一の室に設ける場合は、充電装置を鋼製の箱に収納するとともに、当該箱の前面に**1 m以上**の幅の空地を有すること。」です。

解答　問1－(1)　　問2－(4)

レッスン 6-5 配線

重要度

(1) 配線の種別

不活性ガス消火設備等の配線は、制御盤と非常電源の間、操作盤などと非常電源の間及び排出装置と非常電源の間は**耐火配線**、制御盤と自動起動装置としての火災感知器との間は**一般配線**、その他の部分の配線は**耐熱配線**とします。

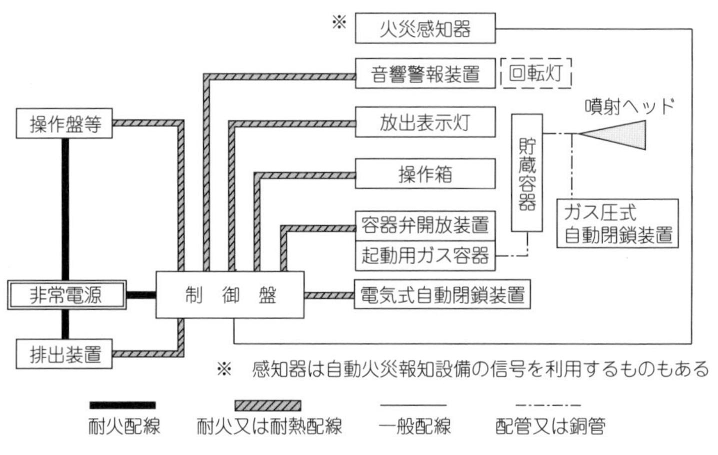

● **図1 配線の種別** ●

覚え方のテクニック

耐火配線はどこか、一般配線はどこか、それらを覚えておいて、あとは耐熱配線でよい

(2) 耐火・耐熱保護配線の工事方法

● **表1** ●

耐火・耐熱仕様の電線の例	工事方法
600 V 2 種ビニル絶縁電線	**【耐火配線】** 金属管、合成樹脂管などに左欄の電線を収め、**耐火造の壁、床などに埋設**する。**MI ケーブルは耐火電線**なので**埋設不要**、通常のケーブル工事による **【耐熱配線】** 金属管、可とう電線管、金属ダクトなどに左欄の電線を収める、又はケーブル工事。**合成樹脂管工事は不可**
架橋ポリエチレン絶縁電線	
四ふっ化エチレン絶縁電線	
アルミ外装ケーブル	
クロロプレン外装ケーブル	
シリコンゴム絶縁電線	
MI ケーブル（耐火ケーブル）	

よく出る問題

問 ［難易度 😊😐😣］

不活性ガス消火設備等の配線について、(1) ～ (4) に示す各記号が示す配線等の種類を答えよ。

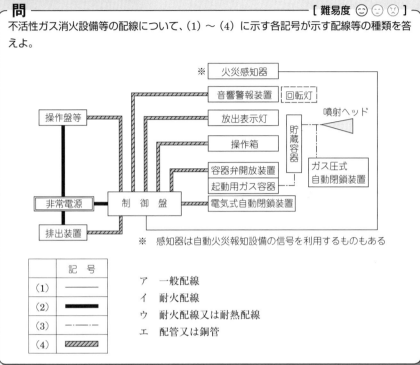

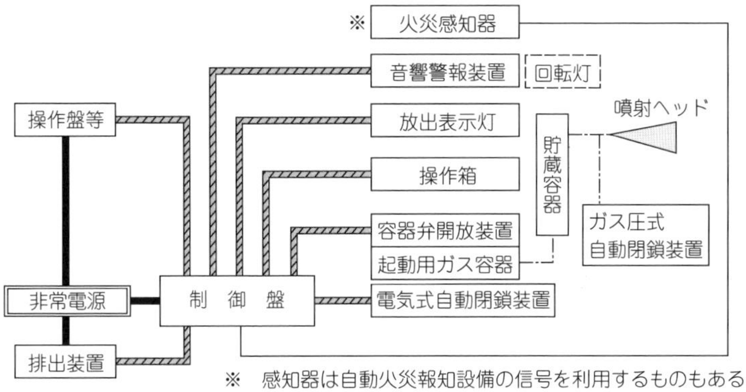

※ 火災感知器
音響警報装置
回転灯
操作盤等
放出表示灯
噴射ヘッド
貯蔵容器
操作箱
容器弁開放装置
ガス圧式自動閉鎖装置
起動用ガス容器
非常電源
制御盤
電気式自動閉鎖装置
排出装置

※　感知器は自動火災報知設備の信号を利用するものもある

	記　号
(1)	――――（細い実線）
(2)	━━━━（太い実線）
(3)	―・―・―（一点鎖線）
(4)	▨▨▨（斜線入りの線）

ア　一般配線
イ　耐火配線
ウ　耐火配線又は耐熱配線
エ　配管又は銅管

図１を参照のこと。またこの問題は実技試験（製図試験）で出題されることもあります。

解答 問－(1) ア　(2) イ　(3) エ　(4) ウ

これは覚えておこう！

レッスン6の重要事項のまとめ

① **絶縁抵抗計**：漏れ電流の程度を抵抗値に置き換えた測定器。

② **接地工事**：接地抵抗値 100 Ω 以下（D 種）。

③ **手動式の起動装置**：

a）防護区画又は防護対象物ごとに設けること。

b）操作部は、床面からの高さが **0.8 m 以上 1.5 m 以下**の箇所に設けること。

c）外面は、**赤色**とすること。

d）電気を使用する起動装置には**電源表示灯**を設けること。

e）起動装置の放出用スイッチ、引き栓などは、音響警報装置を起動する操作を行った後でなければ操作できないものとし、かつ、起動装置に**有機ガラスなどによる有効な防護措置**が施されていること。

④ **自動式の起動装置**：

a）自動火災報知設備の**感知器**の作動と連動して起動するものであること。

b）自動手動の切替えは、かぎなどによらなければ行えない構造とすること。

⑤ **音響警報装置**：手動又は自動による起動装置の操作又は作動と連動して自動的に警報を発するものであり、かつ、消火剤放射前に遮断されないもの。

a）**音響警報装置**：不活性ガス消火剤、ハロゲン化物消火剤又は粉末消火剤が放射される前に、防護区画又は防火対象物内にいる人に対し、消火剤が放射される旨を**音声**又は**音響**により知らせる装置をいう。

b）**音声警報装置**：音響警報装置のうち、**音声**による警報を発する装置で、音声装置及びスピーカーにより構成されるものをいう。

c）**音声装置**：スピーカーへ音声電気信号を送る装置で、**再生部**及び**増幅器**により構成されるものをいう。

d）**音響装置**：音響警報装置のうち、ベル、ブザー、モーター式サイレン、電子式サイレン、電子式ブザーなどの**音響**により警報を発する装置をいう。

⑥ **非常電源**：全域放出方式又は局所放出方式の不活性ガス消火設備、ハロゲン化物消火設備又は粉末消火設備には非常電源を附置する。非常電源は、**自家発電設備**、**蓄電池設備**又は**燃料電池設備**によるものとし、「非常電源専用受電設備」は認められていないので注意を要する。

⑦ **非常電源の容量**：不活性ガス消火設備等を有効に **1 時間作動できる容量**以上。

⑧ **配線の種別**：制御盤と非常電源の間、操作盤等と非常電源の間及び排出装置と非常電源の間は**耐火配線**、制御盤と自動起動装置としての火災感知器との間は**一般配線**、その他の部分の配線は**耐熱配線**。

レッスン 7 構造・機能及び工事・整備（規格）

レッスン 7 では、不活性ガス消火設備、ハロゲン化物消火設備、粉末消火設備のそれぞれ「構造・機能及び工事・整備の方法」のうち「規格に関する部分」について学びます。

甲種（3類）で4問、乙種（3類）では3問出題されます。

不活性ガス消火設備、ハロゲン化物消火設備、粉末消火設備を構成する機器のうち施行規則に「○○は、消防庁長官が定める基準に適合するものであること。」と規定されているものがあります。そこで、それぞれ対象となる機器の基準についてレッスンを進めます。

不活性ガス消火設備、ハロゲン化物消火設備、粉末消火設備を構成する機器のうち該当する基準は以下のとおりであり、それらを順に学んでいきましょう。

- 7 - 1「移動式の不活性ガス消火設備等のホース、ノズル、ノズル開閉弁及びホースリールの基準」
- 7 - 2「不活性ガス消火設備等の容器弁、安全装置及び破壊板の基準」
- 7 - 3「不活性ガス消火設備等の放出弁の基準」
- 7 - 4「不活性ガス消火設備等の選択弁の基準」
- 7 - 5「不活性ガス消火設備等の音響警報装置の基準」
- 7 - 6「不活性ガス消火設備等の噴射ヘッドの基準」
- 7 - 7「粉末消火設備の定圧作動装置の基準」
- 7 - 8「不活性ガス消火設備等の制御盤の基準」
- 7 - 9「不活性ガス消火設備の閉止弁の基準」
- 7 - 10「自家発電設備の基準」
- 7 - 11「蓄電池設備の基準」

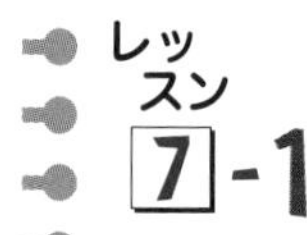

移動式の不活性ガス消火設備等のホース、ノズル、ノズル開閉弁及びホースリールの基準

移動式の不活性ガス消火設備等は、消火剤貯蔵容器、ホースリール、ホース、ノズル、ノズル開閉弁等から構成され、人がノズルをもって移動し消火するためのものです。

「移動式の不活性ガス消火設備等のホース、ノズル、ノズル開閉弁及びホースリールの基準」では、次のような項目が定められています。

第一　趣旨　　第二　構造、材質及び性能　　第三　耐圧試験

第四　気密試験　　第五　表示

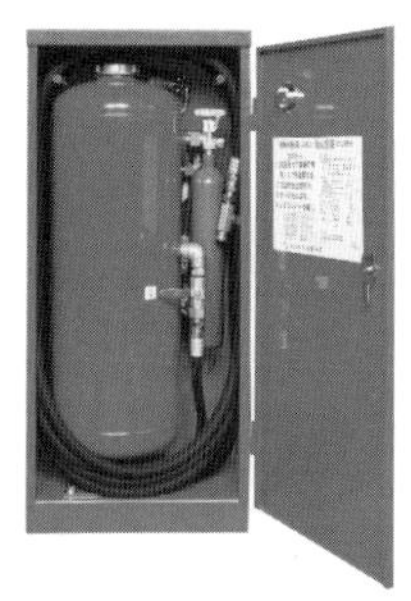

● 図1　移動式粉末消火設備の例 ●

「構造、材質及び性能」の項目で、表1に示した放射量以上の放射量で放射した場合、機能に異常を生じないものと規定されています（20℃において）。

● 表1　移動式消火設備の放射量 ●

消火設備の種類	消火剤の種別	放射量〔kg〕
不活性ガス消火設備	**二酸化炭素**	**60**
ハロゲン化物消火設備	ハロン2402	45
	ハロン1211	40
	ハロン1301	35
粉末消火設備	第一種粉末	45
	第二種粉末	27
	第三種粉末	**27**
	第四種粉末	18

よく出る問題

問 1　［難易度 😊😐😟］

移動式の不活性ガス消火設備等のホース、ノズル、ノズル開閉弁及びホースリールの基準のうち「構造、材質及び性能」について、消防庁告示上、誤っているものは次のうちどれか。

(1)　ホースの全長は、ノズル部分の長さを含めて 20 m 以上であること。

(2)　ホースの材質は、使用する消火剤に侵されないものであること。

(3)　ノズル開閉弁は、一動作で容易に、かつ、確実に開閉できるものであること。

(4)　ノズルの保持部分については、熱の不良導体で造り、又は断熱材で被覆すること。ただし、移動式のハロゲン化物消火設備でハロン 1301 を使用するもの及び移動式の粉末消火設備にあっては、この限りでない。

解説　(4) が誤りで、正しくは「ノズルの保持部分については、熱の不良導体で造り、又は断熱材で被覆すること。ただし、移動式のハロゲン化物消火設備で**ハロン 2402** を使用するもの及び移動式の粉末消火設備にあっては、この限りでない。」です。

(1) (2) (3) 正しい。

問 2　［難易度 😊😐😟］

移動式の不活性ガス消火設備等のホース、ノズル、ノズル開閉弁及びホースリールの基準のうち「耐圧試験」と「気密試験」について、消防庁告示上、正しい組合せは次のうちどれか。

耐圧試験：ホース、ノズル開閉弁及びホースリールは、組みたてられた状態で、最高使用圧力の 1.5 倍の水圧力を（ア）分間加えた場合において、各部分に異常を生じないものであること。

気密試験：ホース、ノズル開閉弁及びホースリールは、組みたてられた状態で、最高使用圧力の窒素ガス圧力又は空気圧を（イ）分間加えた場合において、各部分から漏れを生じないものでなければならない。

	ア	イ
(1)	1.5	1.5
(2)	1.5	2
(3)	2	1.5
(4)	2	2

解説　(4) の組合せが正しく、基準は次のとおりです。

耐圧試験：ホース、ノズル開閉弁及びホースリールは、組みたてられた状態で、**最高使用圧力の 1.5 倍の水圧力を 2 分間**加えた場合において、各部分に異常を生じないものであること。

気密試験：ホース、ノズル開閉弁及びホースリールは、組みたてられた状態で、**最高使用圧力の窒素ガス圧力又は空気圧を 2 分間**加えた場合において、各部分から漏れを生じないものでなければならない。

解答　問 1 －(4)　　問 2 －(4)

レッスン 7-2

不活性ガス消火設備等の容器弁、安全装置及び破壊板の基準

重要度

「容器弁」は、通常は閉鎖されており、火災時に**貯蔵容器内の消火剤を放出すること**ができるように設けられた弁です。

「不活性ガス消火設備等の容器弁、安全装置及び破壊板の基準」では、次のような項目が定められています。

第一　趣旨
第二　用語の意義
第三　容器弁
　一　構造、材質及び機能　二　耐圧試験　三　気密試験　四　衝撃試験
　五　振動試験　六　温度試験　七　等価管長
第四　安全装置　一　容器等の安全装置　二　配管の安全装置
第五　破壊板
第六　表示　一　容器弁　二　安全装置　三　破壊板

● 図1　容器弁の例 ●

マメ知識 ➡➡➡ 等価管長とは…

容器弁のほか、放出弁・選択弁や閉止弁の基準にも登場します。

これらの弁を流体が通るとき、摩擦損失（流れにくさ）が生じます。この**摩擦損失を配管の摩擦損失に置き換えたときのもの**が「等価管長」です。

容器弁の場合「水により測定した場合、その値が20m以下のものでなければならない。」と定められています。

よく出る問題

問 1　［難易度 😊😐😠］

不活性ガス消火設備等の容器弁、安全装置及び破壊板の基準のうち、「用語の意義」について、消防庁告示上、誤っているものは次のうちどれか。

(1)　容器等　　不活性ガス消火設備の貯蔵容器及び起動用ガス容器、ハロゲン化物消火設備の貯蔵容器等及び加圧用ガス容器並びに粉末消火設備の貯蔵容器等及び加圧用ガス容器をいう。

(2)　配管　　不活性ガス消火設備、ハロゲン化物消火設備及び粉末消火設備の選択弁と噴射ヘッドの間をいう。

(3)　常用圧力　　容器内部の温度を20℃（二酸化炭素を放射する不活性ガス消火設備のうち低圧式のものにあっては、－18℃）とした場合における内部圧力（圧力調整装置を設けるものにあっては、調整圧力）

(4)　最高使用圧力　　容器内部の温度を40℃とした場合における内部圧力（圧力調整装置を設けるものにあっては、調整圧力）（二酸化炭素を放射する不活性ガス消火設備のうち低圧式のものを除く。）

(2) が誤りで、正しくは「配管　　不活性ガス消火設備、ハロゲン化物消火設備及び粉末消火設備の**貯蔵容器等と選択弁等の間**をいう。」です。

(1) (3) (4) 正しい。

設問以外では「耐圧試験圧力　　容器等の耐圧試験に用いる圧力」が用語の意義の中で規定されています。

問 2　［難易度 😊😐😠］

不活性ガス消火設備等の容器弁、安全装置及び破壊板の基準のうち、「容器弁」の「構造、材質及び機能」について、消防庁告示上、誤っているものは次のうちどれか。

(1)　弁箱の外表面は、なめらかで、使用上支障のある腐食、割れ、きず又はしわがないものであること。

(2)　常時開放状態にあって、電気式、ガス圧式等の開放装置により閉止できるもの又は手動により容易に閉止できるものであること。

(3)　時間の経過による変質により機能に影響を及ぼさず、かつ、輸送等の振動に耐えるものであること。

(4)　ほこり又は湿気により機能に異常を生じないものであること。

解説

(2) が誤りで、正しくは「**常時閉止状態**にあって、電気式、ガス圧式等の**開放装置**により**開放**できるもの又は**手動により容易に開放**できるものであること。」です。

(1) (3) (4) 正しい。

設問以外に弁箱の性質の規定があります。

解答　問１－(2)　　問２－(2)

レッスン 7-3 不活性ガス消火設備等の放出弁の基準

重要度

低圧式貯蔵容器（二酸化炭素）、加圧式の貯蔵容器（ハロン 2402 や粉末消火剤）には、放出弁を設けなければならないとされています。

「不活性ガス消火設備等の放出弁の基準」では、次のような項目が定められています。

第一　趣旨　　第二　構造及び機能　　第三　材質
第四　耐圧試験　　第五　気密試験　　第六　作動試験
第七　等価管長　　第八　表示

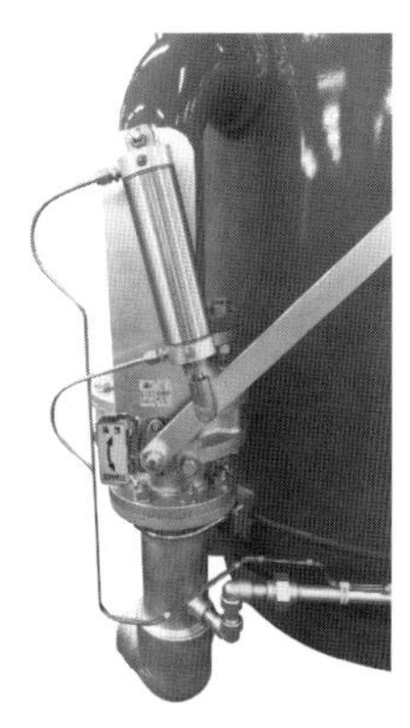

図 1　放出弁の例

よく出る問題

問 1　[難易度]

不活性ガス消火設備等の放出弁の基準のうち「構造及び機能」について、消防庁告示上、誤っているものは次のうちどれか。

(1)　常時閉止状態にあって、電気式、ガス圧式等の開放装置により開放できるもので、かつ、手動によっても容易に開放できるもの（開放装置を手動により操作するものを含む。）であること。

(2)　手動により操作する部分（開放装置を操作する部分を含む。）には、操作の方向又は開閉位置を表示すること。

(3)　粉末消火設備に用いるものにあっては、仕切弁又は玉形弁その他これらに類するものであること。

(4)　弁箱の外表面は、なめらかで、使用上支障のある腐食、割れ、きず又はしわがないものであること。

(3) が誤りで、正しくは「**粉末消火設備**に用いるものにあっては、**仕切弁及び玉形弁**その他これらに類するもの以外のものであること。」です。

設問以外には、次のような基準があります。

① 使用時に破壊、亀裂等の異常を生じないものであること。
② 管との接続部は、管と容易に、かつ、確実に接続できるものであること。
③ ほこり又は湿気により機能に異常を生じないものであること。

問 2 ［難易度 😊😐😠］

不活性ガス消火設備等の放出弁の基準のうち「耐圧試験」について、消防庁告示上、（　）に入る数字で正しいものは次のうちどれか。

「弁を閉止した状態で弁の一次側に二酸化炭素を放射する不活性ガス消火設備のうち低圧式のものにあっては3.75 MPa、その他のものにあっては最高使用圧力の1.5倍の水圧力を（　）分間加えた場合に、損傷等を生じないものであること。」

(1)　2　　(2)　5　　(3)　7　　(4)　10

設問の（　）に入る数字は、(1) の2です。

問 3 ［難易度 😊😐😠］

不活性ガス消火設備等の放出弁の基準のうち「作動試験」について、消防庁告示上、（　）に入る数字で正しいものは次のうちどれか。

「粉末消火設備の放出弁は、最高使用圧力及び最高使用圧力に（　）を乗じた値の窒素ガス圧力又は空気圧力を弁の一次側に加えた状態で、開放装置又は手動により操作した場合に、確実かつ円滑に開放するものであること。」

(1)　1.5　　(2)　1.2　　(3)　1.0　　(4)　0.8

設問の（　）に入る数字は、(4) の0.8です。

放出弁の作動試験は、「粉末消火設備の放出弁は、最高使用圧力及び最高使用圧力に**0.8を乗じた値**の窒素ガス圧力又は空気圧力を弁の一次側に加えた状態で、開放装置又は手動により操作した場合に、確実かつ円滑に開放するものであること。」と規定されています。

問 4 ［難易度 😊😐😠］

不活性ガス消火設備等の放出弁の基準のうち、表示について、消防庁告示上、表示しなくてもよいものは次のうちいくつあるか。

ア　製造者名又は商標　　イ　製造年　　ウ　耐圧試験圧力値

エ　型式記号　　オ　流体の流れ方向（流れ方向に制限のない場合は除く。）

(1)　表示しなくてもよいものはない　　(2)　一つ　　(3)　二つ　　(4)　三つ

解説

設問のアからオまですべてを、放出弁の見やすい箇所に容易に消えないよう表示しなければなりません。

解答　問1－(3)　　問2－(1)　　問3－(4)　　問4－(1)

レッスン 7-4

不活性ガス消火設備等の選択弁の基準

選択弁は、全域放出方式又は局所放出方式で2か所以上の防護区画に**貯蔵容器を共用**する場合に使用するものです。

「不活性ガス消火設備等の選択弁の基準」では、次のような項目が定められています。

第一　趣旨　　第二　構造及び機能　　第三　材質　　第四　耐圧試験
第五　気密試験　　第六　作動試験　　第七　等価管長　　第八　表示

● 図1　選択弁の例 ●

よく出る問題

問 1　[難易度]

消防庁告示上、「粉末消火設備に用いるものにあっては、仕切弁及び玉形弁その他これらに類するもの以外のものであること。」と規定している弁として、正しい組合せは次のうちどれか。

ア　容器弁　　イ　放出弁　　ウ　選択弁　　エ　閉止弁

(1)　アとイ　　(2)　イとウ　　(3)　ウとエ　　(4)　アとエ

解説　(2) のイとウが正しい組合せです。

「不活性ガス消火設備等の**放出弁**の基準」と「不活性ガス消火設備等の**選択弁**の基準」で、「粉末消火設備に用いるものにあっては、**仕切弁及び玉形弁その他これらに類するもの以外のものであること。**」と規定しています。容器弁と閉止弁にはそのような規定はありません。

問 2　[難易度]

不活性ガス消火設備等の選択弁の基準のうち「作動試験」について、消防庁告示上、誤っている組合せは次のうちどれか。なお、作動試験は窒素ガス圧力又は空気圧力とし、単位は MPa である。

	消火設備の種類	上限値	下限値
(1)	不活性ガス消火設備（高圧式の二酸化炭素）	最高使用圧力	2.3
(2)	不活性ガス消火設備（窒素）	最高使用圧力	－20℃における内部圧力（圧力調整装置付のものにあっては、調整圧力）
(3)	ハロゲン化物消火設備（ハロン 1301）	最高使用圧力	－20℃における内部圧力
(4)	粉末消火設備	最高使用圧力	最高使用圧力の 0.8 倍の圧力

解説　(1) は誤った組合せです。

(2) (3) (4) 正しい。

不活性ガス消火設備で二酸化炭素を放射するもののうち低圧式は、上限値・下限値ともに 2.3 MPa と規定しています。一方、不活性ガス消火設備で二酸化炭素を放射するもののうち高圧式は、上限値が最高使用圧力、下限値は－20℃における内部圧力となっています。

問 3　[難易度]

不活性ガス消火設備等の選択弁の基準のうち、次は表示についての規定であり、消防庁告示上、（　）には消火剤名が入る。何種類の消火剤名が入るか。

一　製造者名又は商標
二　製造年
三　耐圧試験圧力値
四　（　）を放射する不活性ガス消火設備に用いるものにあっては、作動試験の下限値
五　型式記号
六　流体の流れ方向（流れ方向に制限のない場合は除く。）

(1)　一種類
(2)　二種類
(3)　三種類
(4)　四種類

設問の（　）には、「**窒素、IG-55 又は IG541** を放射する不活性ガス消火設備に用いるものにあっては、作動試験の下限値」と、(3) 三種類の消火剤名が入ります。

解答　問 1 －(2)　　問 2 －(1)　　問 3 －(3)

不活性ガス消火設備等の音響警報装置の基準

音響警報装置は、手動又は自動による起動装置の操作や作動と連動して、自動的に防護区画又は防護対象物にいるすべての人に消火剤が放射される旨を報知するためのものです。また、消火剤放射前に音響警報が遮断されないものでなければなりません。

「不活性ガス消火設備等の音響警報装置の基準」では、次のような項目が定められています。

第一　趣旨

第二　用語の意義

第三　構造及び機能

　一　音響警報装置の構造及び性能　　二　音声警報装置の構造及び性能

　三　音響装置の構造及び性能

第四　表示

　一　音声装置　　二　スピーカー

　三　ベル、ブザー及びモーター式サイレン並びに電子式サイレン及び電子式ブザー

基準に示されている用語を図にすると図１のようになります。

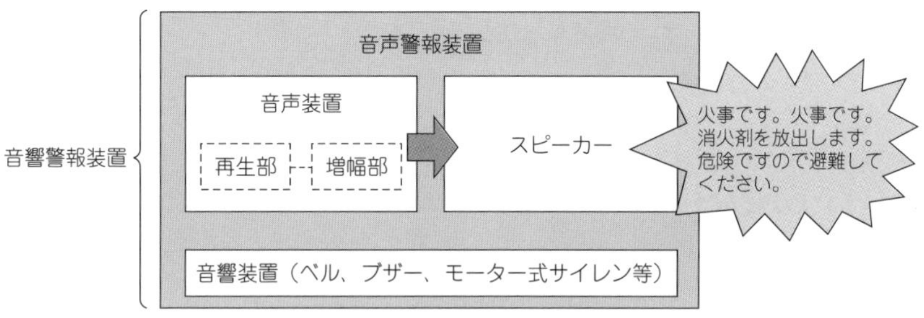

● 図１　音響警報装置の構成 ●

● 図２　スピーカーの例 ●

よく出る問題

問 1　［難易度 😊😐😣］

音声警報装置のうち「音声装置の構造及び性能」で、消防庁告示上、正しいものは次のうちどれか。

（1）　厚さ 1.6 mm 以上の鋼板又はこれと同等以上の強度を有する難燃性のもので作られていること。

（2）　メッセージは女性によるものとし、消火剤の放出による危険性を周知させる内容であること。

（3）　音声警報装置の起動信号を受信後、自動的に最初の音声警報音が開始し、起動信号の遮断又は停止信号があるまで音声警報音が繰返し発せられること。

（4）　定格電圧で 20 分間連続して作動させた場合に、機能に異常が生じないものであること。

（3）が正しい。

（1）（2）（4）について、それぞれ正しくは次のとおりです。

（1）厚さ **0.8 mm** 以上の鋼板又はこれと同等以上の強度を有する難燃性のもので作られていること。

（2）メッセージは**男性**によるものとし、消火剤の放出による危険性を周知させる内容であること。

（4）定格電圧で **10 分間**連続して作動させた場合に、機能に異常が生じないものであること。

問 2　［難易度 😊😐😣］

音声警報装置のうち音響装置の「ベル、ブザー及びモーター式サイレンの構造及び性能」で、消防庁告示上、正しいものは次のうちいくつあるか。

ア　外面露出部分の色は、赤色であること。

イ　電源電圧が定格の 80％時において音響を発するものであること。

ウ　使用電圧で連続 10 分間鳴動した場合に、機能に異常を生じないものであること。

（1）　一つ

（2）　二つ

（3）　三つ

（4）　正しいものはない

アからウまで、三つすべて正しい基準です。

解答　問 1 －（3）　　問 2 －（3）

1学期 ↓ 筆記試験対策　2学期 ↓ 実技試験対策　3学期 ↓ 模擬試験

レッスン 7-6

不活性ガス消火設備等の噴射ヘッドの基準

重要度 

「不活性ガス消火設備等の噴射ヘッドの基準」では、次のような項目が定められています。

第一　趣旨

第二　構造及び機能

第三　材質

第四　等価噴口面積

第五　表示

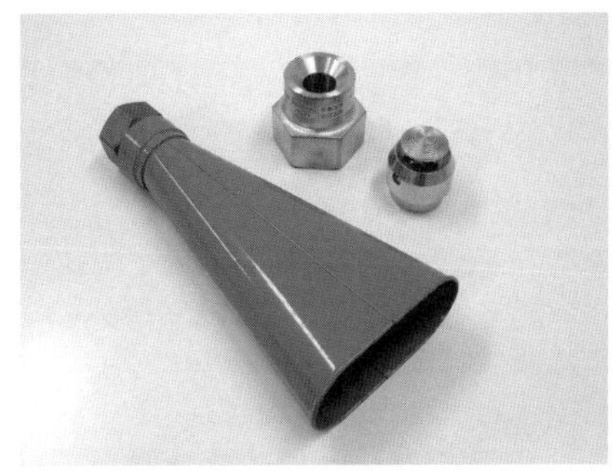

● 図 1　噴射ヘッドの例 ●

マメ知識 ➡➡➡ 等価噴口面積とは…

噴射ヘッドは、ただ「穴が開いている」わけではありません。適正な圧力で定められた時間内に必要な消火剤量を放射しなければならず、そのために消火剤の流量を制御するための「穴」が噴射ヘッドにはあります。この穴の大きさを「**等価噴口面積**」と呼び、一定の範囲ごとに「**コード番号**」が定められています。例えば、コード番号「30」の等価噴口面積は「24.6 mm^2」（23.4 mm^2 以上 26.5 mm^2 未満）です。

なお、基準では等価噴口面積を「水」により測定する、となっています。

よく出る問題

問 1 ［難易度 😊😐😞］

不活性ガス消火設備等の噴射ヘッドの「構造及び性能」について、消防庁告示上、誤っているものは次のうちどれか。

(1)　本体、ノズル、ホーン、デフレクター等により構成されたものであること。
(2)　管との接続部は、管と容易に着脱が可能な構造となっていること。
(3)　外表面は、使用上支障のある腐食、割れ、きず又はしわがないものであること。
(4)　流体の通過する部分は、平滑な仕上げがなされていること。

(2) が誤りで、正しくは「管との接続部は、管と容易に、かつ、確実に接続できるものであること。」です。

(1) (3) (4) 正しい。

問 2 ［難易度 😊😐😞］

不活性ガス消火設備等の噴射ヘッドの「構造及び性能」について、消防庁告示上、次の（　）に入る数値で正しいものはどれか。

「オリフィス径が（　）の噴射ヘッド（粉末消火設備に用いるものを除く。）には、目づまり防止用のフィルターを設けること。ただし、構造上フィルターを組み込めない噴射ヘッドにあっては、別にフィルターを取り付けること。」

(1)　3 mm 未満　　(2)　3 mm 以上　　(3)　10 mm 未満　　(4)　10 mm 以上

(1) が正しい。

「構造及び性能」では、次のような規定になっています。

「オリフィス径が **3 mm 未満**の噴射ヘッド（粉末消火設備に用いるものを除く。）には、目づまり防止用のフィルターを設けること。ただし、構造上フィルターを組み込めない噴射ヘッドにあっては、別にフィルターを取り付けること。」

問 3 ［難易度 😊😐😞］

不活性ガス消火設備等の噴射ヘッドの「表示」について、消防庁告示上、誤っているものは次のうちどれか。

(1)　製造者名又は商標
(2)　製造番号
(3)　型式記号
(4)　製造年（特殊なものを除く。）

解説

消防庁告示上 (2) の「製造番号」は必ずしも表示する必要はなく、「コード番号」は見易い箇所に容易に消えないように表示しなければなりません。

(1) (3) (4) 正しい。

解答　問１－(2)　　問２－(1)　　問３－(2)

レッスン 7-7

粉末消火設備の定圧作動装置の基準

重要度 

定圧作動装置は、粉末消火設備で起動装置の作動後、貯蔵タンクの圧力が設定圧力になったときに**放出弁を開放させるもの**で、貯蔵タンクごとに設けることになっています。

「粉末消火設備の定圧作動装置の基準」では、次のような項目が定められています。

第一　趣旨　　第二　構造及び機能　　第三　材質　　第四　耐圧試験

第五　気密試験　　第六　作動試験　　第七　表示

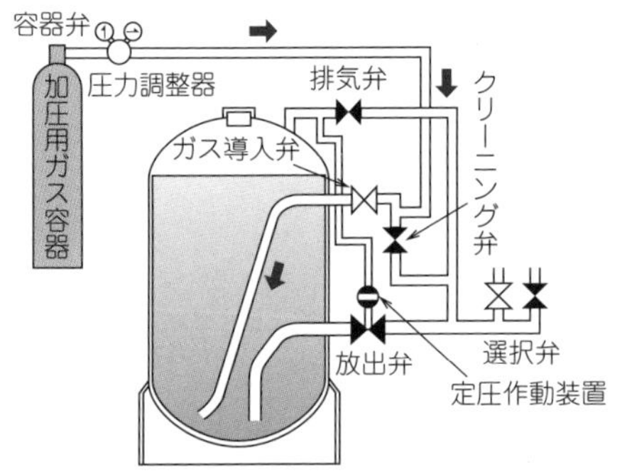

● 図１　粉末消火設備の構成例 ●

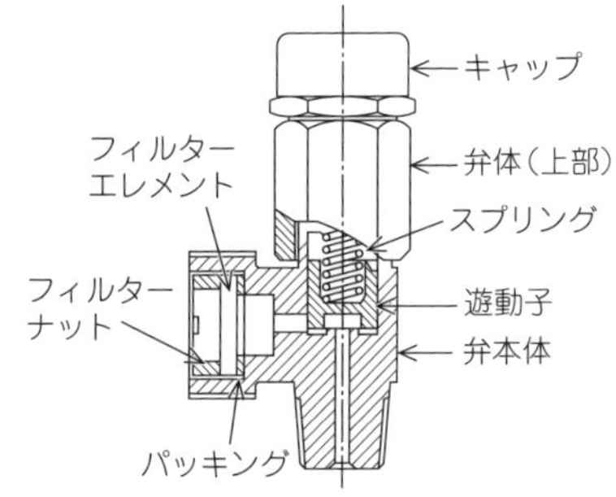

● 図２　定圧作動装置（スプリング方式）の例 ●

よく出る問題

問 1　[難易度 😊😐😟]

粉末消火設備の定圧作動装置の「構造及び性能」について、消防庁告示上、誤っているものは次のうちどれか。

(1)　常時閉止状態にあって、設定圧力に達した場合に自動的に開放するものであること。

(2)　放出弁を開放できる構造であること。

(3)　容易に設定圧力を調整できる構造であること。

(4)　使用時に破壊、亀裂等の異常を生じないものであること。

解説　(3) が誤りで、正しくは「みだりに設定圧力を調整できない構造であること。」です。(1) (2) (4) 正しい。

設問のほか、次のような基準があります。

① ほこり又は湿気により機能に異常を生じないものであること。

② 本体の外表面は、なめらかで、使用上支障のある腐食、割れ、きず又はしわがないものであること。

問 2　［難易度 😊😐😣］

粉末消火設備の定圧作動装置の「作動試験」について、ア・イに入る語句で正しい組合せは次のうちどれか。

「定圧作動装置は、窒素ガス圧力又は空気圧力を定圧作動装置の（ア）に加えた場合に、（イ）で確実に作動するものであること。」

	ア	イ
(1)	一次側	作動圧力値
(2)	一次側	設定圧力値
(3)	二次側	作動圧力値
(4)	二次側	設定圧力値

解説　(2) が正しい組合せです。

作動試験は「定圧作動装置は、窒素ガス圧力又は空気圧力を定圧作動装置の**一次側**に加えた場合に、**設定圧力値**で確実に作動するものであること。」と規定されています。

問 3　［難易度 😊😐😣］

粉末消火設備の定圧作動装置の基準のうち「耐圧試験」と「気密試験」について、消防庁告示上、正しい組合せは次のうちどれか。

耐圧試験　定圧作動装置の本体は、最高使用圧力の 1.5 倍の水圧力を（ア）分間加えた場合に、漏れ又は変形を生じないものであること。

気密試験　定圧作動装置は、最高使用圧力の窒素ガス圧力又は空気圧力を（イ）分間加えた場合に、漏れを生じないものであること。

	ア	イ
(1)	2	2
(2)	2	5
(3)	5	2
(4)	5	5

(2) の組合せが正しく、基準は次のとおりです。

耐圧試験：定圧作動装置の本体は、最高使用圧力の**1.5 倍の水圧力を 2 分間**加えた場合に、漏れ又は変形を生じないものであること。

気密試験：定圧作動装置は、最高使用圧力の**窒素ガス圧力又は空気圧力を 5 分間**加えた場合に、漏れを生じないものであること。

解答　問 1 －(3)　　問 2 －(2)　　問 3 －(2)

レッスン 7-8

不活性ガス消火設備等の制御盤の基準

重要度

「不活性ガス消火設備等の制御盤の基準」では、次のような項目が定められています。

第一　趣旨
第二　用語の意義
第三　構造及び性能
第四　手動式の起動装置に接続される制御盤の機能
第五　自動式の起動装置に接続される制御盤の機能
第六　制御盤に接続される電路に異常が生じたときに講ずる措置
第七　表示

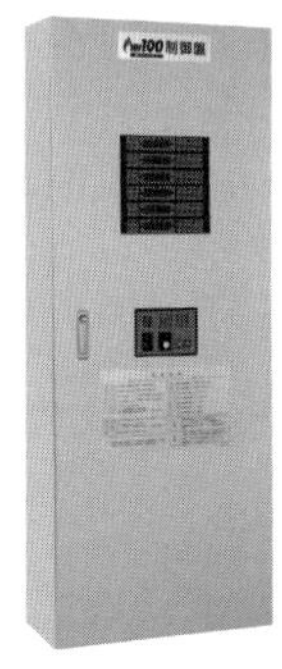

● 図1　制御盤の例 ●

よく出る問題

問 1　[難易度]

不活性ガス消火設備等の制御盤の「構造及び性能」について、消防庁告示上、誤っているものは次のうちどれか。

(1)　外箱の主たる材料は、不燃性又は難燃性のものとすること。
(2)　充電部は、外部から容易に人が触れないように、十分に保護すること。
(3)　電源電圧が定格電圧の85%から120%までの範囲で変動したとき、機能に異常を生じないこと。
(4)　充電部と外箱との間の絶縁抵抗は、直流500Vの絶縁抵抗測定器で計った値が3MΩ以上であること。

(3) が誤りで、正しくは「電源電圧が定格電圧の**90**%から**110**%までの範囲で変動したとき、機能に異常を生じないこと。」です。

(1) (2) (4) 正しい。

設問のほか「構造及び性能」には、次のような基準があります。

① 耐久性を有すること。
② 腐食により機能に異常を生ずるおそれのある部分には、防食のための措置を講ずること。
③ 制御盤には、次に掲げる装置を設けること。
　ア　制御盤用音響警報装置
　イ　復旧スイッチ
　ウ　電源表示灯その他必要な表示灯
　エ　自動式の起動装置が接続される制御盤にあっては、当該起動装置の自動手動の切替えスイッチ（かぎ等で操作するものに限る。）

④　充電部と外箱との間の絶縁耐力は、50 Hz 又は 60 Hz の正弦波に近い、実効電圧 500 V（定格電圧が 60 V を超え 150 V 以下のものにあっては 1000 V、150 V を超えるものにあっては定格電圧に 2 を乗じて得た値に 1000 V を加えた値）の交流電圧を加えた場合、1 分間これに耐えるものであること。

問 2　［難易度］

不活性ガス消火設備等の制御盤の「手動式の起動装置に接続される制御盤の機能」のうち「二酸化炭素を放射する不活性ガス消火設備の制御盤」について、消防庁告示上、誤っているものは次のうちどれか。

(1)　閉止弁を閉止した旨の信号を受信したときは、その旨を表示すること。

(2)　閉止弁を閉止した旨の信号を受信したときは、制御盤用音響警報装置を起動すること。ただし、点滅させることにより表示する場合にあっては、制御盤用音響警報装置を起動することを要しない。

(3)　閉止弁を開放した旨の信号を受信したときは、その旨を表示すること。

(4)　閉止弁を開放した旨の信号を受信したときは、制御盤用音響警報装置を起動すること。ただし、点滅させることにより表示する場合にあっては、制御盤用音響警報装置を起動することを要しない。

解説

(4) のような基準はありません。
(1) から (3) までは基準どおりです。

問 3　［難易度］

不活性ガス消火設備等の制御盤の「制御盤に接続される電路に異常が生じたときに講ずる措置」について、消防庁告示上、正しい組合せは次のうちどれか。

ア　二酸化炭素以外の消火剤を放射する不活性ガス消火設備等の制御盤に接続される電路に異常が生じたときに講ずる措置である。

イ　消火剤の放出を開始する旨の信号を受信する端子に接続される電路に短絡を生じたときにあっては、制御盤用音響警報装置を起動すること。

ウ　制御盤に接続される電路（両極を同時に開閉できるものを除く。）に地絡を生じたときにあっては、制御盤用音響警報装置を起動すること。

(1)　アとイ
(2)　イとウ
(3)　アとウ
(4)　アとイとウ

(2) イとウが正しい組合せです。

アは誤りで、正しくは「**ハロン 1301 以外の消火剤**を放射する不活性ガス消火設備等の制御盤に接続される電路に異常が生じたときに講ずる措置である。」です。

解答　問 1 －(3)　　問 2 －(4)　　問 3 －(2)

レッスン 7-9 不活性ガス消火設備の閉止弁の基準

重要度 ///

閉止弁は、消火設備又は対象区画内に設置される機器の点検の際、不活性ガス消火設備（全域放出方式で二酸化炭素を放射するもの）の**誤放出を防止する目的**のために使用されるものです。

● 図１　閉止弁の例 ●

「不活性ガス消火設備の閉止弁の基準」では、次のような項目が定められています。

第一　趣旨　　　第二　構造及び機能
第三　材質　　　第四　耐圧試験
第五　気密試験　第六　作動試験
第七　等価管長　第八　表示

このうち、「構造及び機能」、「表示」については、問題の解説を参照されたい。
また「作動試験」は、次のように定められています。

① 直接操作又は遠隔操作により操作した場合に、確実に開閉すること。
② 閉止の状態で閉止の旨の信号が発せられること。
③ 開放の状態で開放の旨の信号が発せられること。

よく出る問題

問 1　［難易度 😊😐😞］

不活性ガス消火設備の閉止弁の「構造及び機能」について、消防庁告示上、誤っているものは次のうちどれか。

(1) 常時開放状態にあって、直接操作及び遠隔操作により閉止できるもの又は直接操作により閉止できるものであること。
(2) 直接操作により操作する部分には、操作の方向又は開閉位置を表示すること。
(3) 見やすい箇所に、常時閉止し点検時に開放する旨を表示すること。
(4) 開放及び閉止の旨の信号を制御盤に発信するスイッチ等が設けられていること。

解説

(3) が誤りで、正しくは「見やすい箇所に、**常時開放**し**点検時に閉止**する旨を表示すること。」です。

(1) (2) (4) 正しい。

設問のほか、次のような基準があります。

① 使用時に破壊、亀裂等の異常を生じないものであること。
② 管との接続部は、管と容易に、かつ、確実に接続できるものであること。
③ ほこり又は湿気により機能に異常を生じないものであること。
④ 弁箱の外表面は、なめらかで、使用上支障のある腐食、割れ、きず又はしわがないものであること。

問 2　［難易度 😊😐😠］

不活性ガス消火設備の閉止弁の「気密試験」について、消防庁告示上、正しい組合せは次のうちどれか。

「弁を開放した状態で二酸化炭素を放射する不活性ガス消火設備のうち低圧式のものにあっては2.3 MPa、その他のものにあっては最高使用圧力の窒素ガス圧力又は空気圧力を（ア）分間加えた場合に、漏れを生じないものであること。
弁を閉止した状態で弁の一次側に二酸化炭素を放射する不活性ガス消火設備のうち低圧式のものにあっては2.3 MPa、その他のものにあっては最高使用圧力の窒素ガス圧力又は空気圧力を（イ）分間加えた場合に、漏れを生じないものであること。」

	ア	イ
(1)	2	2
(2)	2	5
(3)	5	2
(4)	5	5

(4) の組合せが正しい。

問 3　［難易度 😊😐😠］

不活性ガス消火設備の閉止弁の「表示」について、消防庁告示に定められていないものは、次のうちどれか。

(1)　製造者名又は商標
(2)　気密試験圧力
(3)　型式記号
(4)　流体の流れ方向（流れ方向に制限のない場合は除く。）

(2) 気密試験圧力は、閉止弁に表示すべきものに該当しません。
設問のほか、「製造年」と「耐圧試験圧力」を表示しなければなりません。

解答 問1－(3)　問2－(4)　問3－(2)

レッスン 7-10 自家発電設備の基準

重要度

自家発電設備は、ディーゼル機関、ガス機関又はガスタービンを動力として発電機を駆動する電源装置で、原動機、発電機、運転制御装置及びこれらの附属装置から構成されています。

設置場所等の形態により、屋外用キュービクル式又は機械室等に設置可能な屋内用キュービクル式のものと、不燃専用室に設置するキュービクル式以外のものとがあります。

「自家発電設備の基準」では、次のような項目が定められています。

第一　趣旨

第二　構造及び性能

　一　自家発電設備の構造及び性能

　二　電力を常時供給する自家発電設備の構造及び性能

　三　キユービクル式自家発電設備の構造及び性能

第三　表示

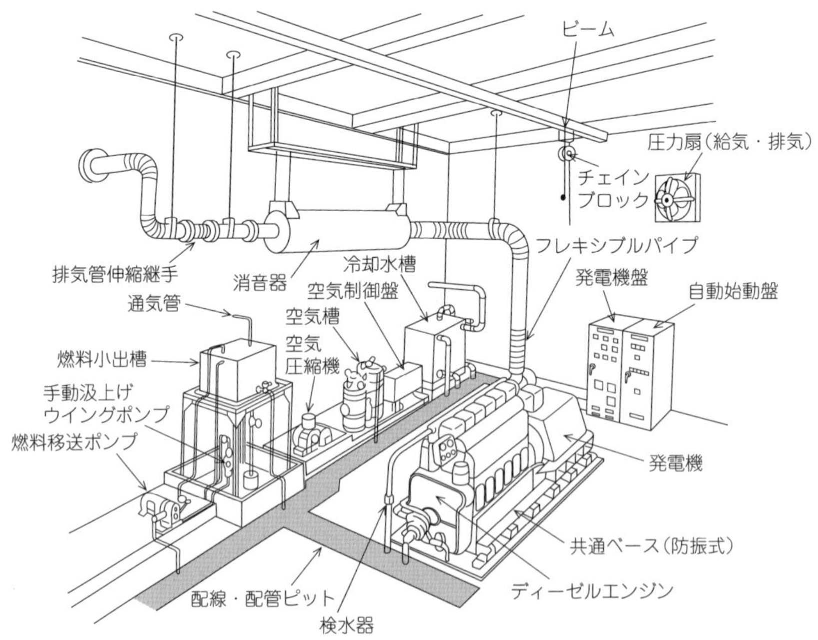

● 図1　自家発電設備の例 ●

よく出る問題

問 1 ［難易度 😊😐😣］

自家発電設備の「構造及び機能」について、消防庁告示上、誤っているものは次のうちどれか。

(1)　外部から容易に人が触れるおそれのある充電部及び駆動部は、安全上支障のないように保護されていること。

(2)　発電出力を監視できる電力計を設けること。

(3)　定格負荷における連続運転可能時間以上出力できるものであること。

(4)　自家発電設備の運転により発生する騒音、振動、熱及びガスを適切に処理するための措置を講じているものであること。

(2) が誤りで、正しくは「発電出力を監視できる**電圧計及び電流計**を設けること。」です。

(1) (3) (4) 正しい。

そのほか「常用電源が停電してから電圧確立及び投入までの所要時間（投入を手動とする自家発電設備にあっては投入操作に要する時間を除く。）は、**40 秒以内**であること。ただし、常用電源の停電後 40 秒経過してから当該自家発電設備の電圧確立及び投入までの間、蓄電池設備の基準に適合する蓄電池設備により電力が供給されるものにあっては、この限りでない。」等の規定があります。

問 2 ［難易度 😊😐😣］

「キュービクル式自家発電設備の構造及び性能」のうち外箱の構造について、消防庁告示上、正しい組合せはどれか。

「外箱（コンクリート造又はこれと同等以上の耐火性能を有する床に設置するものの床面部分を除く。）の材料は、鋼板とし、その板厚は、屋外用のものにあつては、(A) mm 以上、屋内用のものにあつては (B) mm 以上であること。」

	A	B
(1)	1.6	1.6
(2)	1.6	2.3
(3)	2.3	1.6
(4)	2.3	2.3

(3) が正しい組合せで、次のとおりです。

「外箱（コンクリート造又はこれと同等以上の耐火性能を有する床に設置するものの床面部分を除く。）の材料は、鋼板とし、その板厚は、**屋外用**のものにあっては、**2.3 mm** 以上、**屋内用**のものにあっては **1.6 mm** 以上であること。」という基準です。

解答　問 1 －(2)　　問 2 －(3)

1 学期 ➡ 筆記試験対策　2 学期 ➡ 実技試験対策　3 学期 ➡ 模擬試験

レッスン 7-11

蓄電池設備の基準

重要度 ///

鉛蓄電池、アルカリ蓄電池又はリチウムイオン蓄電池を用いた直流電源装置で、蓄電池、充電装置、保安装置等で構成されています。逆変換装置を設けて交流にて供給する方式もあります。

主に密閉型ニッケル・カドミウムアルカリ蓄電池などのパッケージ化された蓄電池が用いられています。

「蓄電池設備の基準」では、次のような項目が定められています。

第一　趣旨
第二　構造及び性能
　一　蓄電池設備の構造及び性能
　二　蓄電池設備の蓄電池の構造及び性能
　三　蓄電池設備の充電装置の構造及び性能
　四　蓄電池設備の逆変換装置の構造及び性能
　五　蓄電池設備の直交変換装置の構造及び性能
　六　キユービクル式蓄電池設備の構造及び性能
第三　表示

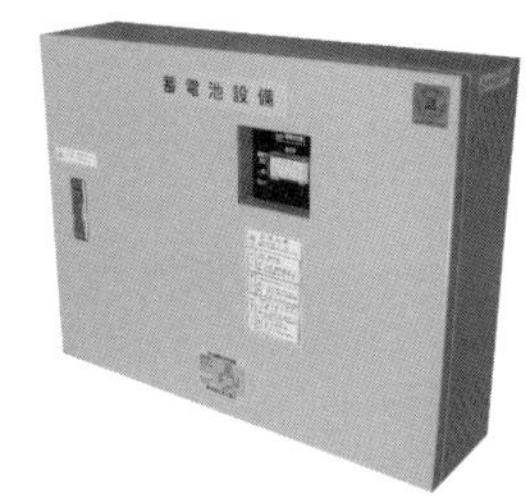

● 図１　蓄電池設備（内蔵型）の例 ●

よく出る問題

問 1 [難易度 😊😐😣]

「蓄電池設備の構造及び性能」について、消防庁告示上、誤っているものは次のうちどれか。

(1) 直交変換装置を有する蓄電池設備にあっては常用電源が停電してから20秒以内に、その他の蓄電池設備にあっては常用電源が停電した直後に、電圧確立及び投入を行うこと。

(2) 蓄電池設備は、自動的に充電するものとし、充電電源電圧が定格電圧の±10％の範囲内で変動しても機能に異常なく充電できるものであること。

(3) 蓄電池設備には、当該設備の出力電圧又は出力電流を監視できる電圧計又は電流計を設けること。

(4) 0℃から40℃までの範囲の周囲温度において機能に異常を生じないものであること。

(1) は誤りで、正しくは「直交変換装置を有する蓄電池設備にあっては常用電源が停電してから**40秒以内**に、その他の蓄電池設備にあっては常用電源が停電した直後に、電圧確立及び投入を行うこと。」です。

(2)（3）（4）正しい。

問 2 ［難易度 😊😐😞］

「蓄電池設備の充電装置の構造及び性能」について、消防庁告示上、正しい組合せは次のうちどれか。

「リチウムイオン蓄電池以外の蓄電池を用いる蓄電池設備の充電装置にあっては、自動的に（A）でき、かつ、（A）完了後は、トリクル（B）又は浮動（B）に自動的に切り替えられるものであること。ただし、切替えの必要がないものにあってはこの限りでない。」

	A	B
（1）	充電	充電
（2）	充電	放電
（3）	放電	充電
（4）	放電	放電

（1）が正しい組合せで、次のとおりです。

「リチウムイオン蓄電池以外の蓄電池を用いる蓄電池設備の充電装置にあっては、自動的に**充電**でき、かつ、**充電**完了後は、トリクル**充電**又は浮動**充電**に自動的に切り替えられるものであること。ただし、切替えの必要がないものにあってはこの限りでない。」

問 3 ［難易度 😊😐😞］

蓄電池設備の表示について、消防庁告示上、誤っているものは次のうちどれか。

（1）製造者名又は商標

（2）製造年月

（3）標準使用期限

（4）型式番号

（3）は誤りです。

蓄電池設備に表示しなければならない項目に「標準使用期限」は該当しません。「容量」を表示しなければなりません。そのほか、次の内容を表示することになっています。

① 自家発電設備始動用のものにあっては、自家発電設備始動用である旨の表示

② リチウムイオン蓄電池を用いるものにあっては、組電池あたりの公称電圧及び定格容量並びに蓄電池の最低許容電圧

解答 問１－（1）　問２－（1）　問３－（3）

これは覚えておこう！

レッスン７の重要事項のまとめ

① **移動式の不活性ガス消火設備等のホース、ノズル、ノズル開閉弁及びホースリールの基準**：ホースの全長は、ノズル部分の長さを含めて **20 m** 以上であること。ノズルの保持部分については、**熱の不良導体**で造り、又は断熱材で被覆すること。（移動式のハロゲン化物消火設備でハロン 2402 を使用するもの及び移動式の粉末消火設備は除く）

② **不活性ガス消火設備等の容器弁、安全装置及び破壊板の基準**：常時閉止状態にあって、電気式、ガス圧式等の開放装置により開放できるもの又は手動により容易に開放できるものであること。

③ **不活性ガス消火設備等の放出弁の基準**：常時閉止状態にあって、電気式、ガス圧式等の開放装置により開放できるもので、かつ、手動によっても容易に開放できるものであること。

④ **不活性ガス消火設備等の選択弁の基準**：手動により操作する部分（開放装置を操作する部分を含む。）には、操作の方向又は開閉位置を表示すること。

⑤ **不活性ガス消火設備等の音響警報装置の基準**：

a）**音響警報装置**　不活性ガス消火剤、ハロゲン化物消火剤又は粉末消火剤が放射される前に、防護区画又は防火対象物内にある者に対し、消火剤が放射される旨を音声又は音響により知らせる装置をいう。

b）**音声警報装置**　音響警報装置のうち、音声による警報を発する装置で、音声装置及びスピーカーにより構成されるものをいう。

c）**音声装置**　スピーカーへ音声電気信号を送る装置で、再生部及び増幅器により構成されるものをいう。

d）**音響装置**　音響警報装置のうち、ベル、ブザー、モーター式サイレン、電子式サイレン、電子式ブザー等音響により警報を発する装置をいう。

⑥ **不活性ガス消火設備等の噴射ヘッドの基準**：オリフィス径が **3 mm** 未満の噴射ヘッド（粉末消火設備に用いるものを除く。）には、目づまり防止用のフィルターを設けること。

⑦ **粉末消火設備の定圧作動装置の基準**：常時閉止状態にあって、設定圧力に達した場合に自動的に開放するものであること。放出弁を開放できる構造であること。みだりに設定圧力を調整できない構造であること。

⑧ **不活性ガス消火設備等の制御盤の基準**：制御盤には、制御盤用音響警報装置、復旧スイッチ、電源表示灯その他必要な表示灯、自動式の起動装置が接続される制御盤にあっては、当該起動装置の自動手動の切替えスイッチを設けること（かぎ等で操作するものに限る）を設けること。

これは覚えておこう！

⑨ **不活性ガス消火設備の閉止弁の基準**：直接操作又は遠隔操作により操作した場合に、確実に開閉すること。閉止の状態で閉止の旨の信号が発せられること。開放の状態で開放の旨の信号が発せられること。

⑩ **自家発電設備の基準**：常用電源が停電してから電圧確立及び投入までの所要時間は、40 秒以内であること。

⑪ **蓄電池設備の基準**：
直交変換装置を有する蓄電池設備にあっては常用電源が停電してから **40 秒以内**に、その他の蓄電池設備にあっては常用電源が停電した直後に、電圧確立及び投入を行うこと。

マメ知識 ➡➡➡ 消防設備士の数

（2022 年 3 月 31 日現在）

類別	特類	第１類	第２類	第３類	第４類	第５類	第６類	第７類	合計
種別	特殊消防用設備等	屋内消火栓設備・スプリンクラー設備等	泡消火設備	二酸化炭素消火設備等	自動火災報知設備等	金属製避難はしご等	消火器	漏電火災警報器	
甲種（人）（工事・整備）	4,568	152,158	48,423	43,048	313,088	39,386	—	—	600,671
乙種（人）（整備）	—	40,959	12,855	12,001	105,581	19,740	293,139	203,918	688,193

出典：消防白書

Note

2 学期

実技試験対策

実技試験とは、機器類を操作するものではなく、一種の筆記試験です。鑑別等試験（写真や図に対して短文で解答する形式）と製図試験があり、乙種は鑑別等試験の５問のみ、甲種は製図試験の２問が加わります。

筆記試験において、科目ごとに 40%以上で全体の出題数の 60%以上、かつ、実技試験において 60%以上の成績を修めれば合格となります。なお、試験の一部免除がある場合は、免除を受けた以外の問題で上記の成績を修めた者が合格となります。

実技試験といっても、問われる知識は筆記試験と大きく変わるものではありません。違いは、筆記試験が“覚えること”が重要になるのに対して、実技試験では理解力と応用力が試されます。とはいえ、消火剤量など基本的な数値は覚えていないと実技試験を克服することができません。

そして、何よりも重要なことは鉛筆やシャープペンシルをもって“書く”という訓練をしておくことです。日常生活や仕事ではキーボードやスマートフォンなどの画面でのタップによって単語や文章を入力することが多いと思いますが、消防設備士の実技試験では単語や文章を自らの手で書くことになります。キーボードでは打つことができた文章が、実技試験では「？？？」とならないよう、書く訓練をしっかりしておきましょう。

レッスン 1 鑑別等

鑑別等試験では、不活性ガス消火設備等を構成する機器や配管材料などが写真や図面で提示され、それらの名称や用途を記述式で解答する問題が出題されます。出題数は５問です。確実に得点できるようにしましょう。

- 1-1「**防護区画**」では、主に防護区画の内部と外部に設置される機器の写真を見て、それらの名称や用途などを答えられるようにします。
- 1-2「**貯蔵容器室**」では、貯蔵容器室に設置される機器の写真を見て、それらの名称や用途などを答えられるようにします。
- 1-3「**移動式**」では、移動式の不活性ガス消火設備等の写真や図を見て、各部分の名称や用途などを答えられるようにします。
- 1-4「**貯蔵容器の刻印**」では、貯蔵容器の刻印を見てそれらが示す意味を理解するとともに、刻印の数字から消火剤充てん量を計算できるようにしておくことも重要です。
- 1-5「**配管材料**」では、不活性ガス消火設備等に用いられる主な配管材料（管継手）を学びます。配管材料の名称を問う問題は必ず出題されます。
- 1-6「**支持金具と工具類**」では、不活性ガス消火設備等に用いられる配管の支持金具と、工事の際によく使用される工具を学びます。
- 1-7「**点検**」では、不活性ガス消火設備等の点検に際して重要となる部分を取り上げてあります。

マメ知識 ➡➡➡ ガス系消火剤の生い立ち（その 2）

二酸化炭素消火設備の次はハロン消火設備です。

●ハロン消火設備

フッ素、塩素、臭素等のハロゲン元素に、水、二酸化炭素などとは異なった消火力があることは早くから知られていました。

ハロン消火剤（特に、ハロン 1301）は、もともと航空機搭載用として開発されたものであり、重量容積が小さくても単位容積あたりの消火力が大きく、特に液体燃料の火災に対しては消火時間がきわめて短いという特長があります。1950（昭和 25）年から 1960（昭和 35）年頃にかけてフッ素化学工業の発展によって米国で開発、商品化されました。

日本国内では 1974（昭和 49）年 12 月に消防法施行令、同施行規則の大改正があり、ハロン消火設備（ハロゲン化物消火設備）は法令化されました。

1974（昭和 49）年 2 月、東京の自由民主党会館地下駐車場において、同 3 月には同じく東京の住友新橋ビル地下駐車場で、二酸化炭素消火設備の誤放出に伴う人身事故が発生しています。ハロン消火設備の法令化と、これら二酸化炭素消火設備の人に対する危険性の指摘の相乗効果で、ハロン消火設備の設置実績が二酸化炭素を上回るようになりました。また、1975 年 4 月の日本電信電話公社（現在の NTT グループ）旭川東光電話局での火災を契機に、いわゆる通信機械室へのハロン 1301 の導入も加速されました。

なお、現在の消防法で、ハロゲン化物消火設備に使用する消火剤として、「ハロン」と名の付くものにはハロン 1301 のほかハロン 2402、ハロン 1211 があります。

レッスン 1-1 写真鑑別１（防護区画）

写真鑑別では、提示された写真を見て「名称」、「用途」などについて解答します。表１は主に防護区画の内部と外部に設置される機器です。重要！

● 表１　防護区画内外に設置される機器 ●

 光電式スポット型感知器	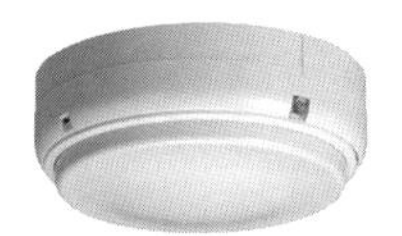 差動式スポット型感知器	 音響警報装置（スピーカー）
 噴射ヘッド	 手動起動装置（操作箱）	 放出表示灯

● 表２　上記の用途・機能 ●

名　称	用途・機能
光電式スポット型感知器	火災の煙を感知するもの
差動式スポット型感知器	火災の熱（温度上昇）を感知するもの
音響警報装置（スピーカー）	消火剤が放出されることを音声等により知らせるもの
噴射ヘッド	消火剤を防護区画内や防護対象物に噴射するもの
手動起動装置（操作箱）	火災を発見した場合、人が操作することによって、消火設備の警報や起動等を行うもの
放出表示灯	消火剤が放出されたことを表示するもの

よく出る問題

問 1 ［難易度 😊😐😣］

右の写真は、全域放出方式の二酸化炭素を放射する不活性ガス消火設備の手動起動装置（操作箱）の例図である。矢印の部分の役割とそれに求められる要件を答えなさい。

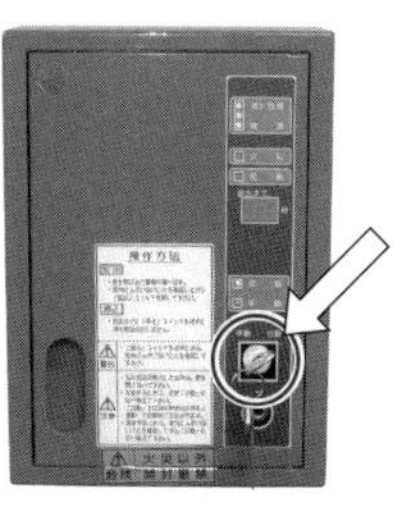

問 2 ［難易度 😊😐😣］

右の図は、全域放出方式の粉末消火設備に用いる噴射ヘッドの例である。設問に答えなさい。

(1)　封板を設ける目的を、ごみ侵入防止以外に答えなさい。

(2)　噴射ヘッドの放射圧力を答えなさい。

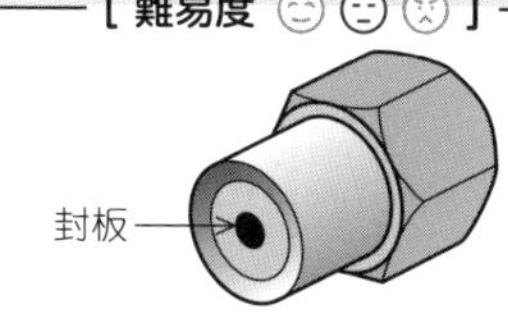

問 3 ［難易度 😊😐😣］

右の写真は、ハロン 1301 を放射するハロゲン化物消火設備の手動起動装置（操作箱）の例である。設問に答えなさい。

(1)　設置する場所について説明しなさい。

(2)　本体又は本体直近に表示しなければならない事柄を二つあげなさい。

解答 問 1 －役割：自動手動切替え装置である。

要件：自動及び手動を表示する表示灯を設け、自動手動の切替えはかぎなどによらなければ行えない構造とすること。

問 2 －(1) 粉末消火剤はその成分上、水分（湿気）に注意しなければならない。噴射ヘッドに封板を設ける目的はごみ侵入防止のほか、配管内に水分が入らないようにするためである。

(2) **0.1 MPa** 以上

問 3 －(1) 当該防護区画外で当該防護区画内を見通すことができ、かつ、防護区画の出入口付近など、操作をした者が容易に退避できる箇所。

(2) ①ハロゲン化物消火設備の起動装置である旨及び消火剤の種別（ハロン **1301**）。

②防護区画の名称、取扱い方法、保安上の注意事項等などのうち、二つを解答する。

レッスン 1-2 写真鑑別 2（貯蔵容器室）

重要度

表 1 は、主に貯蔵容器室の内部にある機器です。重要!

● 表 1　貯蔵容器室の機器 ●

 貯蔵容器室（ハロン 1301）	 起動用ガス容器	 選択弁
 容器弁	 安全装置	 リリーフ弁（又は逃がし弁）
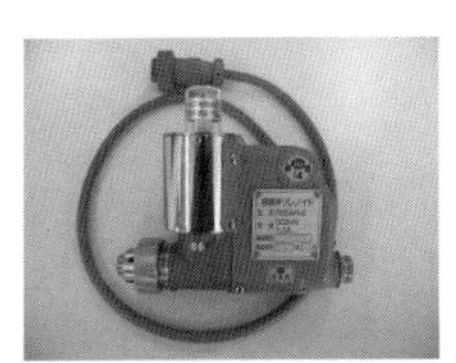 容器弁開放装置（電気式）	 制御盤	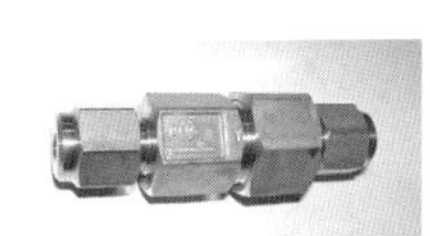 逆止弁
  集合管	 連結管（フレキシブル管）	 連結管（銅管）

● 表 2　上記の機器の用途・機能 ●

名称	用途・機能
貯蔵容器室（ハロン 1301）	貯蔵容器を設ける場所
起動用ガス容器	ガス圧力により選択弁を開放し容器弁開放装置を作動させるもの
選択弁	消火剤を放出させる区画や対象物を選択するもの
容器弁	貯蔵容器に取り付けられ消火剤の放出を制御するもの

●表2（つづき）●

安全装置	配管内の圧力上昇による破裂を防止するもの
リリーフ弁（又は逃がし弁）	起動用ガス容器のガス漏洩時、低圧でリークするもの
容器弁開放装置（電気式）	容器弁に装着し、容器弁を開放するもの
制御盤	操作箱や火災感知器からの信号を受信し、警報装置を作動させて消火設備の起動等を行うもの
逆止弁	流体が一方向にのみ流れる構造のもの（貯蔵容器の放出本数制御に使用）
集合管	複数の貯蔵容器があるとき、それらの消火剤をまとめるためのもの
連結管（フレキシブル管）	集合管と貯蔵容器の容器弁を接続する可とう継手
連結管（銅管）	集合管と貯蔵容器の容器弁を接続する銅管

よく出る問題

問 1 ［難易度 ］

次の写真はハロン 1301 を放射するハロゲン化物消火設備の貯蔵容器室である。(1)～(5)の機器名称を答えよ。

問 2 ［難易度］

次の二つの写真の矢印が示す部分にはある共通の働きがある。名称とその働きを答えよ。

解答 問1－

	機器名称
(1)	選択弁
(2)	安全装置
(3)	起動用ガス容器
(4)	集合管
(5)	貯蔵容器

問2－

名称	安全弁（又は安全装置）
働き	貯蔵容器あるいは配管の内部の圧力が一定以上になると作動し、内部のガスを放出して圧力上昇による破裂を防止する。

写真鑑別 3（移動式）

重要度 ///

(1) 二酸化炭素を放射する移動式の不活性ガス消火設備

各部の名称は次のとおりです。

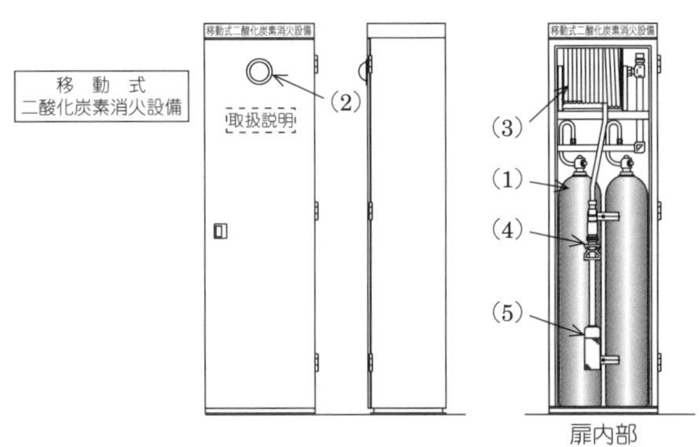

● 図 1 ●

● 表 1 ●

(1)	貯蔵容器	消火剤として二酸化炭素を充てんしたもの
(2)	表示灯	消火設備が設置されていることを示す位置表示灯
(3)	ホースリール	ホースの出し入れを容易に、かつ確実に行えるようにホースを巻いたもの
(4)	ノズル開閉弁	二酸化炭素の放出と停止を行うためのもの
(5)	ノズル	二酸化炭素を放出するためのもの

(2) 移動式の粉末消火設備

各部の名称は次のとおりです。

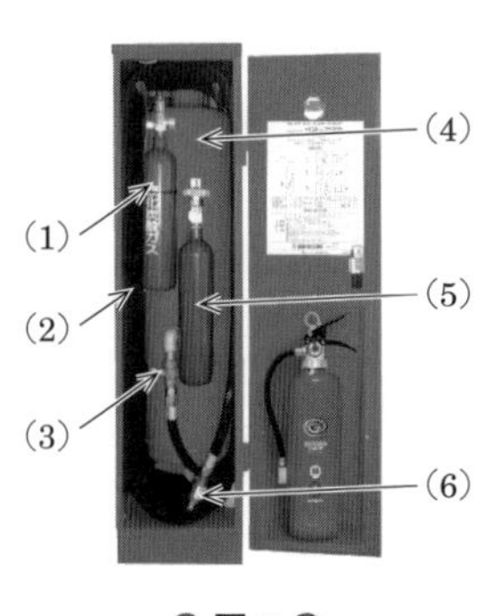

● 図 2 ●

● 表 2 ●

(1)	クリーニング用ガス容器	配管やホース内に残留した粉末を除去するためのもの
(2)	ホース	粉末をノズルまで送るためのもの
(3)	放出弁	粉末の放出と停止を行うためのもの
(4)	貯蔵タンク	消火剤として粉末を貯蔵しておくもの
(5)	加圧用ガス容器	貯蔵タンクを加圧するためのもの（図 2 では二酸化炭素）
(6)	ノズル	粉末を放出するためのもの

よく出る問題

問 1　［難易度 😊😐😫］

(1) ～ (5) の名称を答えなさい。

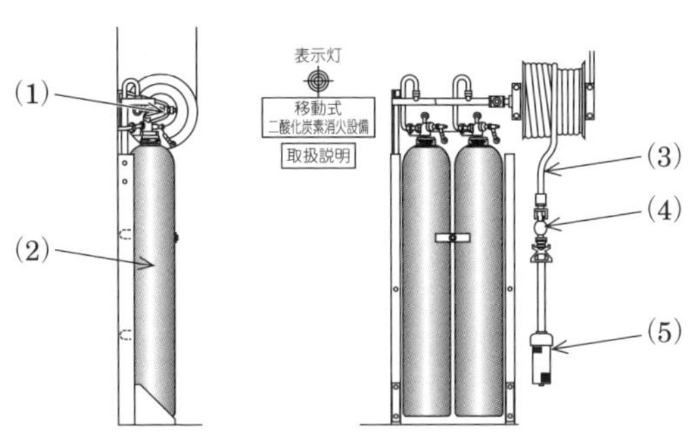

問 2　［難易度 😊😐😫］

(1) ～ (5) の名称を答えなさい。また、(3)（塗色：ねずみ色）のガス名を答えなさい。

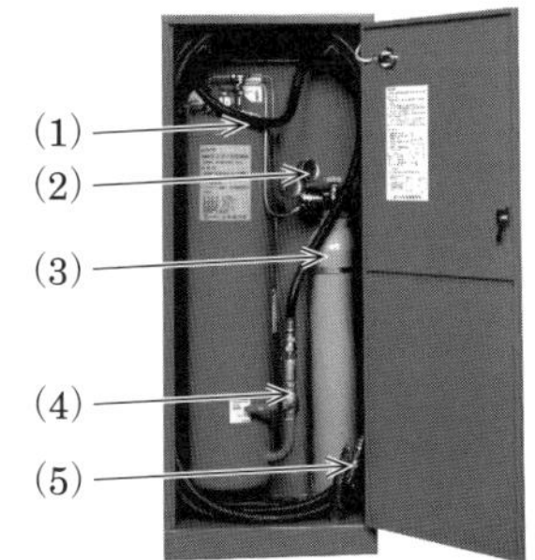

解答　問１－

(1)	ホースリール
(2)	貯蔵容器
(3)	ホース
(4)	ノズル開閉弁
(5)	ノズル

問２－

(1)	貯蔵タンク
(2)	圧力調整器
(3)	加圧用ガス容器
(4)	放出弁
(5)	ノズル

(3) のガス名：窒素

解答のテクニック！

加圧用ガスは、窒素か二酸化炭素のどちらかです。窒素の場合は容器の塗色がねずみ色、二酸化炭素の場合は緑色です。

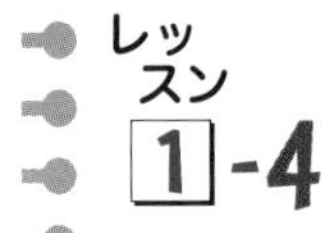

レッスン 1-4 写真鑑別 4（貯蔵容器の刻印）

高圧ガス保安法の容器保安規則で、消火剤貯蔵容器が容器検査に合格した場合、その容器に刻印をしなければならない表示などが規定されています。重要！

図 1 は、窒素を放射する不活性ガス消火設備に使用される貯蔵容器の例です。

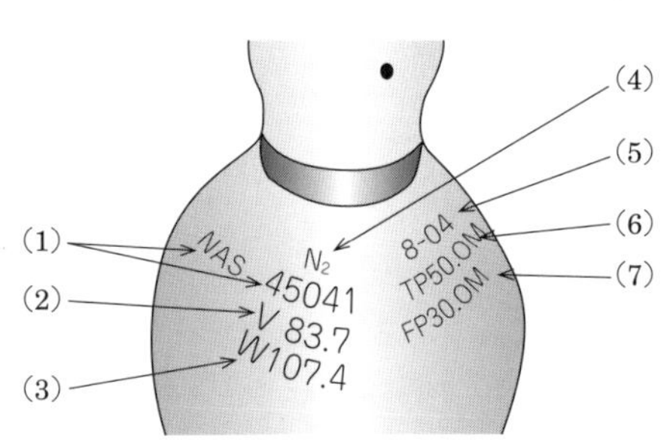

図の番号	刻印表示 〔 〕内は単位
(1)	容器の記号及び番号
(2)	内容積　記号：V〔L〕
(3)	容器弁及び附属品を含まない質量　記号：W〔kg〕
(4)	充てんすべきガスの種類
(5)	容器検査に合格した年月
(6)	耐圧試験における圧力 記号：TP〔MPa〕
(7)	最高充てん圧力 記号：FP〔MPa〕

● 図 1　刻印表示の例（窒素）●

図 2 は、二酸化炭素を放射する不活性ガス消火設備に使用される貯蔵容器の例です。

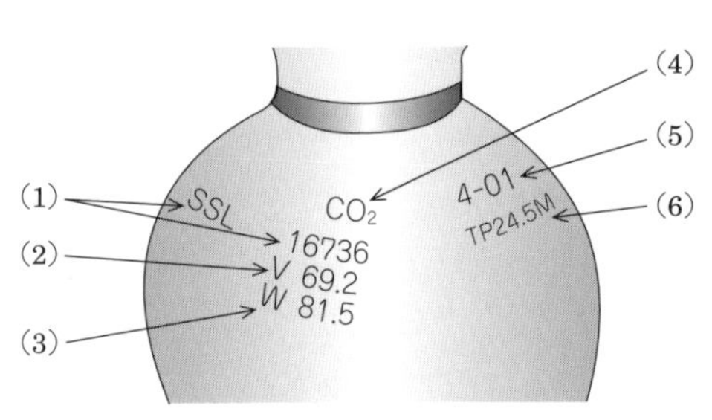

図の番号	刻印表示 〔 〕内は単位
(1)	容器の記号及び番号
(2)	内容積　記号：V〔L〕
(3)	容器弁及び附属品を含まない質量　記号：W〔kg〕
(4)	充てんすべきガスの種類
(5)	容器検査に合格した年月
(6)	耐圧試験における圧力 記号：TP〔MPa〕

● 図 2　刻印表示の例（二酸化炭素）●

よく出る問題

問 1 [難易度 😊😐😠]

次の図は、消火剤貯蔵容器の刻印表示の例図である。設問に答えなさい。

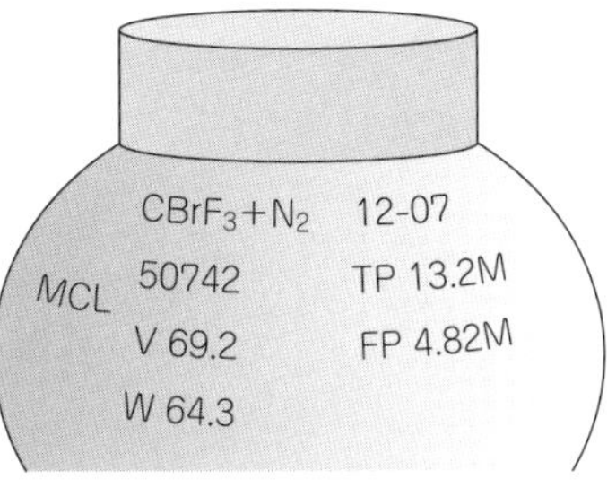

(1)　この貯蔵容器が用いられる消火設備の名称は何か。

(2)　この貯蔵容器の耐圧検査における圧力はいくつか。

(3)　この貯蔵容器の質量はいくつか。ただし、容器弁と附属品を含まない質量とする。

(4)　充てんできる消火剤量の範囲はいくつか。ただし、小数第1位までの数値とする。

解説

(1) 充てんすべきガスの種類として「$CBrF_3+N_2$」と刻印されています。$CBrF_3$ はハロン1301です。N_2 は窒素で、ハロン1301とともに充てんされます。

(2)「TP 13.2M」と刻印されているのが耐圧検査における圧力で、その値は13.2 MPaです。

(3)「W 64.3」と刻印されているのが質量で、その値は64.3 kgです。

(4) ハロン1301貯蔵容器の充てん比は、0.9以上1.6以下です。一方、設問の貯蔵容器の内容積は69.2 Lです。

充てんできる消火剤量〔kg〕=内容積〔L〕/充てん比

ですから、充てん可能な範囲は43.3 kg以上76.8 kg以下と求められます。

解答のテクニック!

消火剤量を計算する際、小数第2位を四捨五入しただけでは充てん比の範囲に入らないことがあります。得られた結果（この場合は、消火剤量）から、もう一度充てん比を計算して確認しましょう。

解答 問1 −(1) **ハロン1301を放射するハロゲン化物消火設備**

(2) **13.2 MPa**

(3) **64.3 kg**

(4) **43.3 kg以上76.8 kg以下**

写真鑑別５（配管材料）

表１は、不活性ガス消火設備等に用いられる配管材料（管継手）です。重要！

●表１　配管材料●

●表２　上記の用途・機能●

図番	名称	用途・機能
①	ニップル	外ねじ式で同径の配管同士の接続に用いる
②	ソケット	内ねじ式で同径の配管同士の接続に用いる
③	異径ニップル	外ねじ式で口径の異なる配管同士の接続に用いる
④	ユニオン	配管同士を回すことなく接続するときに用いる
⑤	ティー	分岐部分に用いる
⑥	90°エルボ	直角部分に用いる
⑦	径違いエルボ	口径の異なる配管の直角部分に用いる
⑧	異径ソケット	内ねじ式で口径の異なる配管同士の接続に用いる
⑨	ブッシング	配管径を縮小するときに用いる
⑩	プラグ	配管終端をふさぐときに用いる
⑪	45°エルボ	45°曲がり配管の部分に用いる
⑫	フランジ	配管同士の管端に取り付け、接続するときに用いる

よく出る問題

問 1 ［難易度 😊😐😠］

図の各管継手の名称を答えなさい。

(1)	(2)	(3)	(4)

問 2 ［難易度 😊😐😠］

管継手の写真とその説明について、誤っているものは次のうちどれか。

(1)	(2)	(3)	(4)
配管の直角部分に用いる	内ねじ式で同径の配管同士の接続に用いる	配管径を縮小するときに用いる	口径の異なる配管の直角部分に用いる

解説

(4) の写真はフランジです。配管同士の管端に取り付け、接続するときに用います。口径の異なる配管の直角部分に用いる管継手は、径違いエルボです。

解答 問１－(1) ユニオン　(2) ティー　(3) プラグ　(4) ニップル
問２－(4)

レッスン 1-6

写真鑑別 6（支持金具と工具類）

重要度

表1と表2は、不活性ガス消火設備等に用いられる配管の支持金具と工事の際によく使用される工具です。重要！

●表1　支持金具●

		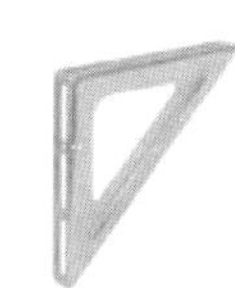
吊りバンド 天井部から吊り下げられる横走り配管の支持に使用します。	Uボルト Uの字形状のボルトで、主に配管等を固定するために使用します。	三角ブラケット 横走り配管を壁面に支持固定するために使用します。

●表2　工具●

パイプレンチ ネジ部を締めつけたり緩めたりする場合に使用します。	ねじ切り機 パイプのおねじを切るために使用します。	チェーントング 鎖パイプレンチとも呼ばれ、主に太いパイプの締付けに使用します。
	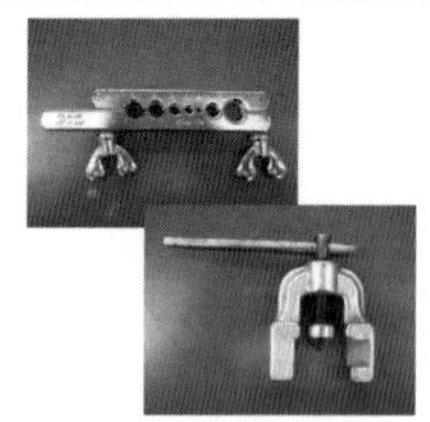	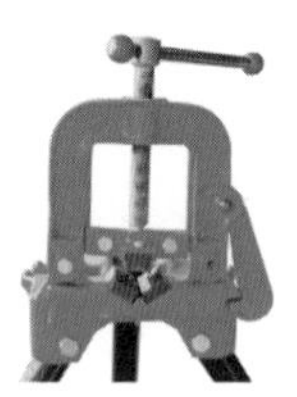
パイプカッター カッターホイールと呼ばれる周囲が鋭いクサビ形状をした円盤状の刃を、パイプに食い込ませた状態でパイプの周囲を回転させて切断を行う工具です。	フレアーツール 銅管をラッパ状に加工するために使用します。	パイプバイス 主に、太いパイプの締付けに使用します。

よく出る問題

問 1　［難易度 😊😐😞］

次の配管支持金具の名称を語群の中から答えなさい。

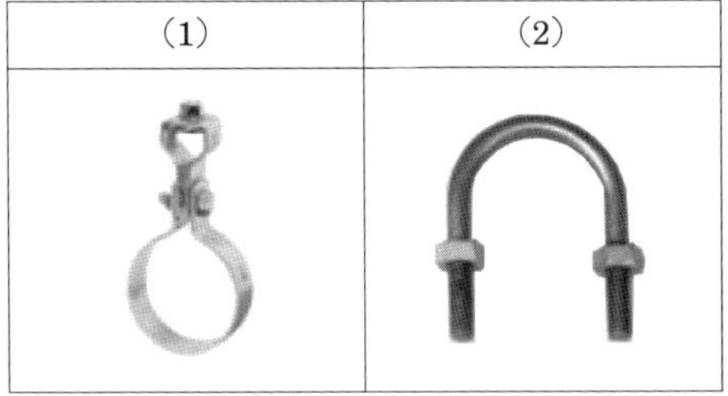

語群

ア）たて管バンド　　イ）吊りボルト　　ウ）Ｕボルト
エ）サドル　　　　　オ）吊りバンド

問 2　［難易度 😊😐😞］

次の工具の名称と用途を答えなさい。

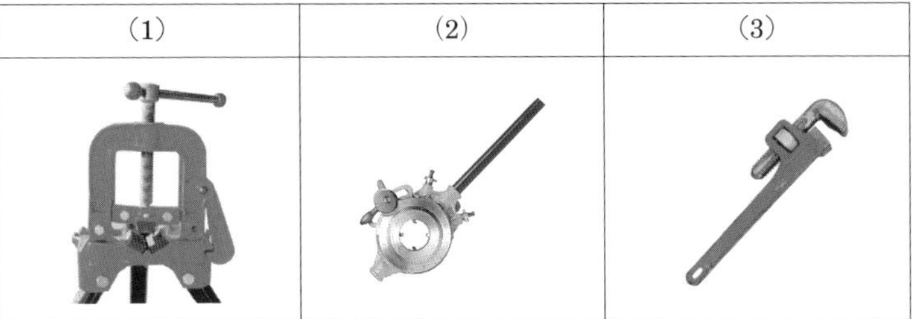

解答　問１－（1）オ　（2）ウ

問２－

	名　称	用　途
（1）	パイプバイス	主に、太いパイプの締付けに使用する
（2）	ねじ切り機	パイプのおねじを切るために使用する
（3）	パイプレンチ	ネジ部を締め付けたり緩めたりするために使用する

レッスン 1-7

点　検

重要度

不活性ガス消火設備、ハロゲン化物消火設備又は粉末消火設備の点検に際して重要となる部分を次に取り上げます。

(1) 機器点検における消火剤量の確認

各設備の機器点検における消火剤量の点検方法とその判定方法を表1に示します。

● 表1　消火剤量の点検（消火剤貯蔵容器）●

設備の種類	点検方法	判定方法
不活性ガス消火設備（高圧式）	(1) 秤を用いて行う方法 (2) 液面計（液化ガスレベルメータ）を用いて行う方法 (3) 容器内圧力による方法	消火剤量の測定結果を設計図書と照合し、その差が充てん量の**10%以内**であること。
ハロゲン化物消火設備（蓄圧式）	(1) 秤を用いて行う方法 (2) 液面計（液化ガスレベルメータ）を用いて行う方法	消火剤量の測定結果を設計図書と照合し、その差が充てん量の**10%以内**であること。

また、粉末消火設備（加圧式又は蓄圧式）の場合は、秤を用いて、所定の消火剤が規定量以上貯蔵されていることを確認します。

さらに、**起動用ガス容器**のガス量は、バネ秤又は**秤量計**（ひょうりょうけい）を用いて質量を測定し、二酸化炭素の記載質量と計量質量の差が充てん量の**10%以内**であることを確認します。この点検方法と判定方法は、不活性ガス消火設備、ハロゲン化物消火設備、粉末消火設備に共通する事柄です。

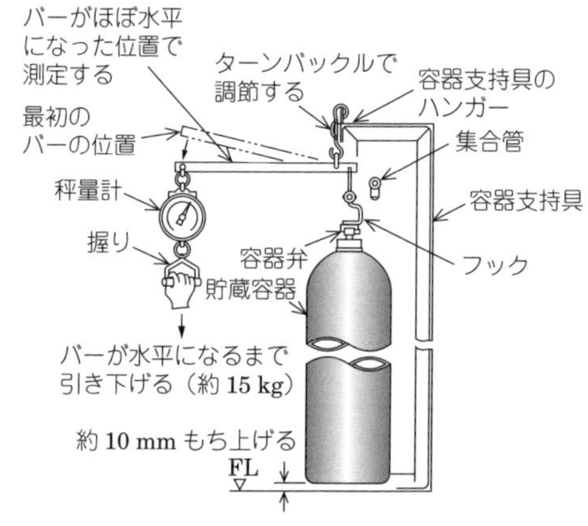

● 図1　高圧式貯蔵容器の薬剤量の測定要領（棹秤式秤量計による例）●

(2) 総合点検における試験用ガス

点検項目、点検方法、判定方法は各設備について点検要領で規定されています。総合点検では試験用ガスを放射して、警報装置が確実に鳴動することや配管からの試験用ガスの漏れがないことなどを確認します。ここでは特に、試験用ガスが重要ですので設備ごとの相違点に着目して理解を深めてください。

● 表2　全域放出方式及び局所放出方式 ●

設備の種類		点検方法（試験用ガス）
不活性ガス消火設備	高圧式	**窒素ガス**又は**空気**とし、放射量は点検を行う放射区画の消火剤必要貯蔵量の**10％相当の量**を用いる。ただし、設置消火剤貯蔵容器と同容量の貯蔵容器を使用し、**5本を超えない**こと。
	低圧式	放射に用いる消火剤量は、点検を行う放射区画に必要な薬剤量の10％以上又は代替薬剤として窒素ガス40 L入りを5本以上用いて行う。
ハロゲン化物消火設備	蓄圧式	**窒素ガス**又は**空気**とし、放射量は点検を行う放射区画の消火剤必要貯蔵量の**10％相当の量**を用いる。ただし、設置消火剤貯蔵容器と同容量の貯蔵容器を使用し、**5本を超えない**こと。
	加圧式	**窒素ガス**又は**空気**とし、放射量は点検を行う放射区画に必要な薬剤量を放射するに要する加圧用ガスの**10％以上**で放射して行う。
粉末消火設備	加圧式	放射に用いる試験用ガスの量は、点検を行う放射区域の必要消火剤量を放射するのに要する加圧用ガスの**10％以上**で、設置されている**加圧用ガス容器を用いる**。
	蓄圧式	放射に用いる試験用ガスの量は、点検を行う放射区域の必要消火剤量を放射するのに要する蓄圧用ガスの**10％以上**で、**クリーニング用に設置されたものを用いて行う**。

● 表3　移動式 ●

設備の種類	点検方法（試験用ガス）
不活性ガス消火設備	**窒素**又は**空気**による放射は、ユニット**5個以内**ごとに任意のユニットで、貯蔵容器と同一仕様の試験用ガス容器**1本**を用いて行う。
ハロゲン化物消火設備	**窒素**又は**空気**による放射は、ユニット**5個以内**ごとに任意のユニットで、貯蔵容器と同一仕様の試験用ガス容器**1本**を用いて行う。
粉末消火設備	試験用ガスによる放射は、ユニット**5個以内**ごとに任意のユニットで**加圧用ガス容器**又は**クリーニング用ガス容器1本**の試験用ガスを放射して行う。

よく出る問題

問 1 ［難易度 😊😐😣］

不活性ガス消火設備（高圧式）の点検要領における消火剤量の点検方法を三つ述べなさい。また、点検結果が次のような場合、点検票の判定欄に記入する印は「○印（正常の場合）」か「×印（不良の場合）」のどちらであるかを理由とともに答えなさい。

消火剤の種別	設計図書の記載	測定結果
二酸化炭素	50 kg	46 kg

解答 問1 －●消火剤量の点検方法：①秤を用いて行う方法，②液面計（液化ガスレベルメータ）を用いて行う方法，③容器内圧力による方法

●判定：○，理由：消火剤量の測定結果と設計図書の記載の差は4 kgであり、充てん量の10％以内であるから。

これは覚えておこう！

レッスン１の重要事項のまとめ

① **防護区画の内部と外部の機器**：光電式スポット型感知器、噴射ヘッド、手動起動装置（操作箱）などの名称や用途を答えられるようにしておく。

② **貯蔵容器室に設置される機器**：起動用ガス容器、選択弁、安全装置などの名称や用途を答えられるようにしておく。

③ **移動式**：不活性ガス消火設備（二酸化炭素）や粉末消火設備等の移動式について、**貯蔵タンク**、**加圧用ガス容器**など、各部分の名称や用途を答えられるようにしておく。

④ **貯蔵容器の刻印**：貯蔵容器の刻印を見てそれらが示す意味を答えられ、さらに刻印の数字から**消火剤充てん量**を計算できるようにしておく。

⑤ **配管材料**：主な配管材料（管継手）のうち、ニップル、ソケット、ユニオンなどの名称や用途を答えられるようにしておく。

⑥ **支持金具と工具類**：主な配管の支持金具と工具のうち、**吊りバンド**やフレアーツールなどの名称や用途を答えられるようにしておく。

⑦ **点検**：機器点検における**消火剤量の確認方法**や総合点検における**試験用ガス（窒素又は空気）**を正確に答えられるようにしておく。

レッスン 2 製 図

製図試験は、概ね次の二つに分類されます。
（1）未完成の系統図を提示して完成させるもの
① 配管、配線などを記入させるもの
② 閉止弁や安全装置などを所定の箇所に記入させるもの
③ 特に粉末消火設備では、弁の開閉状態を記入させるもの
（2）図面の誤りを訂正させるもの
① 配管、配線などの誤りを訂正させるもの
② 逆止弁の未記入、位置や方向の誤りを指摘させるもの

● 2-1「**動作フロー**」をあえて2学期のレッスン2-1に掲載しました。1学期と2学期のレッスン1までで不活性ガス消火設備等のほとんどのことが理解できたと確信しています。あとは「製図試験」ですが、製図に移る前にもう一度不活性ガス消火設備等全体の動き（流れ）をおさらいしておきましょう。苦手意識のある製図試験を克服するためにも、動作フローを学ぶことが重要です。

● 2-2「**消火剤量の計算**」から製図試験対策の開始です。消火剤の種別、防護区画の大きさや用途などが問題の条件として与えられるので、必要となる消火剤の量や貯蔵容器の本数を計算で求めます。

● 2-3「**操作管の製図**」では、操作管のどこに、どの向きに逆止弁を入れるかが重要になってきます。逆止弁の位置と向きによって、どの防護区画に何本の貯蔵容器を作動させるかが決まるので、その“コツ”を理解できれば製図試験は怖いものなしです。

● 2-4「**電気配線の製図**」では、手動起動装置（操作箱）、音響警報装置（スピーカー）及び放出表示灯を問題に応じて適切な場所にきちんと配置できるかが問われます。

なお、製図試験を解答する上で必要となる図記号は、問題の中で凡例又は記号の説明として示されます。それらの記号を間違いなく使用して解答を作成するようにしましょう。

● 2-5「**粉末消火設備1（消火剤量の計算）**」では、防護区画の用途から基準に適合する粉末消火剤を特定し、その上で必要となる消火剤の量を計算で求めます。

● 2-6「**粉末消火設備2（配管の製図）**」では、噴射ヘッドの位置があらかじめ示され、その上で配管を書き加える問題に挑戦してみます。

レッスン 2-1

不活性ガス消火設備等 1（動作フロー）

重要度 ✎✎✎

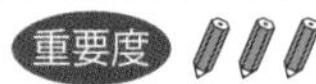

動作フローは、全域放出方式の二酸化炭素を放射する不活性ガス消火設備を例に取り上げます。これが基本となります。

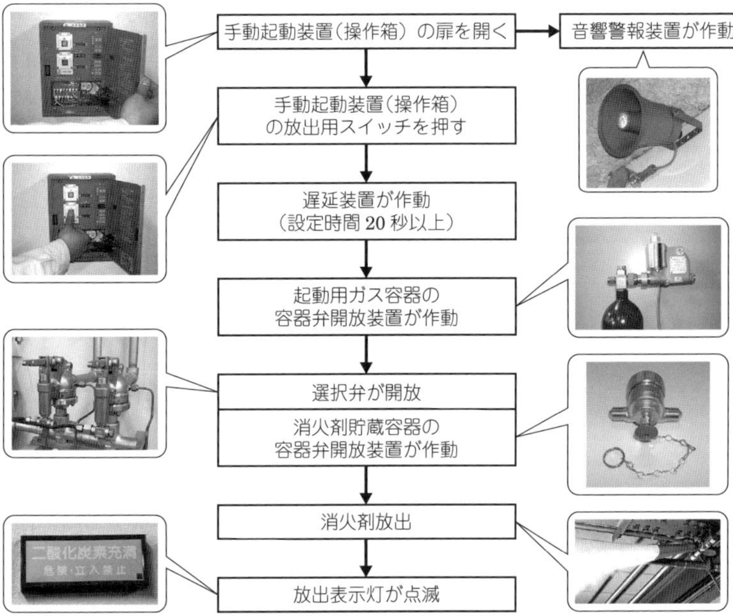

手動起動装置（操作箱）の扉を開く
音響警報装置が作動
手動起動装置（操作箱）の放出用スイッチを押す
遅延装置が作動（設定時間 20 秒以上）
起動用ガス容器の容器弁開放装置が作動
選択弁が開放
消火剤貯蔵容器の容器弁開放装置が作動
消火剤放出
放出表示灯が点滅
二酸化炭素充満
危険・立入禁止

● 図 1　動作フロー（手動起動）●

自火報受信機
逆止弁（不還弁）
常用電源
常用・非常電源
ピストンリレーザ
閉止弁
圧力スイッチ
他区画へ
噴射ヘッド
定温式スポット型感知器
光電式スポット型感知器
安全装置
選択弁
スピーカー
放出表示灯
標識板
注意銘板
起動用ガス容器
消火剤貯蔵容器
手動起動装置（操作箱）
ダンパー復旧弁
制御盤

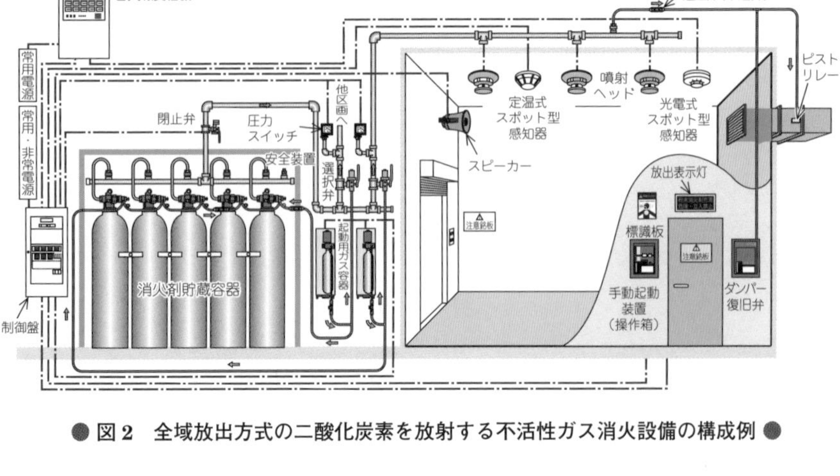

● 図 2　全域放出方式の二酸化炭素を放射する不活性ガス消火設備の構成例 ●

よく出る問題

問 1 ［難易度 😊😐☹️］

次に示す全域放出方式のハロン 1301 を放射するハロゲン化物消火設備の動作フローにおいて、ア、イ、ウに入る用語として適切なものの組合せは次のうちどれか。

(1)	ア	音響警報装置	イ	防護区画	ウ	火災灯
(2)	ア	放出用スイッチ	イ	選択弁	ウ	放出表示灯
(3)	ア	放出用スイッチ	イ	閉止弁	ウ	電源灯
(4)	ア	音響警報装置	イ	自動閉鎖装置	ウ	火災灯

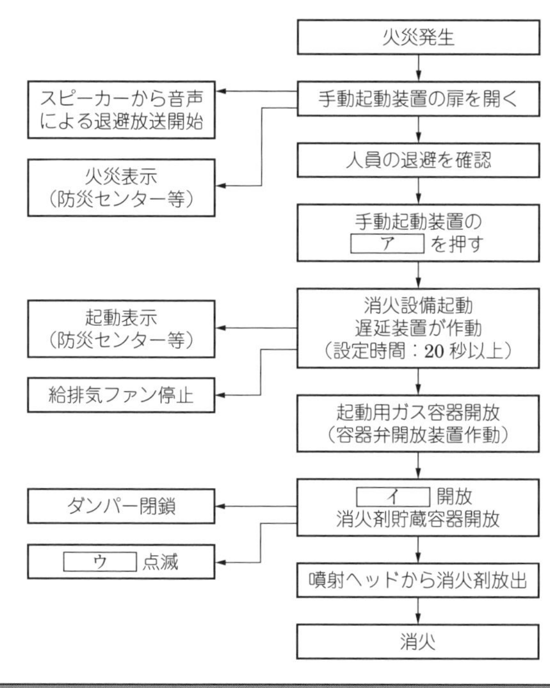

解説 図 1 は二酸化炭素を放射する不活性ガス消火設備の場合で、本問はハロン 1301 です。基本的な流れは同じです。

解答 問 1 −(2)

レッスン 2-2

不活性ガス消火設備等 2（消火剤量の計算）

重要度 ✎✎✎

製図試験では、防護区画についての条件が与えられた上で、必要消火剤量を計算し配管系統図を製図する問題が必ず出題されます。そこで解き進める手順をレッスン 2-2～2-4 で説明します。大きな流れは次の（1）～（4）のとおりです。

（1）**必要消火剤量の計算**

（2）**設置消火剤量の計算**

（3）**配管系統図の製図**

（4）**その他の部分の製図**

【例題 1】次の図は、ハロン 1301 を放射するハロゲン化物消火設備の系統図の一部である。系統図を完成させなさい。

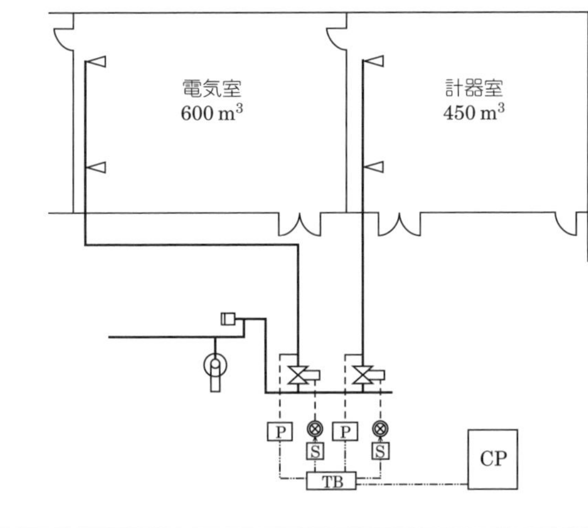

（1）必要消火剤量の計算 重要！

まず、試験問題では**防護区画の大きさや用途**が条件に示されます。

例題では、すでに区画の大きさが明記されているので、電気室と計器室の両区画に必要となる消火剤量を計算します。

電気室　$600\ \text{m}^3 \times 0.32\ \text{kg/m}^3 = 192\ \text{kg}$

計器室　$450\ \text{m}^3 \times 0.32\ \text{kg/m}^3 = 144\ \text{kg}$

ここで、消火剤によっては防護区画の用途により**必要消火剤量が異なる**ので注意が必要です。

例）二酸化炭素の場合、通信機器室 1.2 kg/m^3、1500 m^3 以上の機械式駐車場 0.75 kg/m^3。

解答のテクニック！

1 学期で学習した防火区画の体積 1 m^3 あたりに必要な消火剤量（例題では 0.32 kg）は覚えていなければなりません。他の消火剤についても同様です。

また、防護区画の開口部で、自動閉鎖装置を設けない場合、その面積によって**消火剤を加算**しなければならないので、これも注意しなければなりません。

例）ハロン 1301 で通信機器室の場合、2.4 kg/m^2。

(2) 設置消火剤量の計算 重要！

例題では、ハロン 1301 貯蔵容器 1 本に 50 kg の消火剤が充てんされています。したがって、設置消火剤量は次のとおりです。

電気室　192 kg ÷ 50 kg = 3.84　⇒　4 本

計器室　144 kg ÷ 50 kg = 2.88　⇒　3 本

なお、貯蔵容器の消火剤量ではなく、**貯蔵容器の内容積**と**充てん比**が与えられている問題も過去に出題されています。例えば、68 L のハロン 1301 貯蔵容器で充てん比が 1.36 である場合、50 kg が貯蔵量となります$\left(=\dfrac{68}{1.36}\right)$。

解答のテクニック！

容器本数は、小数第 1 位を切り上げて求めます。四捨五入ではありませんので注意しましょう。

ここで、レッスン 2 - 3 に進むための準備です。逆止弁は、流体が一方向にのみ流れる構造のものです（2 学期レッスン 1 - 2 参照）。

この逆止弁と起動用ガスの流れによって、貯蔵容器の放出本数を調整します。逆止弁のシンボルと流れ方向は図のとおりです。

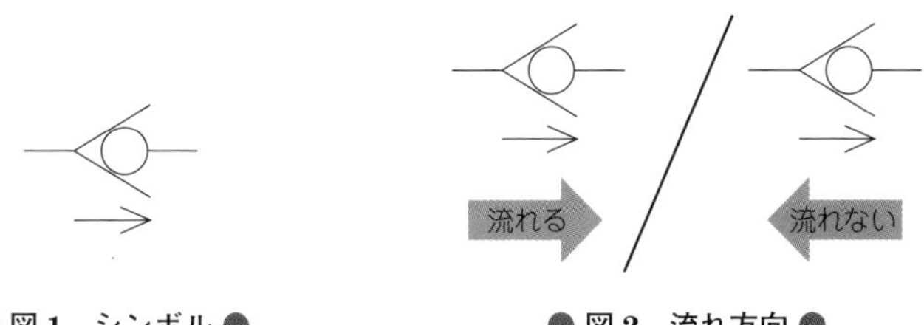

●図 1　シンボル●　　●図 2　流れ方向●

よく出る問題

問 1 ［難易度 😊😐😣］

次の表のような通信施設がある。この部分に全域放出方式の二酸化炭素を放射する不活性ガス消火設備を設置し、放出区画を選択できるようにした場合、必要となる消火剤の量を答えなさい。また、内容積 68 L の貯蔵容器で充てん比が 1.7 である場合、貯蔵容器は何本必要であるかも答えなさい。

通信施設の概要

	A 室	B 室	C 室
用途	変圧器室	通信機器室 1	通信機器室 2
床面の広さ	20 m × 20 m	20 m × 30 m	20 m × 25 m
天井の高さ	6 m	3 m	3 m
開口部	1 か所（自動閉鎖装置付き）、12 m^2	1 か所（自動閉鎖装置付き）、10 m^2	1 か所（自動閉鎖装置付き）、10 m^2

解説

まず、A 室から C 室までの防護区画の体積をそれぞれ計算してみましょう。

・A 室（変圧器室）　：20 m × 20 m × 6 m = 2400 m^3

・B 室（通信機器室 1）：20 m × 30 m × 3 m = 1800 m^3

・C 室（通信機器室 2）：20 m × 25 m × 3 m = 1500 m^3

次に、二酸化炭素は、

・変圧器室の場合、防護区画の体積 1 m^3 あたりの消火剤の量が 0.75 kg（ただし、1500 m^3 以上の場合）

・通信機器室の場合、防護区画の体積 1 m^3 あたりの消火剤の量が 1.2 kg

ですから、必要とする消火剤の量は次のとおり計算されます。なお、開口部はありますがすべて自動閉鎖装置付きであるため、消火剤の加算は考慮しません。

・A 室（変圧器室）　：2400 m^3 × 0.75 kg/m^3 = 1800 kg

・B 室（通信機器室 1）：1800 m^3 × 1.2 kg/m^3 = 2160 kg

・C 室（通信機器室 2）：1500 m^3 × 1.2 kg/m^3 = 1800 kg

内容積 68 L の二酸化炭素貯蔵容器で充てん比が 1.7 ですから、1 本は 40 kg（= 68/1.7）の貯蔵量となります。

2160 kg ÷ 40 kg = 54 ⇒ 54 本

したがって、最も多く消火剤を必要とする「B 室（通信機器室 1）」を対象に考え、貯蔵容器は 54 本必要になります。

解答のテクニック！

充てん比が何であるかを覚えていなければなりません。

問 2 [難易度 😊😐😠]

図のような施設で、A 室は通信機器室、B 室は発電機室である。この部分に全域放出方式のハロン 1301 を放射するハロゲン化物消火設備を設置し、放出区画を選択できるようにした場合の消火剤の必要量はいくらか。

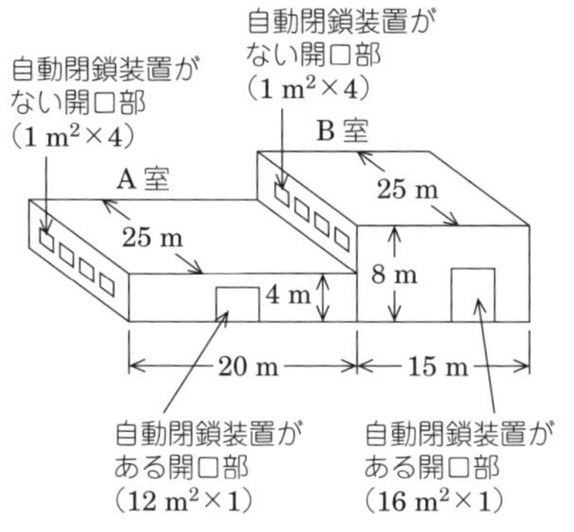

まず、A 室と B 室の防護区画の体積をそれぞれ計算してみましょう。

・A 室（通信機器室）：$20\ m \times 25\ m \times 4\ m = 2000\ m^3$

・B 室（発電機室）　：$15\ m \times 25\ m \times 8\ m = 3000\ m^3$

A 室、B 室ともに自動閉鎖装置がない開口部の面積は $4\ m^2$ ですので、付加するハロン 1301 の量は

$$4\ m^2 \times 2.4\ kg/m^2 = 9.6\ kg$$

となります。

そこで、A 室、B 室にそれぞれ必要な消火剤量を求めます。

・A 室（通信機器室）：$2000\ m^3 \times 0.32\ kg/m^3 + 9.6\ kg = 649.6\ kg$

・B 室（発電機室）　：$3000\ m^3 \times 0.32\ kg/m^3 + 9.6\ kg = 969.6\ kg$

よって、放出区画を選択できるようにした場合の消火剤の必要量は、消火剤を多く必要とする防護区画が「B 室（発電機室）」ですから、969.6 kg となります。

解答 問 1 − 消火剤の量：**2160 kg**、貯蔵容器の本数：**54 本**

問 2 − **969.6 kg**

レッスン 2-3

不活性ガス消火設備等 3 (操作管の製図)

重要度 ///

レッスン 2-2 に掲載の例題については、50 kg のハロン 1301 貯蔵容器 4 本を設置し、選択弁が 2 台必要となることがわかりました。レッスン 2-3 では、配管系統図、特に操作管の製図に進みます。

4 本のハロン 1301 貯蔵容器を電気室に 4 本、計器室には 3 本放出させる必要があります。火災が発生すると、その防護区画に対応した起動用ガス容器が作動し、起動ガスの圧力が操作管に加わります。必要とする貯蔵容器の容器弁開放装置を作動させるために、操作管のどこに**逆止弁**を入れるかを考えます。

計器室には 4 本の容器のうち 3 本でよいので、3 本には起動用ガスが流れ、残りの 1 本には起動用ガスが流れないような位置に逆止弁を入れます。**重要!**

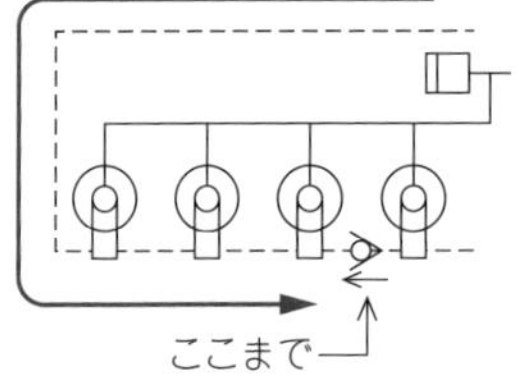

● 図 1 計器室用の起動用ガス ●

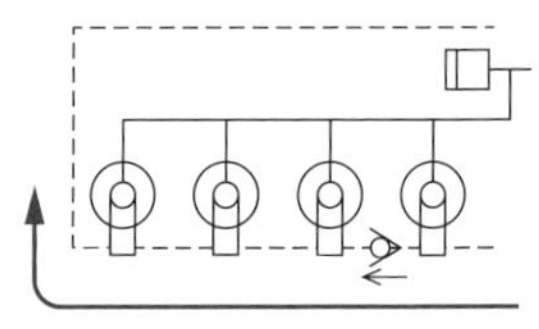

● 図 2 電気室用の起動用ガス ●

図 1 の位置と方向に逆止弁を入れれば、矢印のように起動用ガスの圧力が加わるので、3 本が放出することがわかります。

電気室は 4 本の放出が必要であるから、図 2 のように電気室用の起動用ガスの圧力が加わるように操作管を描きます。

例題は 2 区画ですが、区画が増えると逆止弁の数がさらに必要となります。

次に、電気室用の起動用ガスで計測室の選択弁が開放しないように逆止弁を図 3 のように描きます。**重要!**

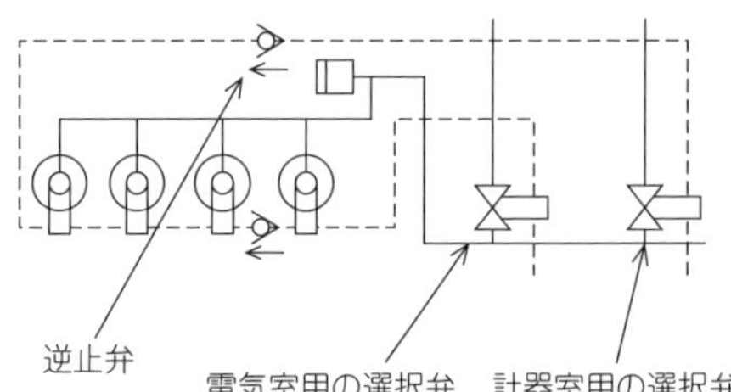

● 図 3 選択弁と逆止弁 ●

よく出る問題

問 1　[難易度]

次の図は全域放出方式のハロン1301を放射するハロゲン化物消火設備の系統図である。

(1)　配管用の安全装置を記入しなさい。

(2)　放出本数が正しくなるよう、逆止弁を訂正しなさい。

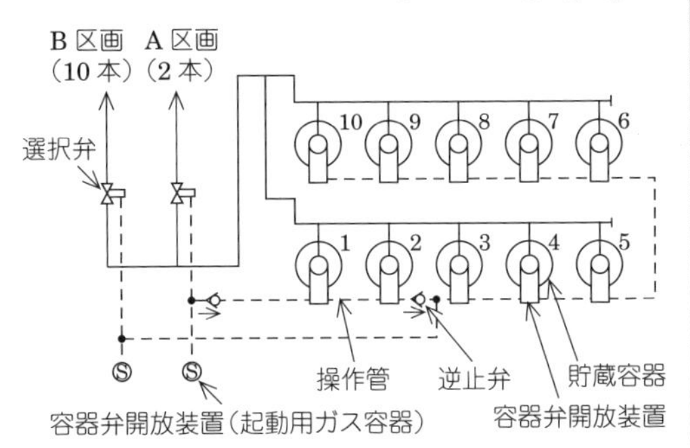

解説

問題に示された図のままでは、A区画用の起動用ガス容器が作動すると1番の貯蔵容器から10番まで10本すべての容器弁開放装置が作動することがわかります（図1）。A区画に必要なのは2本です。一方、B区画用の起動用ガス容器が作動すると、3番の貯蔵容器から10番まで8本の容器弁開放器が作動することがわかります（図2）。B区画に必要なのは10本です。2番の貯蔵容器と3番の貯蔵容器の間の操作管にある逆止弁の向きが逆だからです。

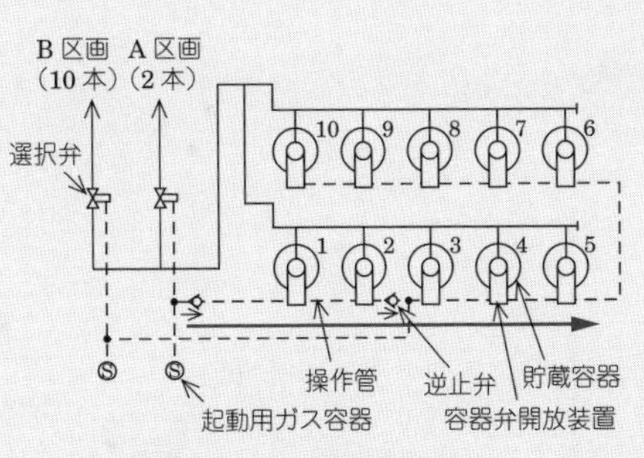

● 図1　A区画の場合 ●

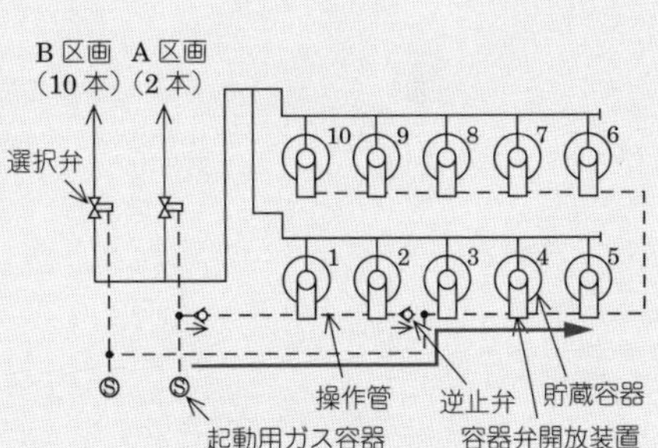

● 図2　B区画の場合 ●

解答　問1 −

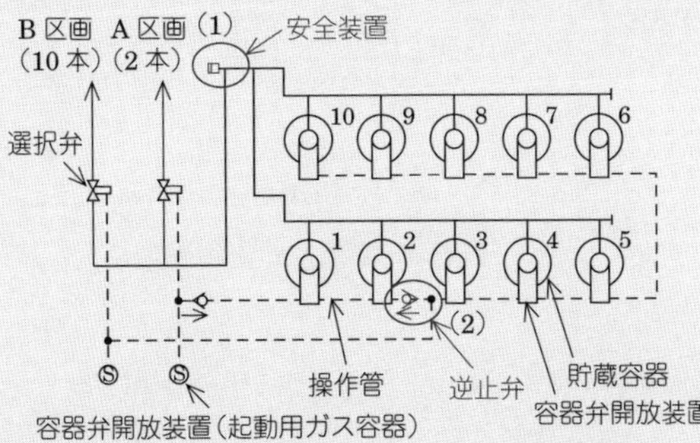

レッスン
2-4 不活性ガス消火設備等4（電気配線の製図）

重要度

レッスン2-2の例題について、貯蔵容器の本数を求め、操作管の製図まで進みました。ここまでできれば、あと少しで完成です。電気配線を製図し、完成させましょう。

(1) 手動起動装置

電気室、計器室それぞれについて**通常出入りする扉の近くに手動起動装置を配置**します。すべての扉ではありませんので注意してください。重要！

(2) スピーカー

電気室、計器室それぞれの内部にスピーカーを1台ずつ配置します。

(3) 放出表示灯

電気室、計器室それぞれのすべての扉の近くに放出表示灯を配置します。電気室と計器室で共用している扉には両側に放出表示灯が必要になることを忘れないようにしましょう。隣り合った防護区画の間に扉がある場合、**双方の部屋から放出表示灯が見えるよう、2台必要**になります。重要！

(4) 電気配線

手動起動装置、スピーカー、放出表示灯と制御盤を結ぶ電気配線を描きます。

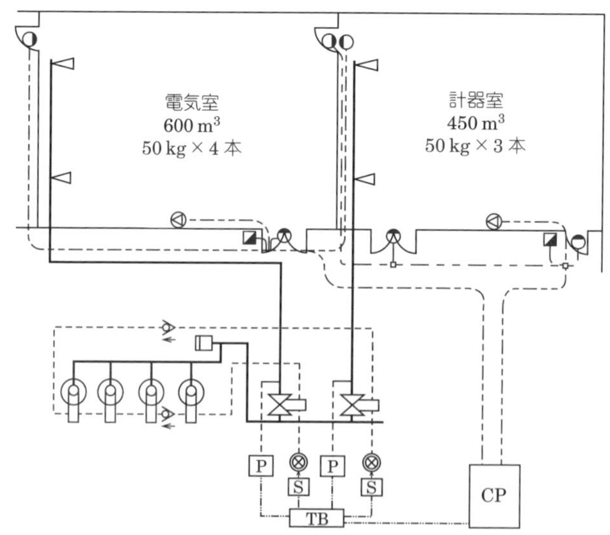

●図1　例題1の完成図●

よく出る問題

問 1 ［難易度 😊😐😠］

次の図は、全域放出方式の二酸化炭素を放射する不活性ガス消火設備を設置する防護区画である。放出表示灯と音響警報装置（スピーカー）を記入しなさい。

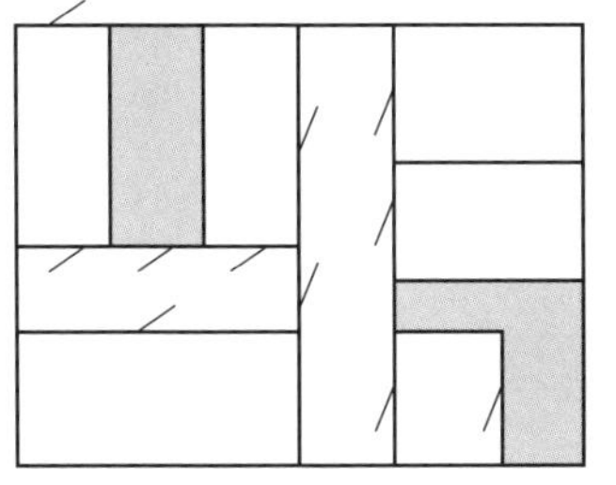

防護区画

放出表示灯

音響警報装置（スピーカー）

二酸化炭素ですから「防護区画と防護区画に隣接する部分」の安全対策に注意しなければなりません。まず、防護区画の内部にスピーカーを、出入口（扉）の**外側に放出表示灯**を設置します。次に、両防護区画に隣接する部分の**内部にスピーカー**を、その**外側に放出表示灯**がそれぞれ必要になります。このように順番を追って考えれば間違いなく完成できます。

解答のテクニック！

全域放出方式の二酸化炭素を放射する不活性ガス消火設備では、「隣接区画の安全対策」が“カギ”です。

どこが防護区画で、その防護区画に隣接する部分はどこなのかを明確に判断できるようにしておきましょう。

解答 問1－

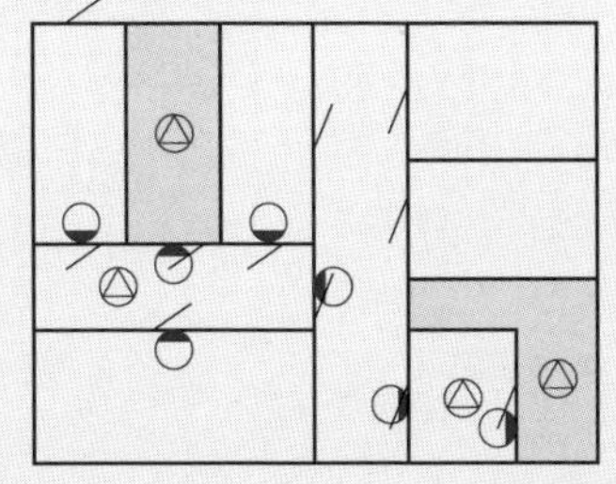

問 2　[難易度 😊😐😣]

全域放出方式のハロン 1301 を放射するハロゲン化物消火設備について、設問に答えなさい。

(1)　図 1 に記載の放出本数となるよう操作管と逆止弁を記入しなさい。なお、逆止弁の数は 8 個までとしなさい。

(2)　図 2 のそれぞれの配線について、次の記号で答えなさい。なお、電線の種類は最低限のものとしなさい。

A：耐火電線　B：耐熱電線　C：一般電線

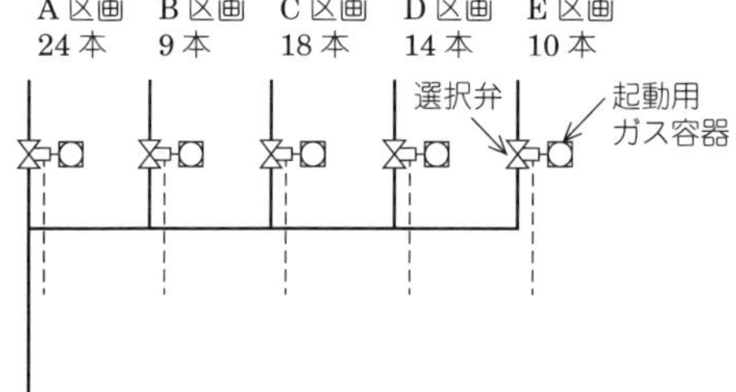

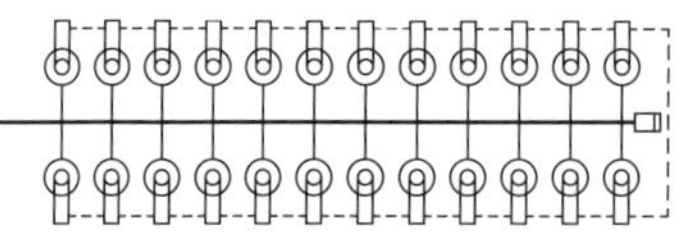

● 図 1 ●

①操作箱
②放出表示灯
③容器弁開放装置
④自動閉鎖装置
⑤排出装置
⑥感知器
⑦非常電源
制御盤

● 図 2 ●

操作管の記入と、逆止弁を入れる位置について順を追って解説します。

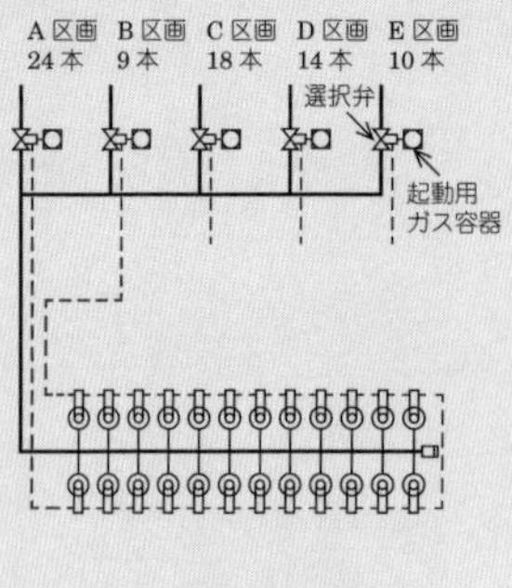

● 解図 1 ●

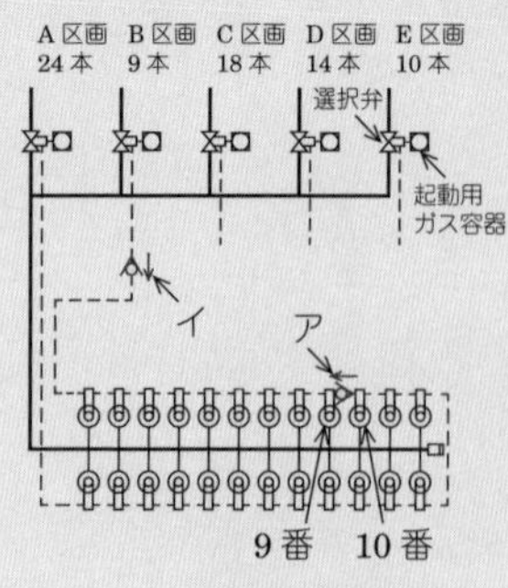

● 解図 2 ●

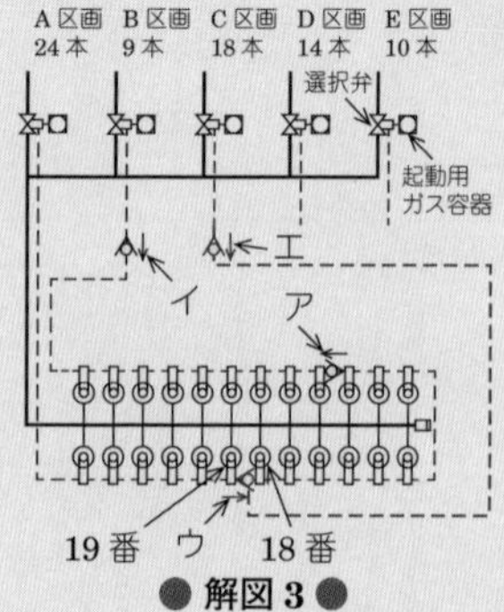

● 解図 3 ●

・まず、最も多い本数（A区画24本）と最も少ない本数（B区画9本）が開放するように操作管を描きます（解図1）。

解答のテクニック！

「最も多い本数」と「最も少ない本数」が開放するように操作管を描く。これがコツです。

・次に、B区画の9本が開放するように9番と10番の貯蔵容器の間に逆止弁（矢印ア）を入れます。このとき逆止弁の方向に注意しましょう。さらに、A区画用の起動用ガスでB区画用の選択弁も開放しないように逆止弁（矢印イ）を入れます。このときも逆止弁の方向に注意しましょう（解図2）。
・C区画の18本が開放するように18番と19番の貯蔵容器の間に逆止弁（矢印ウ）を入れてから操作管を描きます。A区画用の起動用ガスでC区画用の選択弁も開放しないように逆止弁（矢印エ）を入れます（解図3）。
・D区画とE区画についても同様に、逆止弁と操作管を記入します。

解答 問2－(1)

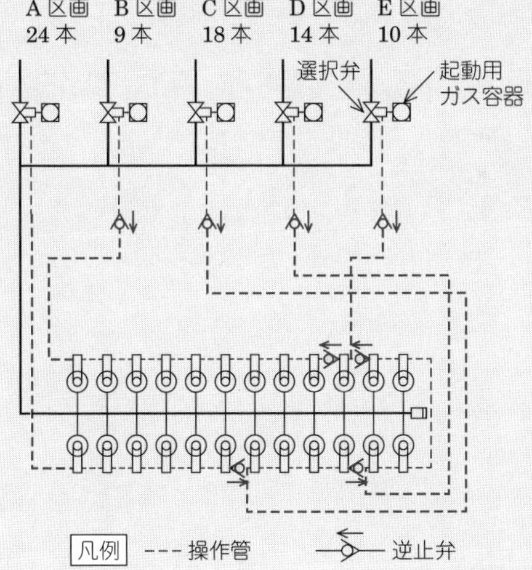

－(2)

①操作箱	B
②放出表示灯	B
③容器弁開放装置	B
④自動閉鎖装置	B
⑤排出装置	B
⑥感知器	C
⑦非常電源	A

問 3 ［難易度 😊😐😣］

図は、全域放出方式の二酸化炭素を放射する不活性ガス消火設備の系統図の一部である。設問に答えなさい。

(1) 貯蔵容器の本数を、計算式を示して答えなさい。

【条件】
① それぞれ防護区画は、通信機器室 1360 m³、変圧器室 680 m³、ボイラー室 510 m³ である。
② 開口部は、すべて自動閉鎖装置付きである。
③ 貯蔵容器の内容積は 68 L、充てん比は 1.6 である。

(2) 矢印 A と矢印 B について、それらの名称と目的を答えなさい。

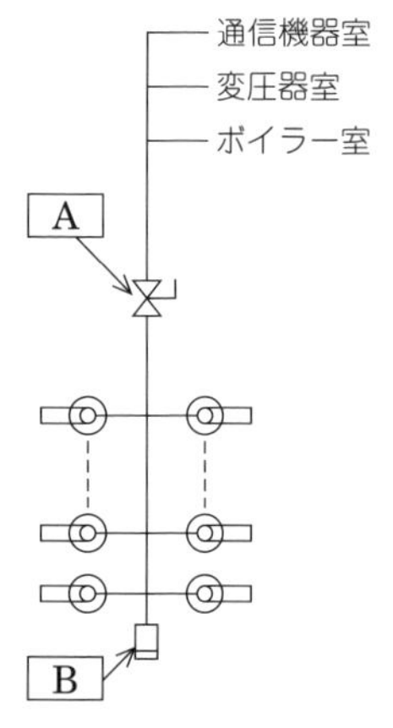

・通信機器室で防護区画の体積が 1360 m³ ですから、必要とされる消火剤量は

1360〔m³〕× 1.2〔kg/m³〕= 1632〔kg〕

となります。

・変圧器室で防護区画の体積が 680 m³ ですから、必要とされる消火剤量は

680〔m³〕× 0.8〔kg/m³〕= 544〔kg〕

となります。

・ボイラー室で防護区画の体積が 510 m³ ですから、必要とされる消火剤量は

510〔m³〕× 0.8〔kg/m³〕= 408〔kg〕

となります。

防護区画の用途によって、体積 1 m³ あたりの消火剤量が異なることに注意しましょう。

次に、貯蔵容器の内容積は 68 L、充てん比は 1.6 ですから、1 本あたりの充てん消火剤量は

68〔L〕÷ 1.6 = 42.5〔kg〕

です。

したがって、貯蔵容器の本数は次のとおり計算されます。

・通信機器室

1632〔kg〕÷ 42.5〔kg〕= 38.4 ⇒ 39 本

・変圧器室

544〔kg〕÷ 42.5〔kg〕= 12.8 ⇒ 13 本

・ボイラー室

408〔kg〕÷ 42.5〔kg〕= 9.6 ⇒ 10 本

解答のテクニック!

試験会場では、スマートフォンはもちろん電卓も使えません。手書きで正確に計算できるようにしておきましょう。

解答 問3 －(1)

	計算式	容器本数
通信機器室	**1360 × 1.2 ÷ (68 ÷ 1.6)**	**39本**
変圧器室	**680 × 0.8 ÷ (68 ÷ 1.6)**	**13本**
ボイラー室	**510 × 0.8 ÷ (68 ÷ 1.6)**	**10本**

－(2)

A	名称	**閉止弁**
	目的	**点検を実施する際に閉止し、点検時に誤放出があったとしても防護区画に二酸化炭素を放出させないようにする。**
B	名称	**安全装置**
	目的	**二酸化炭素貯蔵容器と選択弁までの閉鎖された部分に設けるもので、この部分に二酸化炭素が漏えいしたとしても配管の内圧が一定圧力以上になれば自動的に作動し、配管内部のガスを放出して、配管内の圧力上昇による破裂を防止する。**

レッスン 2-5 粉末消火設備 1（消火剤量の計算）

レッスン 2-4 までは、二酸化炭素とハロン 1301 を例に製図試験対策を学んできましたが、レッスン 2-5 からは粉末消火剤を取り上げます。しっかり得点に結びつくようにしてください。

【例題 2】

下の図は、全域放出方式の粉末消火設備を設置した駐車場の平面図である。条件に基づいて、次の各設問に答えなさい。

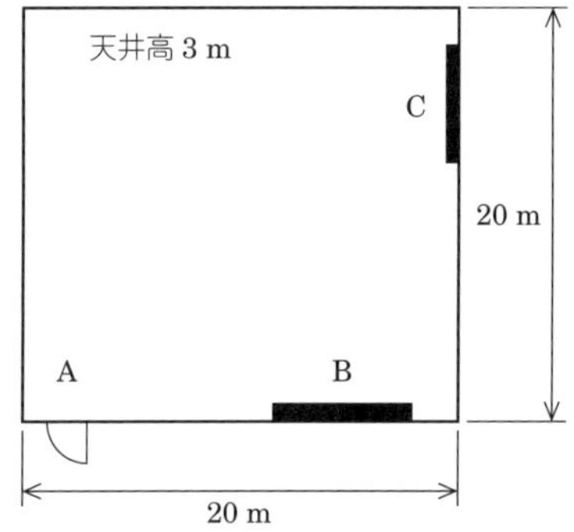

<条件>

1　開口部 A、B 及び C があり、それぞれの面積は 10 m² である。

2　開口部 A は自動閉鎖装置を有しているが、B 及び C には自動閉鎖装置がない。

(1) この駐車場に適している粉末消火剤の種別を①～④の中から一つ選びなさい。また、その成分を答えなさい。

　① 第 1 種粉末　② 第 2 種粉末　③ 第 3 種粉末　④ 第 4 種粉末

(2) この駐車場に必要な消火剤貯蔵量を、式を示した上で答えなさい。

(3) 噴射ヘッドについて、前 (2) の消火剤貯蔵量の放射時間及び放射圧力を答えなさい。

(4) この設備を加圧式とし、加圧用ガスに窒素ガスを用いる場合、その必要量を計算式を示した上で答えなさい。なお、窒素ガスは温度 35℃で 1 気圧の状態に換算した体積とする。

(1)　粉末消火剤の種別と限定

「駐車の用に供される部分に設ける粉末消火設備に使用する消火剤は、**第3種粉末**とするものとする。」との規定があり、その成分は「**りん酸塩類等を主成分とするもの**」となっています。

(2)　必要消火剤貯蔵量の計算

まず、防護区画（駐車場）の体積を計算すると

$20\ \mathrm{m} \times 20\ \mathrm{m} \times 3\ \mathrm{m} = 1200\ \mathrm{m}^3$

となります。第3種粉末は、防護区画の**体積 1 m³ あたり 0.36 kg 以上**必要ですから

$1200\ \mathrm{m}^3 \times 0.36\ \mathrm{kg/m}^3 = 432\ \mathrm{kg}$

と求められます。

一方、開口部B及びCには自動閉鎖装置がないため、開口部に対する消火剤の加算量は、開口部の**面積 1 m² あたりの消火剤の量が 2.7 kg** ですから

$10\ \mathrm{m}^2 \times 2.7\ \mathrm{kg/m}^2 \times 2$ か所 $= 54\ \mathrm{kg}$

となります。

したがって、この駐車場に必要な消火剤貯蔵量は

$432\ \mathrm{kg} + 54\ \mathrm{kg} = 486\ \mathrm{kg}$

と計算されます。

(3)　放射圧力と放射時間

噴射ヘッドの放射圧力は、**0.1 MPa 以上**であり、消火剤貯蔵量を**30秒以内**に放射できるものでなければなりません。

(4)　加圧用ガス

窒素ガスによる加圧式とする場合、窒素ガスは温度35℃で1気圧の状態に換算した体積として、**消火剤 1 kg につき 40 L 以上**必要です。したがって、この駐車場の加圧用窒素ガスは

$486\ \mathrm{kg} \times 40\ \mathrm{L/kg} = 19440\ \mathrm{L}$

と求められます。

解答のテクニック！

駐車場と第3種粉末の関係。さらに第3種粉末の成分を覚えておこう。

よく出る問題

問 1 [難易度]

平面図と条件は【例題 2】と同様の防火対象物であるが、その用途は駐車場でない。全域放出方式の第 1 種粉末を放射する粉末消火設備を設置する場合、必要な消火剤貯蔵量を、式を示した上で答えなさい。

防護区画の体積は、先に求めたように

$$20\ \mathrm{m} \times 20\ \mathrm{m} \times 3\ \mathrm{m} = 1200\ \mathrm{m}^3$$

です。第 1 種粉末は、防護区画の**体積 $1\ \mathrm{m}^3$ あたり 0.60 kg** 以上必要ですから

$$1200\ \mathrm{m}^3 \times 0.60\ \mathrm{kg/m}^3 = 720\ \mathrm{kg}$$

と求められます。

一方、開口部 B 及び C には自動閉鎖装置がないため、開口部に対する消火剤の加算量は、開口部の**面積 $1\ \mathrm{m}^2$ あたり**の消火剤の量が **4.5 kg** ですから

$$10\ \mathrm{m}^2 \times 4.5\ \mathrm{kg/m}^2 \times 2\ \text{か所} = 90\ \mathrm{kg}$$

となります。

したがって、この防護区画に必要な消火剤貯蔵量は

$$720\ \mathrm{kg} + 90\ \mathrm{kg} = 810\ \mathrm{kg}$$

と計算されます。

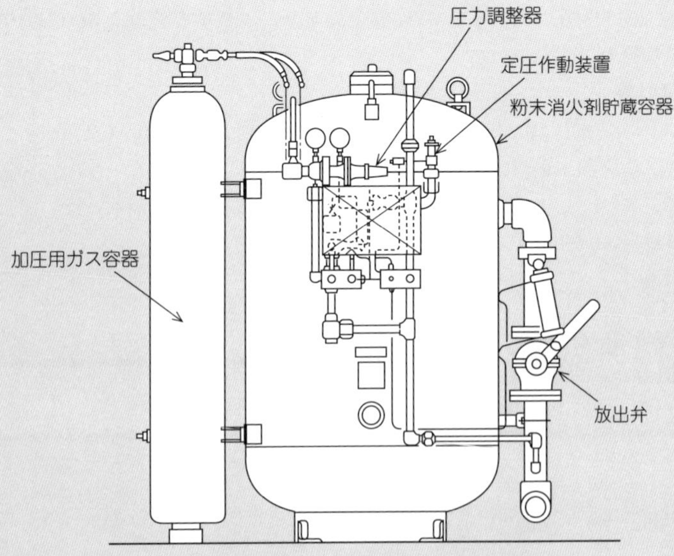

図 1　粉末消火剤貯蔵容器の例

問 2　［難易度 😊😐😠］

図は、駐車の用に供する部分に設置する粉末消火設備である。
設問に答えなさい。

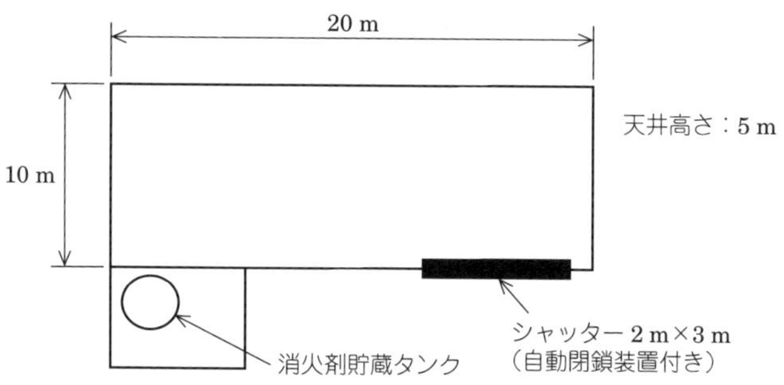

(1)　防護区画（駐車場）の体積を答えなさい。
(2)　この駐車場に必要な消火剤貯蔵量を、式を示した上で答えなさい。
(3)　消火剤の種別を答えなさい。
(4)　噴射ヘッドの放射圧力と放射時間を答えなさい。

解説

防護区画の体積は

$10\text{ m} \times 20\text{ m} \times 5\text{ m} = 1000\text{ m}^3$

です。

防護区画は駐車場ですから消火剤の種別は、**第 3 種粉末**。第 3 種粉末は、**防護区画の体積 1 m^3 あたり 0.36 kg** 以上必要ですから

$1000\text{ m}^3 \times 0.36\text{ kg/m}^3 = 360\text{ kg}$

と求められます。なお、シャッターは自動閉鎖装置付きなので、消火剤の付加はありません。

噴射ヘッドの放射圧力は **0.1 MPa** 以上であり、放射時間は **30** 秒以内となっています。

解答　問 1 −

消火剤貯蔵量	**810 kg**
計算式	**$20\text{ m} \times 20\text{ m} \times 3\text{ m} \times 0.60\text{ kg/m}^3 + 10\text{ m}^2 \times 4.5\text{ kg/m}^2 \times 2$ か所 $= 810\text{ kg}$**

問 2 −

(1)	**1000 m^3**
(2)	**$1000\text{ m}^3 \times 0.36\text{ kg/m}^3 = 360\text{ kg}$　　360 kg**
(3)	第 3 種粉末
(4)	放射圧力 **0.1 MPa** 以上　　放射時間 **30** 秒以内

レッスン 2-6

粉末消火設備 2（配管の製図）

粉末消火設備の製図試験では、噴射ヘッドの位置があらかじめ示され、その上で配管を書き加える問題が出題されます。

例題 3 を用いて解いてみましょう。

【例題 3】

次の図は、全域放出方式の粉末消火設備における噴射ヘッド（丸印の部分）の配置を示したものである。配管を記入せよ。

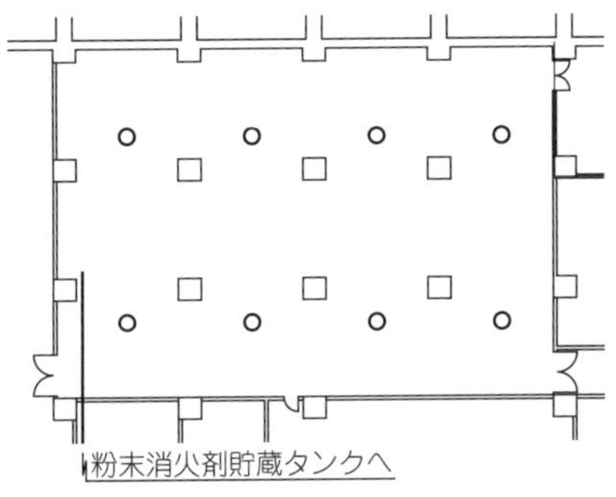

粉末消火設備の配管は、すべての噴射ヘッドから同じ圧力で均一な放射ができるように配置し、接続しなければなりません。したがって、**トーナメント配管**と呼ばれる方式の配管接続とすることが必要です。

また、配管の分岐部分において消火剤と加圧用ガスが分離しないように屈曲部から分岐部までの距離を**管径の 20 倍以上**とする方法や屈曲の方法を工夫して均一に分岐するようにしなければなりません。

まずは、隣り合った 4 個の噴射ヘッドを一つのグループとし、そのグループが二つできるのでそれらを一つの噴射ヘッドと見なして、「H」になるように配管で結んでいきます。

最後に、粉末消火剤貯蔵タンクまでの配管を壁や柱等に沿わせ、かつ**最短距離**になるように描きます。

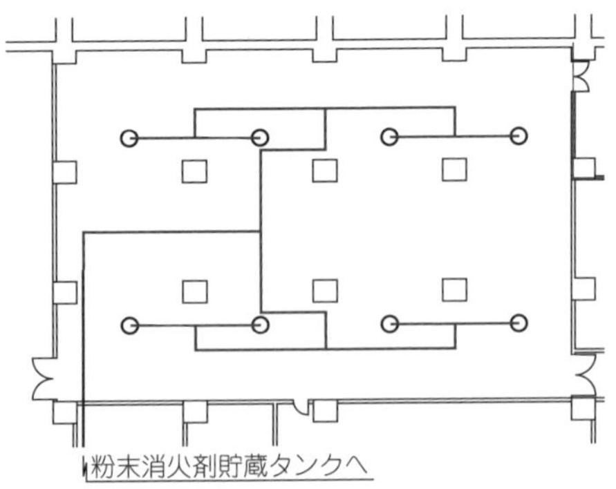

● 図 1　例題 3 の解図 ●

よく出る問題

問 1　[難易度 😊😐😠]

次に示す駐車場における粉末消火設備の図面について、配置された噴射ヘッドに対する配管を書き加えなさい。配管径は記入する必要がない。

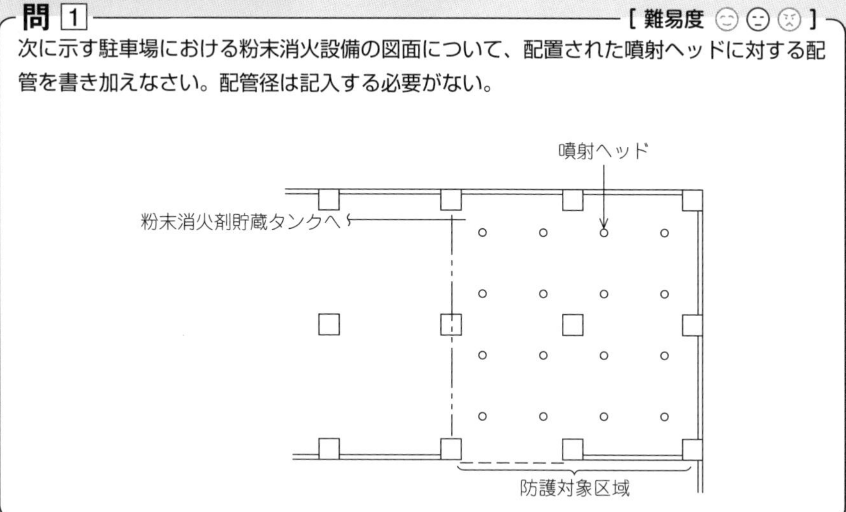

解説　隣り合った4個の噴射ヘッドを一つのグループとし、これらをアルファベットの「H」になるように配管で結びます。設問では、そのグループが四つできるのでそれらを一つの噴射ヘッドと見なして、再び「H」になるように配管で結んでいきます。

解答　問1 −

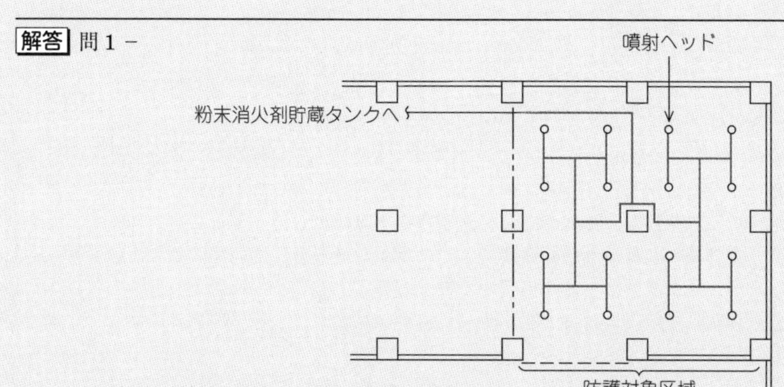

これは覚えておこう！

レッスン２の重要事項のまとめ

① **動作フロー**：製図に移る前にもう一度不活性ガス消火設備等全体の動き（流れ）を熟知しておく必要があります。問題によって若干の表現が異なるものの、大きな流れは変わらないので基本を覚えておきましょう。

② **消火剤量の計算**：消火剤の種別、防護区画の大きさや用途等が問題の条件として与えられるので、必要となる消火剤の量や貯蔵容器の本数を計算で求めます。

③ **操作管の製図**：操作管のどこにどの向きに**逆止弁**を入れるかが重要になってきます。逆止弁の位置と向きによって、どの防護区画に何本の貯蔵容器を作動させるかが決まるのでとても大切です。

④ **電気配線の製図**：**手動起動装置（操作箱）**、**音響警報装置（スピーカー）**及び**放出表示灯**を問題に応じて適切な場所にきちんと配置できるかが問われます。特に、二酸化炭素の場合「隣接区画の安全対策」に注意して、ここで得点できるようにしましょう。

⑤ **粉末消火設備の配管の製図**：**トーナメント配管**と呼ばれる方式の配管接続とすることが必要です。また、配管の分岐部分において消火剤と加圧用ガスが分離しないように屈曲部から分岐部までの距離を**管径の20倍以上**とする方法や屈曲の方法を工夫して均一に分岐するようにしなければなりません。

学習法のヒント！

製図試験で貯蔵容器の本数までは計算で求められても、大きな“障害”となるのが、逆止弁の位置と方向です。これがスラスラ解けるようになれば、“大きな得点源”になります。それには「数をこなす」ことが大切です。2学期のレッスン2-3「不活性ガス消火設備等3（操作管の製図）」で取り上げたようなことを、貯蔵容器の本数を変えて何度も繰り返して書いてみましょう。このとき、頭で想像して解ったつもりでいただけではダメです。紙に貯蔵容器、操作管そして逆止弁を実際に書いてみることが大切です。また、手書きで計算してみることも必要です。こうした練習をしていくことで、製図試験に対する苦手意識が次第になくなっていくでしょう。

これをやらないでいると、いつまでたっても製図試験が苦手科目のままになってしまいます。

模擬試験

模擬試験は、第１回、第２回ともに甲種３類の試験範囲を想定した内容になっていますが、乙種３類受験者に対しても、筆記試験、実技（鑑別等）試験分野の両分野において出題されやすい問題を掲載しています。

筆記試験、実技試験の両分野において、本試験の出題傾向に沿った豊富な問題を掲載しています。２学期までの復習・総仕上げとして取り組んでみてください。

レッスン 1 模擬試験（第１回）

✓＜筆　記＞

1 消防関係法令（共通）

✓問１　消防用設備等を設置する場合の基準として、正しいものは次のうちどれか。

(1)　特定防火対象物の地階と地下街が一体となっている場合、必ず区分して考えなければならない。

(2)　開口部のない耐火構造の床又は壁で区画されているときは、その区画された部分ごとに別の防火対象物と見なす。

(3)　階が異なる場合は、それぞれ別の防火対象物と見なす。

(4)　複合用途防火対象物の場合、用途部分ごとに必ず区分して考えなければならない。

✓問２　消防設備士免状の書換えや再交付について、誤っているものは次のうちどれか。

(1)　免状の記載事項に変更が生じたとき、書換えの申請ができるのは当該免状を交付した都道府県知事のみである。

(2)　免状の記載事項に、現住所は含まれていない。

(3)　同一都道府県内での本籍の変更については、書換えを必要としない。

(4)　亡失した免状を発見した場合は、10日以内に免状を再交付した都道府県知事に提出しなければならない。

✓問３　検定対象機械器具等の販売に際し、付されている必要がある表示は次のうちどれか。

(1)　登録認定機関が認定した旨の表示

(2)　品質評価に合格した旨の表示

(3)　型式適合検定に合格した旨の表示

(4)　技術上の規格に適合した旨の表示

✓問４　消防用設備等の設置及び維持命令に関し、誤っているものは次のうちどれか。

(1)　命令の対象者は防火対象部の関係者で権原を有するものである。

(2)　不適切な工事を行った消防設備士は、免状返納命令の対象となる。

(3)　消防用設備等設置・維持命令に違反した者は、罰則が科せられる。

(4)　工事着手の届出を怠っても、消防設備士に罰則が科せられることはない。

✓問５　消防設備士又は消防設備点検資格者に点検させなければならない防火対象物と延べ面積の組合せは次のうちどれか。

(1)　倉庫　　　200 m^2

(2)　図書館　　300 m^2

(3)　幼稚園　　500 m²
(4)　飲食店　　1000 m²

☑問6　消防用設備等の種類について、消防法令上、誤っているものは次のうちどれか。
(1)　自動火災報知設備、非常ベル及び自動式サイレンは、警報設備である。
(2)　排煙設備、非常コンセント設備及び無線通信補助設備は、消火活動上必要な施設である。
(3)　水噴霧消火設備、動力消防ポンプ設備及び連結散水設備は、消火設備である。
(4)　救助袋、緩降機及び避難はしごは、避難設備である。

☑問7　消防設備士の業務範囲について、誤っているものは次のうちどれか。
(1)　甲種特類の消防設備士は、特殊消防用設備等のほかすべての消防用設備等の工事又は整備ができる。
(2)　甲種第3類の消防設備士は、粉末消火設備の工事又は整備ができる。
(3)　乙種第1類の消防設備士は、屋外消火栓設備の整備ができる。
(4)　乙種第6類の消防設備士は、消火器の整備ができる。

☑問8　無窓階について、正しいのは次のうちどれか。
(1)　消火活動ができない階
(2)　採光のための窓を有しない階
(3)　避難上又は消火活動上有効な開口部を有しない階
(4)　排煙のための有効な開口部のない階

2 消防関係法令（3類）

☑問9　危険物施設に設置するハロゲン化物消火設備は、次のうちどの種類に該当するか。
(1)　第2種消火設備　　(2)　第3種消火設備
(3)　第4種消火設備　　(4)　第5種消火設備

☑問10　移動式の各消火設備に関し、誤っているものは次のうちどれか。
(1)　移動式の不活性ガス消火設備に使用する消火剤を二酸化炭素とした。
(2)　移動式の粉末消火設備に使用する消火剤を第3種粉末とした。
(3)　移動式のハロゲン化物消火設備に使用する消火剤をハロン1301とした。
(4)　移動式の不活性ガス消火設備に使用する消火剤を窒素とした。

☑問11　防火対象物又はその部分に設置する消火設備について、消防法令上、誤っているものは次のうちどれか。

(1) 火災のとき著しく煙が充満するおそれがないボイラー室に、移動式の粉末消火設備を設置する。

(2) 通信機器室に、全域放出方式の粉末消火設備を設置する。

(3) 駐車の用に供される部分に、局所放出方式の粉末消火設備を設置する。

(4) 飛行機の格納庫に、全域放出方式の二酸化炭素を放射する不活性ガス消火設備を設置する。

☑問12 指定可燃物を法令に定める数量の1000倍以上を貯蔵又は取り扱う部分に、全域放出方式の不活性ガス消火設備を設置できないのは、次のうちどれか。

(1) ぼろ及び紙くず（動植物油がしみ込んでいる布又は紙及びこれらの製品に限る。）又は石炭・木炭類に係るもの

(2) 可燃性固体類、可燃性液体類又は合成樹脂類（不燃性又は難燃性でないゴム製品、ゴム半製品、原料ゴム及びゴムくずを除く。）に係るもの

(3) 綿花類、木毛及びかんなくず、ぼろ及び紙くず（動植物油がしみ込んでいる布又は紙及びこれらの製品を除く。）、糸類、わら類、再生資源燃料又は合成樹脂類（不燃性又は難燃性でないゴム製品、ゴム半製品、原料ゴム及びゴムくずに限る。）に係るもの

(4) 木材加工品及び木くずに係るもの

☑問13 不活性ガス消火設備、ハロゲン化物消火設備又は粉末消火設備の設置及び維持に関する技術上の基準について、誤っているものは次のうちどれか。

(1) 消火剤容器は、点検に便利で、火災の際の延焼のおそれ及び衝撃による損傷のおそれが少なく、かつ、温度の変化が少ない箇所に設けること。

(2) 局所放出方式にあっては、非常電源を要しない。

(3) 全域放出方式の噴射ヘッドは、不燃材料で造った壁、柱、床又は天井により区画され、かつ、開口部に自動閉鎖装置が設けられている部分に設けること。

(4) 消火剤容器に貯蔵する消火剤の量は、防護対象物の火災を有効に消火することができる量以上の量となるようにすること。

☑問14 自動車の修理又は整備の用に供される部分に粉末消火設備を設置しなければならないとする場合、階層と床面積の組合せで正しいものは次のうちどれか。

	階層	床面積
(1)	3階	150 m^2 以上のもの
(2)	2階	100 m^2 以上のもの
(3)	1階	500 m^2 以上のもの
(4)	地階	150 m^2 以上のもの

☑問 15　防火対象物又はその部分に設置するハロゲン化物消火設備について、消防法令上、誤っているものは次のうちどれか。

(1)　昇降機等の機械装置により車両を駐車させる構造のもので、車両の収容台数が30 台である駐車場に設置する。

(2)　通信機器室で、床面積が 750 m^2 のものに設置する。

(3)　道路（車両の交通の用に供されるものであって総務省令で定めるものに限る。）の用に供される部分で、床面積が 650 m^2 の屋上部分に設置する。

(4)　変圧器室で、床面積が 300 m^2 のものに設置する。

3　構造・機能及び工事又は整備の方法

☑問 16　二酸化炭素を放射する全域放出方式の不活性ガス消火設備において、防火対象物又はその部分と放射時間について正しい組合せは次のうちどれか。

	防火対象物又はその部分	放射時間
(1)	ボイラー室	1 分
(2)	通信機器室	3 分
(3)	発電機室	5 分
(4)	綿花類を取り扱う室	10 分

☑問 17　HFC - 23 を放射するハロゲン化物消火設備を設置する防火対象物又はその部分の開口部について、次のアからエまでのうち正しい記述の組合せは次のうちどれか。

ア　床面からの高さが階高の 2/3 を超える位置にあれば設けてよい。
イ　階段室、非常用エレベーターの乗降ロビー等に面していなければ設けてよい。
ウ　防護区画の壁や床等の面積の合計の 10% を超えなければ設けてよい。
エ　すべての場合において自動閉鎖装置を設けなければならない。

(1)　ア、イとウ　　(2)　イとウ
(3)　ウとエ　　(4)　エのみ

☑問 18　配管材料について、正しくない組合せは次のうちどれか。

(1)　管軸の方向を曲げるもの　　エルボ、ベンド
(2)　まっすぐつなぐもの　　ソケット、カップリング
(3)　管端をふさぐもの　　キャップ、プラグ
(4)　分岐するもの　　ティー、ユニオン

☑問 19　二酸化炭素を放射する不活性ガス消火設備に関し、誤っているものは次のうちどれか。

(1)　全域放出方式において、噴射ヘッドの放射圧力は高圧式の場合 1.4 MPa 以上であること。

(2)　局所放出方式において、貯蔵消火剤量を 30 秒以内に放射できること。

(3)　局所放出方式において、必要量計算値に低圧式は 1.4 を乗じて貯蔵消火剤量を求める。

(4)　移動式において、貯蔵消火剤量は一つのノズルにつき 90 kg 以上であること。

☑問 20　体積が 1000 m^3 で、駐車の用に供する部分に粉末消火設備を設置する場合、必要消火剤量として正しいものは次のうちどれか。

(1)　150 kg　(2)　240 kg　(3)　360 kg　(4)　600 kg

☑問 21　全域放出方式において、20 秒以上となる遅延装置を設けることとされている消火剤の組合せで正しいものは次のうちどれか。

(1)　二酸化炭素、ハロン 1301　(2)　窒素、ハロン 1301

(3)　IG - 541、HFC - 23　(4)　二酸化炭素、HFC - 227ea

☑問 22　一般構造用圧延鋼板を日本産業規格（JIS）の材料記号で表す場合、正しい組合せは次のうちどれか。

	材料記号の例	材料記号のうち番号が示す意味
(1)	SK120	炭素含有量
(2)	FC200	炭素含有量
(3)	SS400	引張強さ
(4)	S45C	引張強さ

☑問 23　全域放出方式又は局所放出方式の不活性ガス消火設備の選択弁の設置基準として、消防法令上、誤っているものは次のうちどれか。

(1)　一の防火対象物に防護区画が 2 以上存する場合において貯蔵容器を共用するときは、防護区画ごとに選択弁を設けること。

(2)　選択弁は、火災の際に操作を容易にするため、防護区画内に設けること。

(3)　選択弁には、選択弁である旨の表示をすること。

(4)　選択弁には、どの防護区画又は防護対象物の選択弁であるかを表示すること。

☑問 24　粉末消火設備のバルブ類について、次のアからエまでのうち誤りはいくつあるか。

ア　消火剤を放射した場合において、著しく消火剤と加圧用又は蓄圧用ガスが分離し、又は消火剤が残留するおそれのない構造であること。
イ　同時放射する噴射ヘッドの放射圧力が均一となるように設けること。
ウ　材質は、日本産業規格 H5120、H5121 若しくは G5501 に適合するもので防食処理を施したもの又はこれらと同等以上の強度、耐食性及び耐熱性を有するものであること。
エ　放出弁は消防庁長官が定める基準に適合するものであること。
(1)　誤りはない　(2)　一つ　(3)　二つ　(4)　三つ

☑問 25　第3種粉末を使用する局所放出方式の粉末消火設備について、文章中の（　）に入る数値の組合せのうち正しいものは次のうちどれか。

可燃性固体類又は可燃性液体類を上面を開放した容器に貯蔵する場合その他火災のときの燃焼面が一面に限定され、かつ、可燃物が飛散するおそれがない場合、防護対象物の表面積 1 m² あたり（ア）kg の割合で計算した量に（イ）を乗じた量以上の量とすること。

	ア	イ
(1)	8.8	1.1
(2)	5.2	1.1
(3)	5.2	1.25
(4)	3.6	1.4

☑問 26　不活性ガス消火設備、ハロゲン化物消火設備又は粉末消火設備の起動装置に関し、誤っているものは次のうちどれか。
(1)　自動手動は、容易に切り替えられるものでなければならない。
(2)　自動及び手動を表示する表示灯を設けなければならない。
(3)　容易に操作できる箇所に設けなければならない。
(4)　自動手動の切替えは、かぎ等によらなければならない。

☑問 27　接地工事の種類と接地抵抗に関する記述で、（　）に入る数値の組合せのうち正しいものは次のうちどれか。

接地工事の種類	接地抵抗
C 種接地工事	（ア）Ω（漏電遮断器などの設置により、0.5 秒以内に地絡を生じた電路を遮断できれば（イ）Ω）
D 種接地工事	（ウ）Ω（漏電遮断器などの設置により、0.5 秒以内に地絡を生じた電路を遮断できれば（イ）Ω）

	（ア）	（イ）	（ウ）
(1)	100	150	10
(2)	10	500	10
(3)	10	500	100
(4)	100	150	100

☑問 28　電気計器のうち絶縁抵抗の測定に使用するものは次のうちどれか。

(1)　検流計　　(2)　電圧計　　(3)　メガー　　(4)　回路計（テスター）

☑問 29　キュービクル式以外の蓄電池設備において、文章中の（　）に入る数値の組合せのうち正しいものは次のうちどれか。

> 蓄電池設備を同一の室に 2 以上設ける場合には、蓄電池設備の相互の間は、（ア）m（架台等を設けることによりそれらの高さが（イ）m を超える場合にあっては、（ウ）m）以上離れていること。

	（ア）	（イ）	（ウ）
(1)	0.6	1.2	1.0
(2)	0.6	1.6	1.0
(3)	1.0	1.0	1.6
(4)	1.0	1.6	1.6

☑問 30　電線の接続に要求される事項のうち正しい組合せは、次のうちどれか。

	接続部の抵抗	引張強さ
(1)	絶縁抵抗を増加させないこと	20%以上減少させないこと
(2)	電気抵抗を増加させないこと	20%以上減少させないこと
(3)	電気抵抗を増加させないこと	30%以上減少させないこと
(4)	絶縁抵抗を増加させないこと	30%以上減少させないこと

☑問 31　不活性ガス消火設備、ハロゲン化物消火設備又は粉末消火設備の音響警報装置に関し、誤っているものは次のうちどれか。

(1)　手動又は自動による起動装置の操作又は作動と連動して自動的に警報を発するものであり、かつ、消火剤放射前に遮断されないものであること。

(2)　防護区画又は防護対象物にいるすべての者に消火剤が放射される旨を有効に報知できるように設けること。

(3)　全域放出方式のものに設ける音響警報装置は、音声による警報装置とすること。ただし、常時人のいない防火対象物（二酸化炭素を放射する不活性ガス消火設備のうち、自動式の起動装置を設けたものを設置したものを除く。）にあっては、この限りでない。また、ハロン 1301 を放射する全域放出方式のものにあっては、音声による警報装置としないことができる。

(4)　総務大臣が定める基準に適合するものであること。

☑問 32　移動式の不活性ガス消火設備等のホース、ノズル、ノズル開閉弁及びホースリールの基準において、誤っているものは次のうちどれか。

(1)　二酸化炭素の場合、60 kg/ 分以上の放射量で放射した場合、機能に異常を生じないものであること。

(2)　ハロン 1301 の場合、30 kg/ 分以上の放射量で放射した場合、機能に異常を生じないものであること。

(3)　第 1 種粉末の場合、45 kg/ 分以上の放射量で放射した場合、機能に異常を生じないものであること。

(4)　第 3 種粉末の場合、27 kg/ 分以上の放射量で放射した場合、機能に異常を生じないものであること。

☑問 33　不活性ガス消火設備等の放出弁の基準で、誤っているものは次のうちどれか。

(1)　手動により操作する部分には、操作の方向又は開閉位置を表示すること。

(2)　弁箱の外表面は、なめらかで、使用上支障のある腐食、割れ、きず又はしわがないものであること。

(3)　管との接続部は、管と容易に、かつ、確実に接続できるものであること。

(4)　粉末消火設備に用いるものの場合、仕切弁又は玉形弁であること。

☑問 34　電源電圧の定格電圧が 100 V の音響警報装置で、電源電圧が変動した場合、機能に異常を生じてはならないとされる幅として正しいものは次のうちどれか。

(1)　80 ～ 100 V　　(2)　85 ～ 120 V

(3)　90 ～ 110 V　　(4)　80 ～ 120 V

☑問 35　次に示す自家発電設備の基準のうち、誤っているものは次のうちどれか。

(1)　常用電源が停電した場合、自家発電設備に係る負荷回路と他の回路とを自動的に切り離すことができるものであること。

(2)　発電出力を監視できる電圧計及び電流計を設けること。

(3)　定格負荷における連続運転可能時間に消費される燃料と同じ量以上の容量の燃料が燃料容器に保有されるものであること。

(4)　常用電源が停電してから電圧確立及び投入までの所要時間は、60 秒以内であること。

4 基礎的知識（機械又は電気に関する部分）

☑問 36　クリープ現象の説明のうち、正しいものは次のうちどれか。

(1)　材料に荷重を加えたときに、時間とともに変形が増大していく現象のことをいう。

(2)　材料が時間とともに腐食していく現象をいう。

(3)　配線や電極として使用した金属成分が絶縁物の上を移動する現象をいう。

(4)　塑性変形同様に、時間に依存しない現象である。

☑問 37　ねじのピッチの説明について、正しいのは次のうちどれか。

(1)　ねじの山と隣り合う山の間隔をいう。

(2)　ねじの谷の部分の外径寸法をいう。

(3)　ねじ山の幅とねじ溝の幅とが等しくなる理論上の軸の直径をいう。

(4)　ねじのギザギザ部分がねじ山であるが、この角度をいう。

☑問 38　図 1 のおもりの重さは 100 g で、ばねは 1 cm のびる。図 2 のように 100 g のおもりが二つになった場合、ばねののびについて正しいものは次のうちどれか。

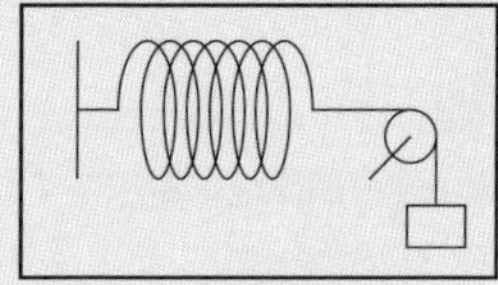

図 1

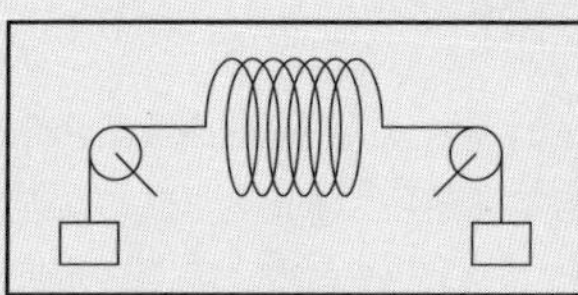

図 2

(1)　1 cm　　(2)　1.5 cm　　(3)　2 cm　　(4)　4 cm

☑問 39　力の三つの要素のうち、二つは「力の大きさ」と「力の向き」である。もう一つは次のうちどれか。

(1)　物体の質量　　(2)　物体を動かすために要する時間

(3)　物体を動かした距離　　(4)　物体に働く点

☑問 40　金属を所定の高温状態から急冷する熱処理は、次のうちどれか。

(1)　焼戻し　　(2)　焼入れ　　(3)　焼なまし　　(4)　焼ならし

☑問 41　比重は、物体の質量とその物体と同じ量の水の質量の比であるが、通常、何℃の水を標準にするか。次の中から選べ。

(1)　4℃　　(2)　20℃　　(3)　25℃　　(4)　35℃

☑問42　断面積が 0.2 mm²、抵抗率 $1.0 \times 10^{-6}\,\Omega\cdot\mathrm{m}$ の電線がある。抵抗が 5 Ω となる長さは次のうちどれか。

（1）　1.0 m　　（2）　1.5 m　　（3）　2.0 m　　（4）　2.5 m

☑問43　可動鉄片形計器について、誤っているものは次のうちどれか。

（1）　直流専用であり、電圧計や電流計に使用される。

（2）　コイルに発生した磁界中に鉄片を置くと磁気誘導作用を生ずる。この作用を利用した計器である。

（3）　可動部に電流を流さなくてよい。

（4）　可動鉄片形は交流に使用した場合、実効値を示し、2乗目盛となる。

☑問44　図のようなコンデンサの直列接続の場合、合成容量はいくつか。

（1）　2 μF　　（2）　3 μF　　（3）　16 μF　　（4）　48 μF

☑問45　変圧器の一次側の巻数が 20、二次側の巻数が 200 である場合、二次側の電圧を 1000 V 得るためには一次側に何 V 印加すればよいか。

（1）10 V　　（2）100 V　　（3）200 V　　（4）1000 V

<実　技>

5 鑑別等

問1　下の写真について、各設問に答えなさい。

【設問】

(1)　写真の機器の名称とその目的を答えなさい。

名称＿＿＿＿＿＿＿＿

目的＿＿＿＿＿＿＿＿＿＿＿＿＿＿＿＿＿＿＿＿＿＿＿＿＿＿＿＿＿＿

＿＿＿＿＿＿＿＿＿＿＿＿＿＿＿＿＿＿＿＿＿＿＿＿＿＿＿＿＿＿＿＿

(2)　自動式の場合、写真の機器を作動させるものは何か、答えなさい。

作動させるもの＿＿＿＿＿＿＿＿＿＿＿＿＿＿＿＿＿＿＿＿＿＿＿＿

問2　下図は粉末消火設備に使用される機器である。設問に答えなさい。

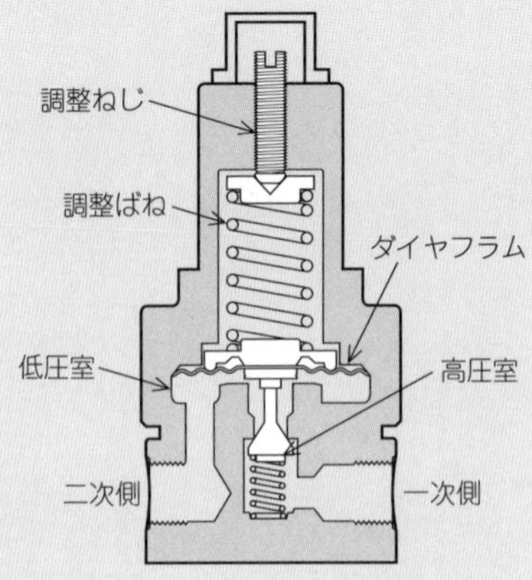

【設問】

(1)　この機器は、次のうちどれか。

ア　放出弁

イ　選択弁

ウ　容器弁

エ　圧力調整器

(2)　この機器を設ける目的を選びなさい。

ア　ガス圧が規定の圧力に達した時に圧力スイッチを作動させ、警報を発するためのものである。

イ　加圧用ガス容器のガス圧力を減圧調整するものである。

ウ　加圧ガス容器のガス圧が既定の圧力になったとき、放出弁を開放するためのものである。

エ　一定の圧力になったとき、貯蔵容器を開放するためのものである。

(1) ______

(2) ______

☑問３　下の写真は、移動式の粉末消火設備の一部である。

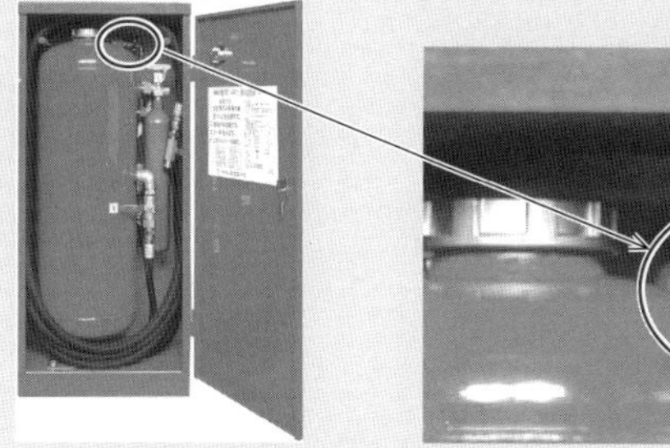

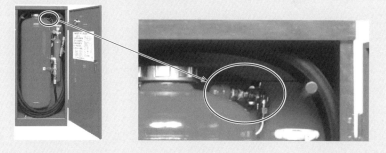

(1)　丸で囲んだ部分は弁であるが、その名称を答えなさい。

(2)　これを設ける理由を答えなさい。

名称 ______

理由 ______

______

☑問４　下の写真の名称を語群から選んで答えなさい。

(1)

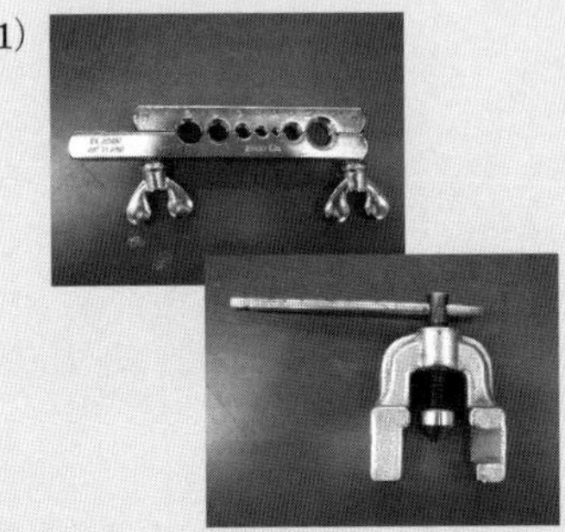

(2)

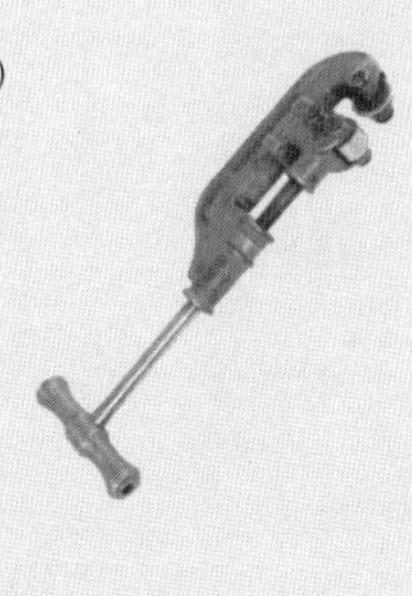

① チェーントング　② バンドソー　③ パイプレンチ
④ ねじ切り機　⑤ トルクレンチ　⑥ パイプカッター
⑦ 万力　⑧ フレアーツール　⑨ モーターレンチ
⑩ パイプリーマー

(1)＿＿＿＿＿＿　(2)＿＿＿＿＿＿

☑問５　下図は、不活性ガス消火設備等に使用される操作管である。設問に答えなさい。

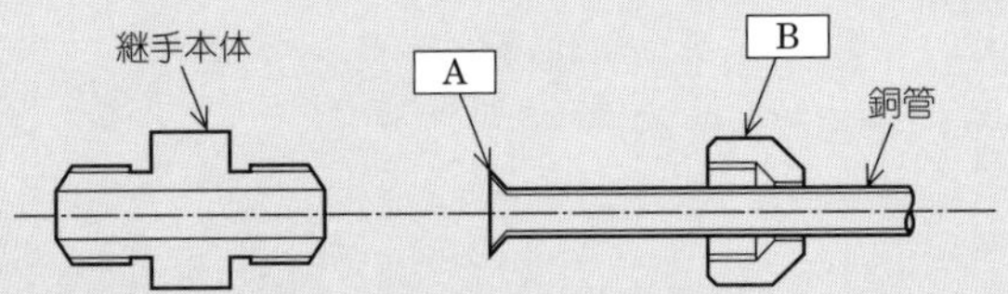

【設問】

(1)　A部の加工の名称と注意する点を書きなさい。

名称＿＿＿＿＿＿

注意点＿＿＿＿＿＿

(2)　B部の名称とその目的を答えなさい。

名称＿＿＿＿＿＿

目的＿＿＿＿＿＿

6 製　図

☑問１　下図は、二酸化炭素を放射する不活性ガス消火設備を設置した防護区画である。各設問に答えなさい。

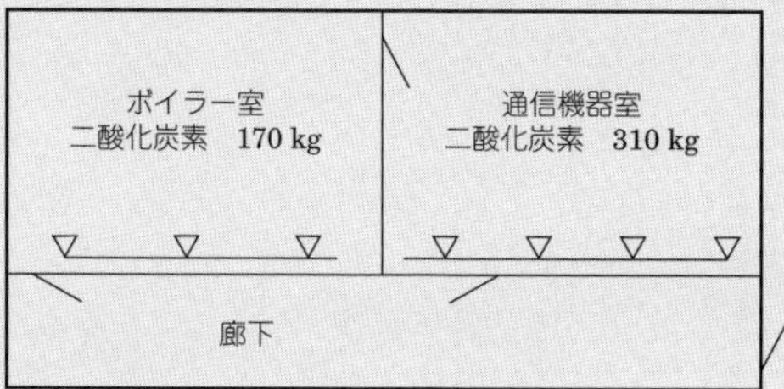

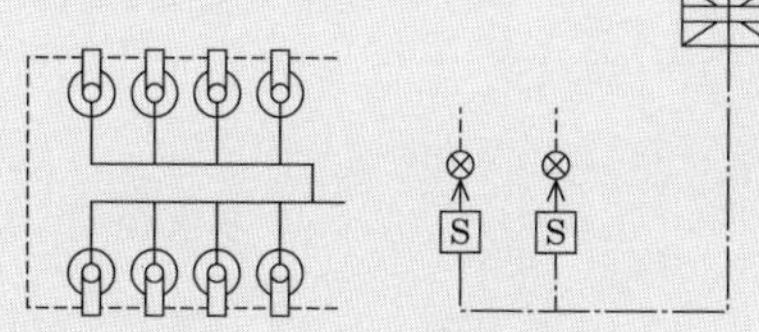

凡　例

	二酸化炭素貯蔵容器 内容積 68 L　充てん比 1.6
⊗	起動用ガス容器
	容器弁開放装置
	選択弁
	逆止弁（不環弁）
	安全装置
	噴射ヘッド
	閉止弁
	制御盤
	放出表示灯
	音響警報装置（スピーカー）
	手動起動装置（操作箱）
	配管
	操作管
	電気配線

【設問】

(1)　放出表示灯を記入しなさい。

(2)　音響警報装置（スピーカー）を記入しなさい。

(3)　手動起動装置（操作箱）を記入しなさい。

(4)　電気配線を記入しなさい。

(5)　配管と操作管を記入しなさい。

(6)　選択弁を記入しなさい。

(7)　逆止弁と安全装置を記入しなさい。

(8)　閉止弁を記入しなさい。

☑問２　下図は、駐車の用に供する部分に設置する粉末消火設備であり、自動閉鎖装置を設けない開口部 2 m² がある。各設問に答えなさい。

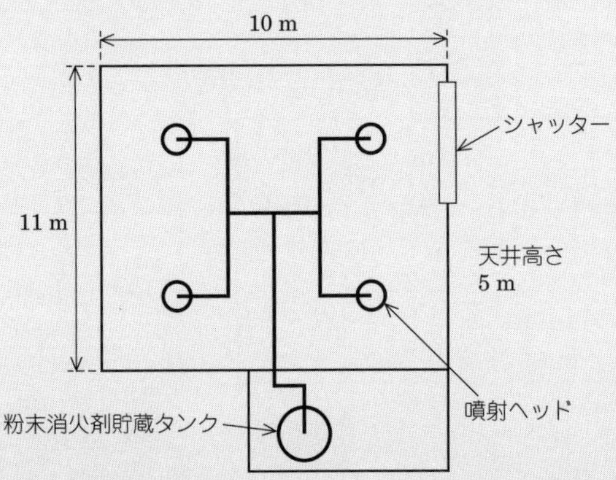

【設問】

(1)　消火剤の種別は何か。　＿＿＿＿粉末

(2)　防護区画の体積はいくつか。　＿＿＿＿m^3

(3)　必要消火剤量を、計算式を示して求めなさい。

＿＿＿＿kg

(4)　放射時間を答えなさい。　＿＿＿＿秒

(5)　噴射ヘッドの放射圧力を答えなさい。　＿＿＿＿MPa

模擬試験（第１回）解答

<筆　記>

☑問１　解答－(2)

解説　消防用設備等を設置する場合の基準として、開口部のない耐火構造の床又は壁で区画されているときは、その区画された部分ごとに別の防火対象物と見なします。

☑問２　解答－(1)

解説　消防設備士免状の記載事項に変更が生じた場合は、都道府県知事（免状を交付した知事だけではなく、居住地や勤務地の知事でもよい）に書換え申請をしなければなりません。

☑問３　解答－(3)

解説　検定対象機械器具等の販売に際し、付されている必要がある表示は、型式適合検定に合格した旨の表示です。

☑問４　解答－(4)

解説　工事着手の届出を怠った場合、消防設備士は 30 万円以下の罰金又は拘留に処されることがあります。

☑問５　解答－(4)

解説　特定防火対象物で延べ面積が 1000 m^2 以上のものは、消防設備士又は消防設備点検資格者に点検させなければならないので、設問の「飲食店 1000 m^2」が該当します。

☑問６　解答－(3)

解説　水噴霧消火設備、動力消防ポンプ設備は消火設備ですが、連結散水設備は、消火活動上必要な施設です。

☑問７　解答－(1)

解説　甲種特類の消防設備士は、特殊消防用設備等のほか取得している資格の消防用設備等の工事又は整備ができます。

☑問８　解答－(3)

解説　無窓階とは、建築物の地上階のうち、避難上又は消火活動上有効な開口部を有しない階をいいます。

☑問９　解答－(2)

解説　危険物施設に設置するハロゲン化物消火設備は、第３種消火設備に該当します。

☑問 10　解答－(4)

解説　移動式の不活性ガス消火設備に使用できる消火剤は、二酸化炭素のみです。

☑問 11　解答－(4)

解説　飛行機又は回転翼航空機の格納庫に設置できるのは、泡消火設備又は粉末消火設備とされており、不活性ガス消火設備は該当しません。

☑ **問 12**　解答－(1)

解説　ぼろ及び紙くず（動植物油がしみ込んでいる布又は紙及びこれらの製品に限る）又は石炭・木炭類に係るものに対して、全域放出方式の不活性ガス消火設備を設置することはできません。設置できるのは、水噴霧消火設備又は泡消火設備です。

☑ **問 13**　解答－(2)

解説　全域放出方式又は局所放出方式の不活性ガス消火設備、ハロゲン化物消火設備、粉末消火設備には、非常電源を附置することとされています。

☑ **問 14**　解答－(3)

解説　自動車の修理又は整備の用に供される部分に粉末消火設備を設置するとした場合、床面積が、地階又は 2 階以上は 200 m^2 以上、1 階は 500 m^2 以上のものとされています。

☑ **問 15**　解答－(3)

解説　法令上、道路（車両の交通の用に供されるものであって総務省令で定めるものに限る）の用に供される部分に設置できるのは、水噴霧消火設備、泡消火設備、不活性ガス消火設備又は粉末消火設備であって、ハロゲン化物消火設備は該当しません。

☑ **問 16**　解答－(1)

解説　二酸化炭素を放射する不活性ガス消火設備の場合、放射時間は次のとおりです。

ボイラー室、発電機室：1 分　　通信機器室：3.5 分

綿花類を取り扱う室：7 分

☑ **問 17**　解答－(4)

解説　HFC - 23 を放射するハロゲン化物消火設備を設置する防火対象物又はその部分の開口部については、すべての場合において自動閉鎖装置を設けなければなりません。

☑ **問 18**　解答－(4)

解説　ユニオンは、中央部分を分離できるので、両端をねじ込み後に接続するためのものです。めねじなので、おねじ器具、管、ニップルなどの間の継手として使います。

☑ **問 19**　解答－(3)

解説　二酸化炭素を放射する局所放出方式の不活性ガス消火設備では、必要量計算値に低圧式は 1.1 を乗じて貯蔵消火剤量を求めます。

☑問 20　解答－(3)

解説　駐車の用に供される部分に設ける粉末消火設備に使用する消火剤は、第3種粉末であり、防護区画の体積 1 m³ あたりの消火剤の量は 0.36 kg ですから、体積 1000 m³ である場合は 360 kg と求められます。

☑問 21　解答－(1)

解説　二酸化炭素又はハロン 1301 は、全域放出方式において 20 秒以上の遅延時間を設けることとされています。

☑問 22　解答－(3)

解説　一般構造用圧延鋼板を日本産業規格（JIS）の材料記号では SS400 などと表し、この番号が示すものは「引張強さ」です。

☑問 23　解答－(2)

解説　全域放出方式又は局所放出方式の不活性ガス消火設備の選択弁の設置基準として、防護区画以外の場所に設けることとされています。

☑問 24　解答－(1)

解説　設問のアからエまではすべて正しく、誤りはありません。

☑問 25　解答－(2)

解説　第 3 種粉末を使用する局所放出方式の粉末消火設備については、次のとおり規定されています。

可燃性固体類又は可燃性液体類を上面を開放した容器に貯蔵する場合その他火災のときの燃焼面が一面に限定され、かつ、可燃物が飛散するおそれがない場合、防護対象物の表面積 1 m² あたり 5.2 kg の割合で計算した量に 1.1 を乗じた量以上の量とすること。

☑問 26　解答－(1)

解説　不活性ガス消火設備等の起動装置には次のような基準により、自動手動切替え装置を設けることとされています。

・容易に操作できる箇所に設けること。
・自動及び手動を表示する表示灯を設けること。
・自動手動の切替えは、かぎなどによらなければ行えない構造とすること。

☑問 27　解答－(3)

解説　C 種接地工事の接地抵抗は、10 Ω（漏電遮断器などの設置により、0.5 秒以内に地絡を生じた電路を遮断できれば 500 Ω）であり、また、D 種接地工事の接地抵抗は、100 Ω（漏電遮断器などの設置により、0.5 秒以内に地絡を生じた電路を遮断できれば 500 Ω）です。

☑問 28　解答－(3)

解説　絶縁抵抗計はメガーとも呼ばれています。

☑ **問 29**　解答－(2)

解説　キュービクル式以外の蓄電池設備を同一の室に 2 以上設ける場合、蓄電池設備の相互の間は、0.6 m（架台などを設けることによりそれらの高さが 1.6 m を超える場合にあっては、1.0 m）以上離れていることとされています。

☑ **問 30**　解答－(2)

解説　「電気設備の技術基準の解釈」（第 12 条）では、電線を接続する場合は電線の電気抵抗を増加させないようにするほか、電線の引張強さを 20%以上減少させないこととされています。

☑ **問 31**　解答－(4)

解説　不活性ガス消火設備等の音響警報装置は、消防庁長官が定める基準に適合するものであることとされています。

☑ **問 32**　解答－(2)

解説　移動式の不活性ガス消火設備等のホース、ノズル、ノズル開閉弁及びホースリールの基準では、ハロン 1301 の場合、35 kg/分以上の放射量で放射した場合、機能に異常を生じないものであることとされています。

☑ **問 33**　解答－(4)

解説　不活性ガス消火設備等の放出弁の基準では、粉末消火設備に用いるものにあっては、仕切弁及び玉形弁その他これらに類するもの以外のものであることとされています。

☑ **問 34**　解答－(3)

解説　不活性ガス消火設備等の音響警報装置の基準では、電源電圧が定格電圧の 90%から 110%までの範囲で変動した場合に、機能に異常を生じないものであることとされています。

☑ **問 35**　解答－(4)

解説　自家発電設備の基準では、常用電源が停電してから電圧確立及び投入までの所要時間は 40 秒以内であることとされています。

☑ **問 36**　解答－(1)

解説　物体に持続応力が作用すると、時間の経過とともに歪みが増大する現象をクリープ現象といいます。

☑ **問 37**　解答－(1)

解説　ねじのピッチは、ねじの山から山（又は谷から谷）の寸法です。

☑ **問 38**　解答－(1)

解説　おもりを壁が支えているか（設問の図 1）、反対側のおもりが支えているか（設問の図 2）の違いだけで、ばねにかかっている力が 100 g ということは同じです。

☑問 39　解答－(4)

解説　力を表現する時に用いる要素。作用点、力の向き、力の大きさの三つで表します。

☑問 40　解答－(2)

解説　金属を所定の高温状態から急冷させる熱処理は、焼入れです。

☑問 41　解答－(1)

解説　比重は、通常 4℃の水を標準にしています。

☑問 42　解答－(1)

解説　R：抵抗〔Ω〕、ρ：抵抗率〔Ω・m〕、L：導体の長さ〔m〕、S：導体の断面積〔m²〕とすると、次の式で表されます。

$$R = \rho \frac{L}{S}$$

ここで、$R = 5\,\Omega$、$\rho = 1.0 \times 10^{-6}\,\Omega \cdot \mathrm{m}$、$S = 0.2\,\mathrm{mm}^2 = 0.2 \times 10^{-6}\,\mathrm{m}^2$ ですから、$L = 1.0\,\mathrm{m}$ と求められます。

☑問 43　解答－(1)

解説　固定コイルを流れる電流がつくる磁場中に可動鉄片を置き、両者間に働く力で指針を動かす方式の電気計器。主に交流の電流計・電圧計として広く用いられています。

☑問 44　解答－(2)

解説　直列接続の場合の合成静電容量は、各静電容量の逆数の和の逆数となります。

$$\frac{1}{C} = \frac{1}{4} + \frac{1}{12} = \frac{4}{12} = \frac{1}{3}$$

よって、$C = 3\,\mu\mathrm{F}$ と求められます。

☑問 45　解答－(2)

解説　変圧器の一次側の巻数 N_1 に V_1〔V〕を印加すると、二次側の巻数 N_2 に V_2〔V〕が得られるとすると、次の式が成り立ちます。

$$\frac{V_1}{V_2} = \frac{N_1}{N_2}$$

ここで、$N_1 = 20$、$N_2 = 200$、$V_2 = 1000\,\mathrm{V}$ ですから、$V_1 = 100\,\mathrm{V}$ と求められます。

＜実技（鑑別等）＞

☑問1　(解答)

(1) 名称　選択弁

目的　防護区画又は防護対象物が2以上ある場合に、貯蔵容器を共用する方法として使用するもので、選択弁を設置することにより消火剤を放出する防護区画を選択する。

(2) 作動させるもの　起動用ガス容器のガス圧によって、選択弁は作動する。

(解説)

防護区画又は防護対象物が2以上ある場合に、貯蔵容器を共用する方法として選択弁を使用します。複数の防護区画を防護する場合、それぞれの防護区画に対して必要となる消火剤のうち最大量以上の量を設置すればよく、選択弁を設置することにより消火剤を放出する防護区画を選択します。自動式の場合、起動用ガス容器のガス圧によって選択弁を作動します。なお、選択弁は手動によっても容易に開放できるものでなければなりません。

☑問2　(解答)

(1)　エ　　(2) イ

(解説)

設問の断面図は、加圧式の粉末消火設備等に使用される圧力調整器の例図です。圧力調整器は、加圧用ガスの圧力を規定値以下に減圧調整するための機器です。

☑問3　(解答)

(1) 名称　排圧弁又は排気弁

(2) 理由　粉末消火設備を使用後、貯蔵タンクの中の圧力を抜くためと、ホース等配管のクリーニングのために設ける。

(解説)

排圧弁を設ける理由としては、①当該粉末消火設備を使用後、貯蔵タンクの中の圧力を抜くためと、②ホース等配管のクリーニングのためです。放出弁を閉塞した状態でクリーニングボンベによって加圧した後、排圧弁を開けると粉末を放射せずに配管のみがクリーニングできます。

☑問4　(解答)

(1) ⑧　　(2) ⑥

(解説)

(1) はフレアーツールで、フレア加工とは銅管をラッパ型に広げる加工です。フレア加工の基本は、接続口を規格どおりの寸法で、円錐状に加工することです。(2) はパイプカッターで、カッターホイールと呼ばれる周囲が鋭いクサビ形状をした円盤状の刃を、パイプに食い込ませた状態で工具をパイプの周囲を回転させて切断を行う工具です。チューブカッターとも呼ばれることがあります。

☑ **問５**　（解答）

（1）名称　フレア加工

注意点　切断面のバリはきれいに取り除いておくこと。

（2）名称　フレアナット

目的　銅管を継手と接合するため

（解説）

フレア加工では、フレア部や配管内にバリが残らないようにします。また、均等に押し広がっているか、フレア部に段差がないかを確認することも重要です。

＜実技（製図）＞

☑ **問 1**

（解答）

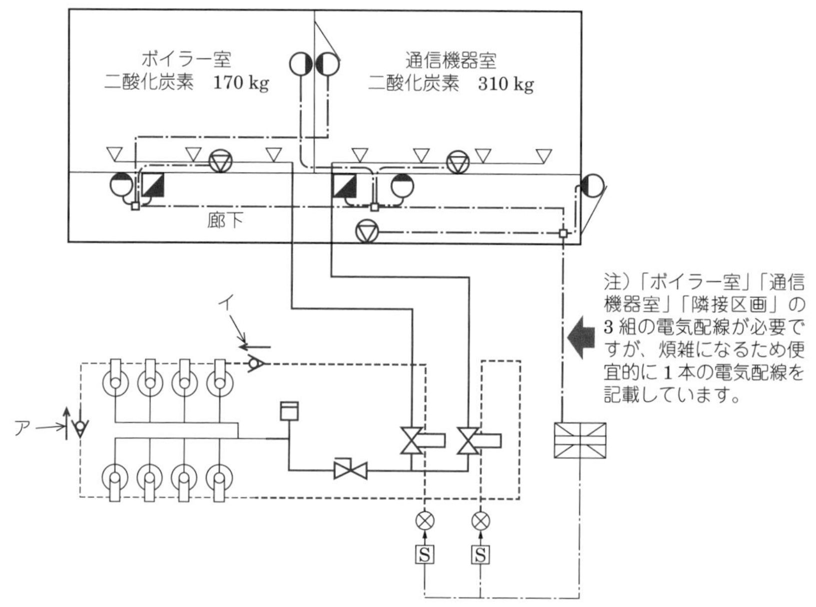

（解説）

まず、ボイラー室、通信機器室それぞれの貯蔵容器の本数を算出します。凡例に「二酸化炭素貯蔵容器　内容積 68 L　充てん比 1.6」と記載されているので、貯蔵容器 1 本あたりの二酸化炭素貯蔵量は、68/1.6 = 42.5 kg と計算されます。したがって、

・ボイラー室　170 kg/42.5 kg = 4　⇒　4 本

・通信機器室　310 kg/42.5 kg = 7.29　⇒　8 本

となります。そこで、ボイラー室に 4 本、通信機器室に 8 本が放出されるように操作管の途中に逆止弁 1 個（矢印ア）を入れます。さらに、通信機器室用の起動用ガスでボイラー室の選択弁が作動しないような位置の操作管に逆止弁 1 個（矢印イ）を入れます。

次に、二酸化炭素消火設備の場合、「防護区画に隣接する部分」の安全対策として、本問では、廊下に音響警報装置（スピーカー）が、廊下の出入口に放出表示灯が必要になります。これらは“盲点”ですから、解答にあたっては十分な注意が必要です。

☑ **問 2**

（解答）

(1) **第 3 種粉末**

(2) **550 m^3**

(3) **550 m^3 × 0.36 kg/m^3 + 2 m^2 × 2.7 kg/m^2 = 203.4 kg**

(4) **30 秒**

(5) **0.1MPa**

（解説）

(1) 駐車の用に供する部分に設置する粉末消火設備ですから、その消火剤は第 3 種粉末に限定されます。

(2) 防護区画の体積は、11 m × 10 m × 5 m = 550 m^3 と計算されます。

(3) 次に消火剤量を計算しましょう。防護区画の体積が 550 m^3 で、防護区画の体積 1 m^3 あたりの消火剤の量は 0.36 kg ですから、まず 550 m^3 × 0.36 kg/m^3 = 198 kg となります。自動閉鎖装置を設けない開口部 2 m^2 があるので、2 m^2 × 2.7 kg/m^2 = 5.4 kg を加えて、203.4 kg が必要消火剤量になります。

(4) 放射時間は、30 秒以内であり、

(5) 噴射ヘッドの放射圧力は、0.1 MPa 以上であることと規定されています。

レッスン 2 模擬試験（第２回）

✓ <筆　記>

1 消防関係法令（共通）

✓問１　既存の防火対象物における消防用設備等に関する技術上の基準の適用について、誤っているものは次のうちどれか。

(1)　消火器、非常警報器具等特定の消防用設備等を除き、原則として既存の図書館には現行の基準は適用されない。

(2)　特定防火対象物以外で、用途変更前の技術上の基準に違反しているものは変更前の技術上の基準に準じて設置する。

(3)　漏電火災警報器は防火対象物の用途に関係なく、既存の防火対象物であっても、現行の技術上の基準が適用される。

(4)　工場を倉庫に用途変更したことによって、技術上の基準に適合しなくなった場合は、原則として用途変更前の工場に係る技術上の基準が適用される。

✓問２　防火対象物等に関する記述のうち誤っているものは次のどれか。

(1)　消防用設備等とは、消火設備、警報設備、避難設備である。

(2)　複合用途防火対象物とは、防火対象物で政令で定める２以上の用途に供されるものをいう。

(3)　防火対象物とは、山林又は舟車、船きょ若しくはふ頭に繋留された船舶、建築物その他の工作物若しくはこれらに属する物をいう。

(4)　特定防火対象物とは、令別表第１（1）項～(4）項、(5）項イ、(6）項、(9）項イ、(16）項イ、(16の２）項、(16の３）項を示す。

✓問３　消防設備士の免状の種類に応じた工事又は整備のうち、正しいものは次のどれか。

(1)　甲種消防設備士は、消防設備士免状の消防用設備等の工事のみを行うことができる。

(2)　甲種消防設備士は、消防設備士免状の消防用設備等の整備のみを行うことができる。

(3)　乙種消防設備士は、消防用設備等のすべての種類の工事及び整備を行うことができる。

(4)　乙種消防設備士は、消防設備士免状の消防用設備等の整備のみを行うことができる。

✓問４　消防用設備等の法定点検を消防設備士又は総務大臣が認める資格を有するものにさせなければならない防火対象物は、次のうちどれか。

ただし、消防長又は消防署長が指定した場合に対象となる防火対象物は除く。

(1)　500 m^2 のキャバレー　　(2)　900 m^2 の事務所

(3)　1000 m^2 の旅館　　(4)　1500 m^2 の工場

☑問5　防火対象物の消防用設備等が技術上の基準に適合していない場合、必要な措置の命令者と命令を受ける者の組合せで正しいものは次のうちどれか。

	命令者	命令を受ける者
(1)	市町村長又は都道府県知事	防火対象物の関係者で権原を有するもの
(2)	市町村長又は都道府県知事	消防設備士
(3)	消防長又は消防署長	防火対象物の関係者で権原を有するもの
(4)	消防長又は消防署長	消防設備士

☑問6　消防用設備等を設置したときの届出及び検査について、消防法令上、誤っているものは次のうちどれか。

(1)　特定防火対象物については、すべての消防用設備等について届け出て検査を受けなければならない。

(2)　設置届の対象となる消防用設備等の設置に係る工事が完了した場合は、工事完了の日から4日以内に消防長又は消防署長に届け出なければならない。

(3)　特定防火対象物であっても、非常警報器具を設置した場合は、届け出て検査を受けなくてもよい。

(4)　特定防火対象物以外のものであっても、延べ面積が300 m^2 以上であり、かつ、消防長又は消防署長が火災予防上必要があると認めて指定したものは、届出及び検査の対象となる。

☑問7　消防設備士免状の再交付について、消防法令上、誤っているものは次のうちどれか。

(1)　申請先は、当該免状の交付又は書換えをした都道府県知事である。

(2)　免状を汚損し、再交付の申請をする場合には、申請書に当該免状及び写真を添えなければならない。

(3)　免状を亡失し、滅失し、汚損し、又は破損した場合には、再交付申請をしなければならない。

(4)　免状を亡失してその再交付を受けた者は、亡失した免状を発見した場合には、これを10日以内に免状の再交付をした都道府県知事に提出しなければならない。

☑問8　消防用設備等の技術上の基準に関する政令もしくはこれに基づく命令の規定が改正されたとき、改正後の規定に適合させなくてもよい消防用設備等として、消防法令上、正しいものは次のうちどれか。

(1)　小学校に設置されている簡易消火用具

(2)　映画館に設置されている消火器

(3)　銀行に設置されている自動火災報知設備

(4)　図書館に設置されている避難器具

2 消防関係法令（3類）

☑問9　二酸化炭素を放射する不活性ガス消火設備の音響警報装置の設置について、誤っているものは次のうちどれか。

(1)　全域放出方式の音響警報装置は、音声による警報装置とした。

(2)　局所放出方式なので、音響警報装置を設けないこととした。

(3)　音響警報装置は、消火剤放射前に警報が遮断されないものとした。

(4)　音響警報装置は、防護区画にいるすべての者に消火剤が放射される旨を有効に報知できるように設置した。

☑問10　粉末消火設備の定圧作動装置の構造及び機能について、消防庁告示に定められていないものは、次のうちどれか。

(1)　使用時に破壊、亀裂等の異常を生じないものであること。

(2)　みだりに設定圧力を調整できない構造であること。

(3)　常時閉止状態にあって、設定圧力に達した場合に自動的に開放するものであること。

(4)　選択弁を開放できる構造であること。

☑問11　非常電源の耐火配線の工事方法として、最も不適当なものは次のうちどれか。

(1)　MIケーブルによる配線工事

(2)　ポリエチレンゴム絶縁電線を合成樹脂管に収め、耐火構造の壁に20 mm以上埋設する工事

(3)　600 V 2種ビニル絶縁電線による金属管工事

(4)　消防庁長官が定める基準に適合する耐火電線による配線工事

☑問12　移動式の不活性ガス消火設備等について、①②に入る語句と数字の組合せのうち正しいものは次のうちどれか。

> 移動式の［　①　］消火設備のホースの長さは、当該［　①　］消火設備のホース接続口からの水平距離が［　②　］mの範囲内の当該防護対象物の各部分に有効に放射できる長さとすること。

	①	②
(1)	不活性ガス	20
(2)	ハロゲン化物	15
(3)	粉末	20
(4)	粉末	15

☑問 13　第３類の甲種消防設備士でなければ行ってはならない工事として指定されていないのは、次のうちどれか。

(1)　不活性ガス消火設備の電源の設置工事
(2)　不活性ガス消火設備の圧力計の取付工事
(3)　ハロゲン化物消火設備の噴射ヘッドの設置工事
(4)　粉末消火設備の放出弁の設置工事

☑問 14　次の防火対象物又はその部分のうち、粉末消火設備の設置対象とされていないものは、次のうちどれか。

(1)　自動車の修理又は整備の用に供される部分
(2)　駐車の用に供される部分
(3)　車両の道路の用に供される部分
(4)　木工加工品及び木くずに係る指定可燃物

☑問 15　危険物製造所等に設置する第３類消火設備のうち、不活性ガス消火設備又はハロゲン化物消火設備が適応しない対象物の区分は、次のうちどれか。

(1)　第２類の危険物のうち引火性固体
(2)　第３類の危険物のうち禁水性物質
(3)　第４類の危険物
(4)　電気設備

３ 構造・機能及び工事又は整備の方法

☑問 16　粉末消火設備に用いる加圧用ガス容器について、誤っているものは次のうちどれか。

(1)　加圧用ガス容器は、貯蔵容器等の直近に設置され、かつ、確実に接続されていること。
(2)　加圧用ガスに二酸化炭素を用いるものにあっては、消火剤 1 kg につき 20 g にクリーニングに必要な量を加えた量以上の量であること。
(3)　加圧用ガスに窒素ガスを用いるものにあっては、消火剤 1 kg につき温度 40℃で 1 気圧の状態に換算した体積が 20 L 以上であること。
(4)　加圧用ガス容器には、消防庁長官が定める基準に適合する安全装置及び容器弁を設けること。

☑ 問 17　局所放出方式の二酸化炭素を放射する不活性ガス消火設備の貯蔵容器に貯蔵する消火剤の量について、ア～エの数字で正しい組合せは次のうちどれか。

> 可燃性固体類又は可燃性液体類を上面を開放した容器に貯蔵する場合その他火災のときの燃焼面が一面に限定され、かつ、可燃物が飛散するおそれがない場合にあっては、防護対象物の表面積（当該防護対象物の一辺の長さが［ア］m 以下の場合にあっては、当該辺の長さを［ア］m として計算した面積。）1 m^2 につき［イ］kg の割合で計算した量に、高圧式のものにあっては［ウ］を、低圧式のもにあっては［エ］をそれぞれ乗じた量以上とする。

	ア	イ	ウ	エ
(1)	0.4	13	1.1	1.1
(2)	0.6	13	1.4	1.1
(3)	0.6	15	1.1	1.4
(4)	0.8	17	1.4	1.4

☑ 問 18　全域放出方式のハロン 1301 を放射するハロゲン化物消火設備について、誤っているものは次のうちどれか。

(1)　常時人のいない部分以外の部分に設置することができる。

(2)　音響警報装置は、音声による警報装置としないことができる。

(3)　起動装置の放出用スイッチ、引き栓等の作動から貯蔵容器等の容器弁又は放出弁の開放までの遅延装置を設けないことができる。

(4)　防護区画の出入口等の見やすい箇所に消火剤が放出された旨を表示する表示灯を設けないことができる。

☑ 問 19　二酸化炭素を放射する不活性ガス消火設備のうち、低圧式のものについて、誤っているものは次のうちどれか。

(1)　噴射ヘッドの放射圧力は、0.9 MPa 以上であること。

(2)　低圧式貯蔵容器には、2.3 MPa 以上の圧力及び 1.9 MPa 以下の圧力で作動する圧力警報装置を設けること。

(3)　低圧式とは、二酸化炭素が－196℃以下の温度で容器に貯蔵されているものをいう。

(4)　管継手は、3.75 MPa 以上の圧力に耐えるもので、適切な防食処理を施したものを用いること。

☑問20　可燃性液体を上面が開放された容器に貯蔵し燃焼面が一面に限定される部分に、局所放出方式の粉末消火設備を設置する場合、消火剤量を計算する式は次のとおりである。①と②の数値で正しい組合せは次のうちどれか。なお、粉末消火剤は、第1種粉末とする。

消火剤量＝表面積×［ ① ］（表面積1 m^2 あたりの消火剤量）×［ ② ］（係数）

	①の数値	②の数値
(1)	1.8 kg	1.4
(2)	3.6 kg	1.4
(3)	5.2 kg	1.1
(4)	8.8 kg	1.1

☑問21　不活性ガス消火設備等に用いる配管のうち、圧力配管用炭素鋼鋼管は日本産業規格 G3454 に規定されている。その中でスケジュール番号が用いられているが、このスケジュール番号の説明として正しいものは次のうちどれか。

(1)　配管の呼び厚さである。　(2)　配管の表面処理である。
(3)　配管の呼び径である。　(4)　配管の材質である。

☑問22　防護区画の体積が 1500 m^3 の通信機器室に設置する不活性ガス消火設備又はハロゲン化物消火設備について、消火剤量の最低必要量として正しいものは次のうちどれか。開口部は自動閉鎖装置を設けることとする。

	消火剤の種別	消火剤量
(1)	二酸化炭素	1500 kg
(2)	窒素	715 m^3
(3)	ハロン 1301	480 kg
(4)	HFC－23	1250 kg

☑問23　二酸化炭素を放射する不活性ガス消火設備において、防護区画の開口部面積1 m^2 あたりの消火剤量で正しいものは次のうちどれか。

	防火対象物又はその部分	開口部の面積1 m^2 あたりの消火剤量
(1)	通信機器室	5 kg
(2)	綿花類を貯蔵し取り扱う部屋	10 kg
(3)	木材加工品を貯蔵し取り扱う部屋	15 kg
(4)	合成樹脂類を貯蔵し取り扱う部屋	20 kg

☑問24　不活性ガス消火設備等を設置する防火対象物又はその部分に使用する消火剤について、正しいのは次のうちどれか。

(1)　道路の用に供される部分に設ける移動式の粉末消火設備に使用する消火剤は、第3種粉末とする。

(2)　防護区画の面積が1000 m^2 以上のものに設ける全域放出方式のハロゲン化物消火設備は、HFC - 23 又は FK - 5 - 1 - 12 を放射するものとする。

(3)　防護区画の体積が3000 m^3 以上のものに設ける全域放出方式の不活性ガス消火設備は、IG - 55 又は IG - 541 を放射するものとする。

(4)　指定可燃物を貯蔵し、又は取り扱う防火対象物又はその部分に設ける全域放出方式のハロゲン化物消火設備は、HFC - 23 又は HFC - 227ea を放射するものとする。

☑問25　全域放出方式の二酸化炭素を放射する不活性ガス消火設備を設ける防火対象物又はその部分の開口部に関する記述として、誤っているものは次のうちどれか。

(1)　通信機器室及び指定可燃物に係る防火対象物又はその部分以外にあっては、自動閉鎖装置を設けない開口部の面積の合計の数値は、防護区画の体積の数値又は囲壁面積の数値のうちいずれか小さい方の数値の10%以下であること。

(2)　自動閉鎖装置を設けない開口部の面積の合計の数値は、通信機器室又は指定可燃物に係る防火対象物又はその部分にあっては囲壁面積の数値の1%以下であること。

(3)　床面からの高さが階高の2/3以下の位置にある開口部で、放射した消火剤の流失により消火効果を減ずるおそれのあるもの又は保安上の危険があるものには、消火剤放射後直ちに閉鎖できる自動閉鎖装置を設けること。

(4)　階段室、非常用エレベーターの乗降ロビーその他これらに類する場所に面して設けてはならない。

☑問26　全域放出方式の不活性ガス消火設備又はハロゲン化物消火設備を設置した防護区画に、当該防護区画内の圧力上昇防止措置を講じなくてもよいとされている消火剤について、正しいものは次のうちどれか。

ア　二酸化炭素又はハロン1301を用いた場合

イ　窒素又はHFC - 23を用いた場合

ウ　IG - 55 又は HFC - 227ea を用いた場合

エ　IG - 541 又は FK - 5 - 1 - 12 を用いた場合

(1)　アのみ　　(2)　ア及びイ

(3)　イ、ウ及びエ　　(4)　ウ及びエ

☑問27　起動装置の放出用スイッチ、引き栓等の作動から貯蔵容器の容器弁又は放出弁の開放までの時間が20秒以上となる遅延装置を設けなければならない消火設備について、正しいものはいくつあるか。

ア　局所放出方式の二酸化炭素を放射する不活性ガス消火設備
イ　全域放出方式の窒素を放射する不活性ガス消火設備
ウ　局所放出方式のハロン 2402 を放射するハロゲン化物消火設備
エ　全域放出方式の FK - 5 - 1 - 12 を放射するハロゲン化物消火設備
(1)　一つもない　(2)　一つある
(3)　二つある　(4)　三つある

☑問 28　不活性ガス消火設備等の手動式の起動装置の点検方法について、誤っているものは次のうちどれか。
(1)　放出用スイッチ、引き栓等は、音響警報装置を起動する操作を行った後でなければ操作できないものであることを確認する。
(2)　起動装置に有機ガラス等による有効な防護措置が施されていることを確認する。
(3)　電気を使用する起動装置には電圧計を設けてあることを確認する。
(4)　操作箱の扉を開くことにより、当該系統の警報装置が正常に作動することを確認する。

☑問 29　全域放出方式の不活性ガス消火設備等の保安措置又は起動に関する記述として、誤っているものは次のうちどれか。
(1)　ハロン 1301 を放射するものにあっては、防護区画の換気装置は消火剤放射前に停止できる構造とすること。
(2)　HFC - 227ea を放射するものにあっては、防護区画の出入口等の見やすい箇所に消火剤が放出された旨を表示する表示灯を設けること。
(3)　二酸化炭素を放射するものにあっては、手動起動装置に遅延装置の時間内に消火剤が放出しないような措置を講じること。
(4)　窒素を放射するものにあっては、手動式とすること。

☑問 30　不活性ガス消火設備等に用いられる手動式の起動装置（操作箱）の取付け高さとして、正しいものは次のうちどれか。
(1)　操作部が、床面からの高さ 0.8 m 以上 1.0 m 以下の箇所に設けること。
(2)　操作部が、床面からの高さ 0.8 m 以上 1.5 m 以下の箇所に設けること。
(3)　操作部が、床面からの高さ 0.5 m 以上 1.0 m 以下の箇所に設けること。
(4)　操作部が、床面からの高さ 0.5 m 以上 1.5 m 以下の箇所に設けること。

☑問 31　キュービクル式蓄電池設備の構造及び性能の項目の基準で、外箱は鋼板とするとなっており、その板厚が屋内用のもの、屋外用のものそれぞれ決められている。正しい組合せは次のうちどれか。

	屋内用	屋外用
(1)	1.0 mm 以上	1.8 mm 以上
(2)	1.4 mm 以上	2.0 mm 以上
(3)	1.6 mm 以上	2.3 mm 以上
(4)	1.8 mm 以上	2.5 mm 以上

☑問 32　粉末消火設備の選択弁として使用することができない弁は、次のうちどれか。

(1)　玉形弁　　(2)　アングル弁

(3)　バタフライ弁　　(4)　ボール弁

☑問 33　不活性ガス消火設備等の非常電源について、誤っているものは次のうちどれか。

(1)　不活性ガス消火設備の非常電源を自家発電設備とし、1 時間作動できる容量以上とした。

(2)　ハロゲン化物消火設備の非常電源を非常電源専用受電設備とし、30 分作動できる容量以上とした。

(3)　粉末消火設備の非常電源を蓄電池設備とし、1 時間作動できる容量以上とした。

(4)　特定防火対象物ではないので、屋内消火栓設備の非常電源を非常電源専用受電設備とした。

☑問 34　不活性ガス消火設備等のキュービクル式蓄電池設備で、操作面の前面に必要とされる空地の幅はいくらか。

(1)　0.2 m 以上　　(2)　1 m 以上

(3)　1.5 m 以上　　(4)　2 m 以上

☑問 35　次は、不活性ガス消火設備等の噴射ヘッドの基準の一部である。ア～エにあてはまる数字や語句で正しい組合せは次のうちどれか。

> [ア]径が[イ]mm 未満の噴射ヘッド（[ウ]消火設備に用いるものを除く。）には、目づまり防止用のフィルターを設けること。ただし、構造上フィルターを組み込めない[エ]にあっては、別にフィルターを取り付けること。

	ア	イ	ウ	エ
(1)	オリフィス	1	二酸化炭素	配管
(2)	取付け	3	ハロン 1301	選択弁
(3)	オリフィス	3	粉末	噴射ヘッド
(4)	取付け	5	粉末	貯蔵容器

4 基礎的知識（機械又は電気に関する部分）

☑問 36　金属材料の熱処理について、誤っているものは次のうちどれか。

(1)　材料を加熱した後、急冷して材料を硬くし、耐摩耗性、引張強さや疲労強度の向上を目的とした熱処理が焼き入れである。

(2)　焼き入れした金属を所定の温度に再加熱した後、冷却する熱処理が焼き戻しである。粘りが出て強靭になる。

(3)　材料を所定の高温まで加熱した後、水中で常温まで冷却して、機械的性質の改善や切削性の向上を行う熱処理が焼きならしである。

(4)　材料を適当な温度に加熱して、加熱保持時間終了後も炉から出さずにゆっくりと冷却することで、内部応力の除去、硬さの低下、加工性の向上などの効果がある熱処理が焼きなましである。

☑問 37　気体の性質に関する記述で、誤っているものは次のうちどれか。

(1)　標準状態における気体１モルの体積は、気体の種類に関係なく一定である。

(2)　断熱条件のもとで気体を膨張させると、気体の温度は上昇する。

(3)　温度が一定のとき、一定質量の気体の体積は圧力に反比例する。

(4)　圧力が一定のとき、一定質量の気体の体積は絶対温度に比例する。

☑問 38　運動の法則に関する記述で、誤っているものは次のうちどれか。

(1)　物体に外力が働くと、その力と同じ向きに加速度が生じる。

(2)　加速度は、外力の大きさと物体の質量に比例する。

(3)　物体に外力が働かない限り、静止している物体は静止状態を続け、運動している物体は等速運動を続ける。

(4)　物体が他の物体に力を及ぼすと、他の物体も大きさが等しく逆方向の力を及ぼす。

☑問 39　応力とひずみに関する記述で、誤っているものは次のうちどれか。

(1)　応力が消滅しても残るひずみを永久ひずみという。

(2)　応力とひずみが比例する応力の限界を比例限度という。

(3)　応力が増加しないのにひずみが増加するようになる点を降伏点という。

(4)　材料の弾性が失われない最大応力の限界を弾性限度という。

☑問 40　金属材料に関する記述で、正しいものはいくつあるか。

ア　黄銅は、銅と亜鉛の合金である。

イ　りん青銅は、銅、すず、りんの合金である。

ウ　ジュラルミンは、アルミニウム、銅、マグネシウム、マンガンの合金である。

エ　はんだは、鉛とすずの合金である。

(1)　正しいものはない　(2)　二つ正しい　(3)　三つ正しい　(4)　すべて正しい

☑問 41　配管の溶接について、ア～エにあてはまる語句で正しい組合せは次のうちどれか。

> 一般的に使用されている溶接は、ガス溶接と［ア］溶接である。また溶接方式は、管外径よりも大きい内径をもつ継ぎ手や機器に管を挿入してから溶接する［イ］溶接と、管同士の接続端面を突き合わせて溶接する［ウ］溶接の二つの方式がある。
> 溶接開始前には、異物、湿気、脂肪などを充分除去しなければならない。
> 溶接完了後は、［エ］、スパッタなどの異物はワイヤーブラシ等で完全に除去しておかなければならず、また、さび止め剤等を塗ることも重要である。

	ア	イ	ウ	エ
(1)	アーク	差込み	突合せ	スラグ
(2)	トーチ	差込み	パイプ	スラグ
(3)	アーク	ティグ（TIG）	突合せ	割れ
(4)	トーチ	ティグ（TIG）	パイプ	割れ

☑問 42　下図の回路の合成抵抗値は、次のうちどれか。

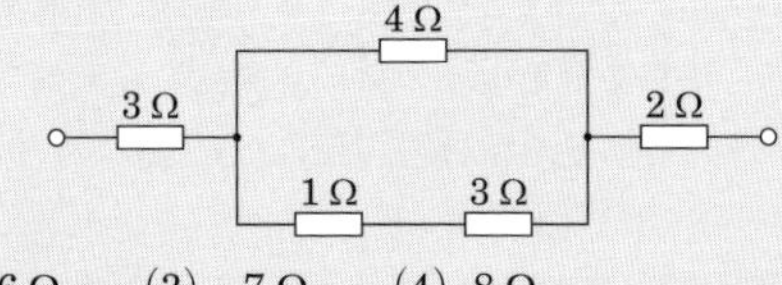

(1)　5 Ω　　(2)　6 Ω　　(3)　7 Ω　　(4)　8 Ω

☑問 43　100 V の電圧で使用したときの消費電力が 200 W になる電熱器を 80 V の電圧で使用したときの消費電力として、正しいものは次のうちどれか。

(1)　64 W　　(2)　128 W　　(3)　160 W　　(4)　320 W

☑問 44　コイルに発生する誘導起電力について、正しいものの組合せは、次のうちどれか。

ア　誘導起電力は、フレミングの右手の法則によって示される。
イ　コイルの巻数に比例する。
ウ　フレミングの左手の法則で、中指は電磁力を示す。
エ　フレミングの右手の法則で、中指は磁束を示す。

(1)　アのみ　　(2)　アとイ　　(3)　イとウ　　(4)　ウとエ

☑問 45　オームの法則について、正しい記述はいくつあるか。

ア　電圧は、電流に比例し、抵抗に反比例する。
イ　電流は、電圧に比例し、抵抗に反比例する。
ウ　抵抗は、電圧を電流で除したものである。
エ　電圧は、抵抗を電流で除したものである。

(1)　一つもない　　(2)　一つある　　(3)　二つある　　(4)　すべて正しい

☑ <実　技>

5 鑑別等

☑問1　下の写真について、各設問に答えなさい。

(1)　矢印の部分の名称とその目的を答えなさい。

名称 ________________

目的 ________________

(2)　矢印の部分は、［　　］が定める基準に適合すること、との規定があるが、この［　　］に入る語句を答えなさい。

［　　　　　］が定める基準に適合すること

☑問2　下の写真は、不活性ガス消火設備等に使用される管継手の例図である。名称が誤っているものはいくつあるかを答えなさい。

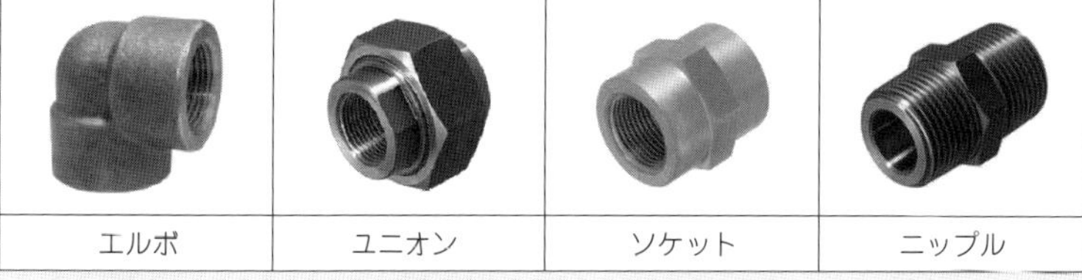

エルボ	ユニオン	ソケット	ニップル

(1)　誤っているものはない　　(2)　一つある

(3)　二つある　　(4)　三つある

答え［　　　　］

☑問3　下の図は、加圧式のハロゲン化物消火設備又は加圧式の粉末消火設備に用いられる機器の例図である。各設問に答えなさい。

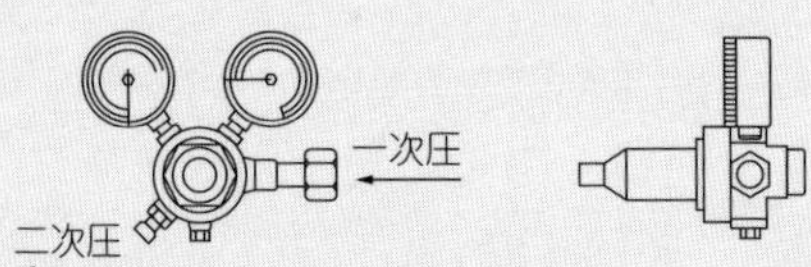

【設問】

(1)　この機器の名称を答えなさい。　　名称＿＿＿＿＿＿＿＿

(2)　この機器の目的を答えなさい。

目的＿＿＿＿＿＿＿＿

(3)　二次側の設定圧力の規定値を答えなさい。

加圧式のハロゲン化物消火設備＿＿＿＿＿＿＿＿MPa 以下

加圧式の粉末消火設備＿＿＿＿＿＿＿＿MPa 以下

☑問4　下図は、不活性ガス消火設備等に使用されるパイプの接合部分である。各設問に答えなさい。

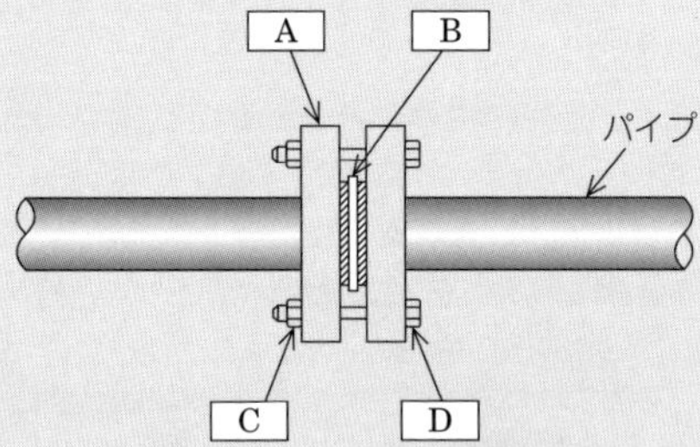

【設問】

(1)　A部からD部までの名称を答えなさい。

A部＿＿＿＿　B部＿＿＿＿　C部＿＿＿＿　D部＿＿＿＿

(2)　B部を取り付ける際の注意点を答えなさい。

注意点＿＿＿＿＿＿＿＿

＿＿＿＿＿＿＿＿

☑問５　下の写真は、安全のために配管に設けられる機器類の例図である。各設問に答えなさい。

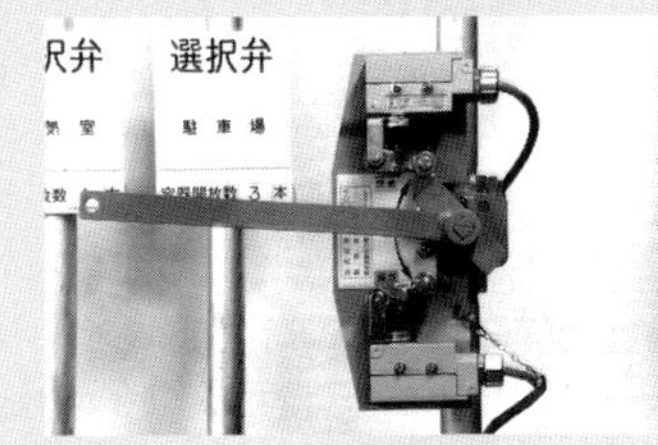

【設問】

(1)　名称を答えなさい。　　　　名称＿＿＿＿＿＿＿＿

(2)　これらを用いる消火設備名を答えなさい。

＿＿＿＿＿＿＿＿消火設備

(3)　これらを設ける箇所を答えなさい。

箇所＿＿＿＿＿＿＿＿

(4)　これらを設ける目的を答えなさい。

目的＿＿＿＿＿＿＿＿

(5)　これらについて、点検要領の一般的留意事項に書かれている事柄を答えなさい。

＿＿＿＿＿＿＿＿

＿＿＿＿＿＿＿＿

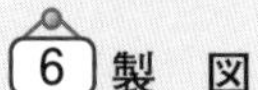

6 製　図

☑問１　全域放出方式のハロン 1301 を放射するハロゲン化物消火設備を、次のような機械式駐車場に設置しようとする場合、(1)～(3) の問いに答えなさい。

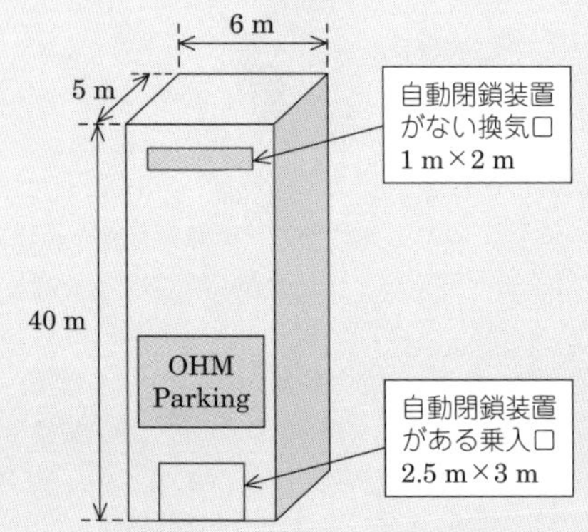

概算設計資料（主管の長さが 50 m の場合）

呼び径〔A〕	消火剤流量〔kg/sec〕
15	1.1
20	2.3
25	4.0
32	7.4
40	10.3
50	17.0
65	25.0
80	37.0
100	58.0

(1)　必要消火剤量はいくらか。

(2)　1 本の充てん量が 50 kg の貯蔵容器を設置する場合、何本必要になるか。

(3)　表で示した概算設計資料を用いて、主管の配管径を求めよ。

☑問２　下図は、粉末消火設備である。(1)～(2) の問いに答えなさい。

(1)　粉末消火剤放出後の配管のクリーニングを行う際の状態に注意しながら、［　　］に各弁を記号で記入しなさい。

(2)　粉末消火剤放出後の配管のクリーニング中のガスの流れを、［　　］に矢印で記入しなさい。なお、ガスが流れない場合は、［　　］に×印を記入しなさい。

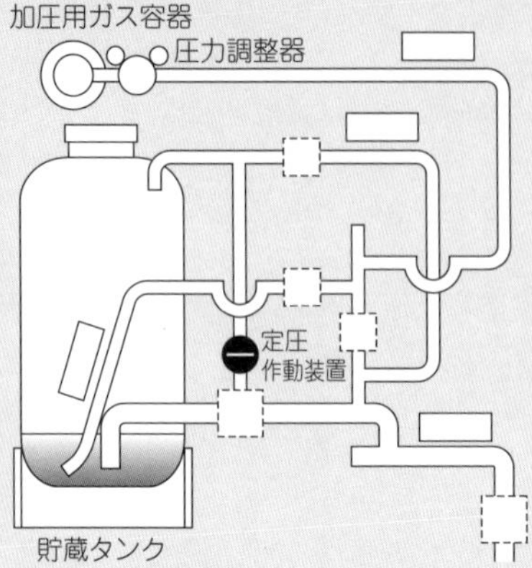

記　号

弁の種類	開放状態	閉鎖状態
選択弁	▽	▼
放出弁	△	▲
クリーニング弁	◇	◆
ガス導入弁	○	●
排気弁	□	■

模擬試験（第２回）解答

<筆　記>

☑問１　解答－(2)

解説　基準改正前に従前の基準に違反していた場合、特定防火対象物以外であっても、新基準の適用時に即、新基準に適合させなければなりません。

☑問２　解答－(1)

解説　消防用設備等とは、消火設備、警報設備、避難設備、消防用水、消火活動上必要な施設をいいます。

☑問３　解答－(4)

解説　甲種消防設備士は、工事整備対象設備等の工事又は整備を、乙種消防設備士は整備を行うことができます。

☑問４　解答－(3)

解説　消防設備士又は消防設備点検資格者に点検させなければならない防火対象物は、次のとおりです。

ア　特定防火対象物で、延べ面積が 1000 m^2 以上のもの

イ　非特定防火対象物で延べ面積が 1000 m^2 以上のもののうち、消防長又は消防署長が火災予防上必要があると認めて指定するもの

ウ　特定１階段等防火対象物

エ　全域放出方式の二酸化炭素を放射する不活性ガス消火設備があるもの

☑問５　解答－(3)

解説「消防長又は消防署長は、第 17 条第１項の防火対象物における消防用設備等が設備等技術基準に従って設置され、又は維持されていないと認めるときは、当該防火対象物の関係者で権原を有するものに対し、(略) 命ずることができる」と規定されています。

☑問６　解答－(1)

解説　特定防火対象物であっても、例えばマーケットなど物品販売業を営む店舗のうち延べ面積が 300 m^2 を超えなければ届け出て検査を受けることを要してはいません。

☑問７　解答－(3)

解説　令第 36 条の６に「免状の交付を受けている者は、免状を亡失し、滅失し、汚損し、又は破損した場合には、総務省令で定めるところにより、当該免状の交付又は書換えをした都道府県知事にその再交付を申請することができる」と規定されています。

☑問８　解答－(3)

解説　自動火災報知設備であっても、銀行等の非特定防火対象物の場合、改正後の規定に適合させなくてもよいとされています。

☑問9　解答－(2)

解説　局所放出方式であっても、音響警報装置は設けなければなりません。

☑問10　解答－(4)

解説　消防庁告示では、その構造及び機能についての規定の中で「放出弁を開放できる構造であること」となっています。

☑問11　解答－(3)

解説　耐火配線の工事方法としては、600 V 2 種ビニル絶縁電線を使用し電線を金属管等に納め、さらに埋設工事などの耐熱効果のある方法によらなければなりません。

☑問12　解答－(4)

解説　移動式については、「移動式の不活性ガス消火設備等のホースの長さは、当該消火設備のホース接続口からの水平距離が［A］m の範囲内の当該防護対象物の各部分に有効に放射することができる長さとすること。」と規定されており、整理すると下表のようになります。

消火設備の種類	A
不活性ガス消火設備	15 m 以下
ハロゲン化物消火設備	20 m 以下
粉末消火設備	15 m 以下

☑問13　解答－(1)

解説　不活性ガス消火設備等の工事又は整備のうち、電源の部分については消防設備士が行うことができる適用範囲から除かれています。

☑問14　解答－(4)

解説　木工加工品及び木くずに係る指定可燃物に対する消火設備は、水噴霧消火設備、泡消火設備、全域放出方式の不活性ガス消火設備又は全域放出方式のハロゲン化物消火設備であって、粉末消火設備は含まれていません。

☑問15　解答－(2)

解説　第 2 類の危険物のうち引火性固体、第 4 類の危険物又は電気設備が不活性ガス消火設備やハロゲン化物消火設備の適用対象物となります。第 3 類の危険物のうち禁水性物質は適用しません。

☑問16　解答－(3)

解説　粉末消火設備に用いる加圧用ガスで窒素ガスを用いるものにあっては、消火剤 1 kg につき温度 35℃で 1 気圧の状態に換算した体積が 40 L 以上であることと規定されています。

☑問17　解答－(2)

☑問 18　解答－(4)

解説　ハロン 1301 消火設備であっても、防護区画の出入口等の見やすい箇所に消火剤が放出された旨を表示する表示灯を設けなければなりません。

☑問 19　解答－(3)

解説　二酸化炭素を放射する不活性ガス消火設備のうち、低圧式とは二酸化炭素を－18℃以下の温度で容器に貯蔵されているものをいいます。

☑問 20　解答－(4)

解説　第1種粉末の場合、式で表すと次のようになります。

消火剤量＝表面積×8.8 kg（表面積 1 m^2 あたりの消火剤量）×1.1（係数）

☑問 21　解答－(1)

解説　スケジュール番号は、配管の「呼び厚さ」を示しています。

☑問 22　解答－(3)

解説　防護区画の体積が 1500 m^3 の通信機器室で、開口部に自動閉鎖装置を設けている場合、各消火剤の最低必要量は下表のようになります。

消火剤の種別	最低必要量
二酸化炭素	1800 kg
窒素	774 m^3
ハロン 1301	480 kg
HFC－23	780 kg

☑問 23　解答－(3)

解説　二酸化炭素を放射する不活性ガス消火設備において、防護区画の開口部面積 1 m^2 あたりの消火剤量は下表のように規定されています。

防火対象物又はその部分	開口部 1 m^2 あたりの消火剤量
通信機器室	10 kg
綿花類を貯蔵し取り扱う部屋	20 kg
木材加工品を貯蔵し取り扱う部屋	15 kg
合成樹脂類を貯蔵し取り扱う部屋	5 kg

☑問 24　解答－(1)

解説　道路の用に供される部分に設ける移動式の粉末消火設備に使用する消火剤は、第3種粉末です。

☑問 **25**　解答－(3)

解説　「床面からの高さが階高の 2/3 以下の位置にある開口部で、放射した消火剤の流失により消火効果を減ずるおそれのあるもの又は保安上の危険があるものには、消火剤放射前に閉鎖できる自動閉鎖装置を設けること」が正しい。

☑問 **26**　解答－(1)

解説　二酸化炭素又はハロン 1301 を用いた場合は、防護区画内の圧力上昇防止措置を講じなくてもよいとされています。

☑問 **27**　解答－(1)

解説　起動装置の放出用スイッチ、引き栓などの作動から貯蔵容器の容器弁又は放出弁の開放までの時間が 20 秒以上となる遅延装置を設けなければならないとされているのは、全域放出方式の二酸化炭素、ハロン 2402、ハロン 1211 又はハロン 1301 を放射する消火設備です。なお、ハロン 1301 を放射するものにあっては、遅延装置を設けないことができると規定されています。

☑問 **28**　解答－(3)

解説　手動式起動装置の点検では、電源表示灯が正常に点灯していることを目視等により確認するとなっています。

☑問 **29**　解答－(4)

解説　窒素、IG－55 又は IG－541 を放射する不活性ガス消火設備にあっては、自動式とすることと規定されています。

☑問 **30**　解答－(2)

解説　起動装置の操作部は、床面からの高さが 0.8 m 以上 1.5 m 以下の箇所に設けることと規定されています。

☑問 **31**　解答－(3)

解説　外箱の材料は鋼板とし、その板厚は屋内用のものにあっては 1.6 mm 以上、屋外用のものにあっては 2.3 mm 以上であることと規定されています。

☑問 **32**　解答－(1)

解説　粉末消火設備に用いるものにあっては、仕切弁及び玉形弁その他これらに類するもの以外のものであることと規定されています。

☑問 **33**　解答－(2)

解説　不活性ガス消火設備等の非常電源は、自家発電設備、蓄電池設備又は燃料電池設備によるものとし、その容量を当該設備を有効に 1 時間作動できる容量以上とすると規定されています。非常電源専用受電設備は該当しません。

☑問 **34**　解答－(2)

解説 キュービクル式蓄電池設備は、当該設備の前面に1m以上の幅の空地を有することとされています。

☑問35 解答－(3)

解説 オリフィス径が3mm未満の噴射ヘッド（粉末消火設備に用いるものを除く）には、目づまり防止用のフィルターを設けること。ただし、構造上フィルターを組み込めない噴射ヘッドにあっては、別にフィルターを取り付けることと規定されています。

☑問36 解答－(3)

解説 鋼を所定の高温まで加熱した後、一般には空冷で冷却して、金属組織の結晶を均一微細化させ、機械的性質の改善や切削性の向上を行う熱処理が焼きならしです。

☑問37 解答－(2)

解説 断熱条件のもとで気体を膨張させると、気体の温度は降下します。

☑問38 解答－(2)

解説 加速度は、外力の大きさに比例し物体の質量に反比例します。

☑問39 解答－(4)

解説 弾性限度は、応力を加えることにより生じたひずみが、除荷すれば元の寸法に戻る応力の限界値です。

☑問40 解答－(4)

☑問41 解答－(1)

☑問42 解答－(3)

解説 まず、1Ω抵抗と3Ω抵抗の直列部分の合成抵抗を求めると4Ωになります。これと4Ω抵抗の並列接続ですから合成抵抗は2Ωとなります。ここで求めた2Ωと3Ω抵抗及び2Ω抵抗の直列接続になるので回路の合成抵抗は7Ωとなります。

☑問43 解答－(2)

解説 消費電力を P〔W〕、電圧を V〔V〕、電熱器の抵抗を R〔Ω〕とすると、$P=V^2/R$ であり、$R=V^2/P$ と変形して電熱器の抵抗値を計算します。すると $R=50\,\Omega$ と求められます。そこで、再度 $P=V^2/R$ を用いて、$V=80$ V、$R=50\,\Omega$ を代入すると $P=128$ W と計算されます。

☑問44 解答－(2)

解説 フレミングの左手の法則で中指は電流を、フレミングの右手の法則で中指は起電力の生じる方向をそれぞれ示します。

☑問45 解答－(3)

解説 イ（電流は電圧に比例し抵抗に反比例する）とウ（抵抗は電圧を電流で除したものである）が正しい記述です。

＜実技（鑑別等）＞

☑問 1　（解答）

(1) 名称　安全弁

目的　消火剤貯蔵容器内の圧力が一定以上になると作動し、内部のガスを放出することにより容器の破裂を防止する。

(2) 消防庁長官が定める基準に適合すること

（解説）

写真は消火剤貯蔵容器の容器弁部分です。矢印が示している安全弁は消火剤貯蔵容器の内部圧力が一定以上に高くなると作動し、内部のガスを放出することによって容器の破裂を防止するためのものです。

☑問 2　（解答）(1)

（解説）4 つの管継手はすべて正しい名称です。

☑問 3　（解答）

(1) 名称　圧力調整器

(2) 目的　加圧用ガスに窒素を使用する設備に設けられるもので、加圧用ガスの圧力を設計上必要とする圧力に減圧調整するものである。

(3) 加圧式のハロゲン化物消火設備　**2 MPa** 以下

加圧式の粉末消火設備　**2.5 MPa** 以下

（解説）

図は、加圧式のハロゲン化物消火設備又は加圧式の粉末消火設備に使用される圧力調整器の例です。加圧用ガスの圧力を減圧調整するものです。

☑問 4　（解答）

A 部　フランジ　　B 部　ガスケット　　C 部　ナット　　D 部　ボルト

注意点　ガスケットと管内径とがずれないように注意して挿入すること。また、締付けにあたっては、片締めにならないように注意して締めつけること。

☑問 5　（解答）

(1) 名称　閉止弁

(2) 全域放出方式の二酸化炭素を放射する不活性ガス消火設備

(3) 箇所　集合管又は操作管に設ける。

(4) 目的　点検を実施する際に閉止し、防護区画に二酸化炭素消火剤を放出させないようにするものである。

(5) 閉止弁が取り付けられているものにあっては、点検作業の実施前に「閉」とし、点検作業がすべて終了した後に「開」とすること。

（解説）

閉止弁は出題されることが非常に多い傾向にあります。名称、設ける箇所やその目的等を正確に記述できるようにしておきましょう。

<実技（製図）>

☑ **問 1**

（解答）

（1）**388.8 kg**　（2）**8 本**　（3）**50A**

（解説）

まず、機械式駐車場の体積を求めます。

$6\ \mathrm{m} \times 5\ \mathrm{m} \times 40\ \mathrm{m} = 1200\ \mathrm{m}^3$

防護区画の体積 1 m^3 あたりの消火剤の量が 0.32 kg ですから、必要とする消火剤の量は次のとおり計算されます。

$1200\ \mathrm{m}^3 \times 0.32\ \mathrm{kg/m}^3 = 384\ \mathrm{kg}$

自動閉鎖装置のない換気口（1 m × 2 m）があり、その付加する消火剤量は開口部 1 m^2 あたり 2.4 kg ですから

$1\ \mathrm{m} \times 2\ \mathrm{m} \times 2.4\ \mathrm{kg/m}^2 = 4.8\ \mathrm{kg}$

となり、必要となる消火剤の量は

$384\ \mathrm{kg} + 4.8\ \mathrm{kg} = 388.8\ \mathrm{kg}$

と求められます。

1 本の充てん量が 50 kg の貯蔵容器を設置するので、必要本数は次のように計算されます。

$388.8\ \mathrm{kg} \div 50\ \mathrm{kg} \fallingdotseq 7.8$

よって、50 kg 入りの貯蔵容器 8 本を設置することになります。

次に、主管の配管径を求めます。

必要消火剤量を定められた時間内に放射するためには、適正な配管径を選定しなければなりません。必要消火剤量は 388.8 kg です。

ハロン 1301 の場合、放射時間は 30 秒以内ですから、消火剤流量は

$388.8\ \mathrm{kg} \div 30\ \mathrm{sec} = 12.96\ \mathrm{kg/sec}$

と計算され、概算設計資料を用いて主管の配管径は 50A となります。すなわち、主管が 50 A の配管（消火剤流量 17.0 kg/sec）を用いれば、388.8 kg のハロン 1301 を 30 秒以内で放射できるということです。付け加えるならば、主管に 40A の配管（消火剤流量 10.3 kg/sec）を用いてしまうと消火剤流量が不足し 30 秒以内に放射できなくなるということです。

☑ **問 2**

（解答）

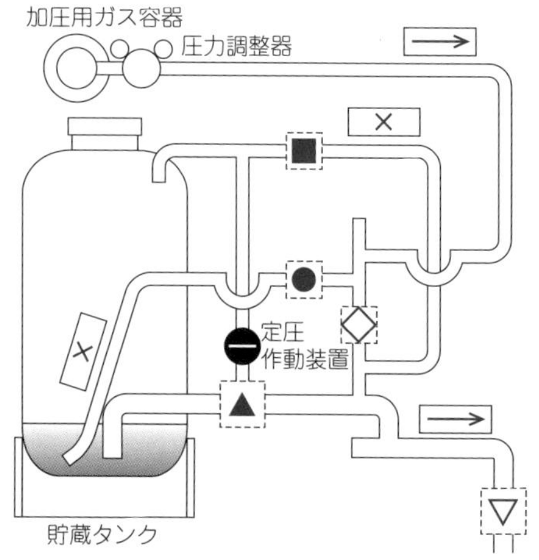

（解説）

粉末消火剤を放出後、クリーニング弁を操作し、直ちに加圧用ガスを貯蔵タンクを経由せずに直接配管に送り込み、残留消火剤を除去します。したがって、排気弁、ガス導入弁及び放出弁は、閉鎖状態でなければなりません。

－掲載写真 / 提供・協力等－

株式会社 初田製作所
株式会社 コーアツ

- 本書の内容に関する質問は、オーム社ホームページの「サポート」から、「お問合せ」の「書籍に関するお問合せ」をご参照いただくか、または書状にてオーム社編集局宛にお願いします。お受けできる質問は本書で紹介した内容に限らせていただきます。なお、電話での質問にはお答えできませんので、あらかじめご了承ください。
- 万一、落丁・乱丁の場合は、送料当社負担でお取替えいたします。当社販売課宛にお送りください。
- 本書の一部の複写複製を希望される場合は、本書扉裏を参照してください。

ラクラクわかる！
3類消防設備士 集中ゼミ（改訂2版）

2016年4月25日　第1版第1刷発行
2023年9月29日　改訂2版第1刷発行

編　集　オーム社
発行者　村上和夫
発行所　株式会社 オーム社
郵便番号 101-8460
東京都千代田区神田錦町 3-1
電話 03(3233)0641(代表)
URL https://www.ohmsha.co.jp/

組版 新生社　印刷 三美印刷　製本 協栄製本
ISBN978-4-274-23107-0 Printed in Japan

本書の感想募集 https://www.ohmsha.co.jp/kansou/

本書をお読みになった感想を上記サイトまでお寄せください。
お寄せいただいた方には、抽選でプレゼントを差し上げます。